圖書在版編目(CIP)數據

莫友芝全集 /（清）莫友芝著；梁光華等點校.
—上海：上海古籍出版社，2019.11
（遵義沙灘文化典籍叢書）
ISBN 978-7-5325-9348-4

Ⅰ.①莫… Ⅱ.①莫… ②梁… Ⅲ.①莫友芝（1811-1871）—全集 Ⅳ.①Z424.9

中國版本圖書館CIP數據核字(2019)第214153號

遵義沙灘文化典籍叢書
莫友芝全集
（全十一册）
［清］莫友芝 著
梁光華 等 點校
上海古籍出版社出版發行
（上海瑞金二路272號 郵政編碼200020）
（1）網址：www.guji.com.cn
（2）E-mail：guji1@guji.com.cn
（3）易文網網址：www.ewen.co
浙江新華數碼印務有限公司印刷
開本850×1168 1/32 印張237.125 插頁66 字數4,700,000
2019年11月第1版 2019年11月第1次印刷
ISBN 978-7-5325-9348-4
Z·447 定價：1280.00元

《遵義沙灘文化典籍》編委會

貴州省博物館藏《影山草堂圖》（鄭珍繪）

邵氏美亭中
瓦竹外山稿影邊
名居光影神堂
前年慶本高
順末配今本将
法作师山影非眼
入谷逼為之因以頗
明下兒也或累戌
子秋畫日劉瑞

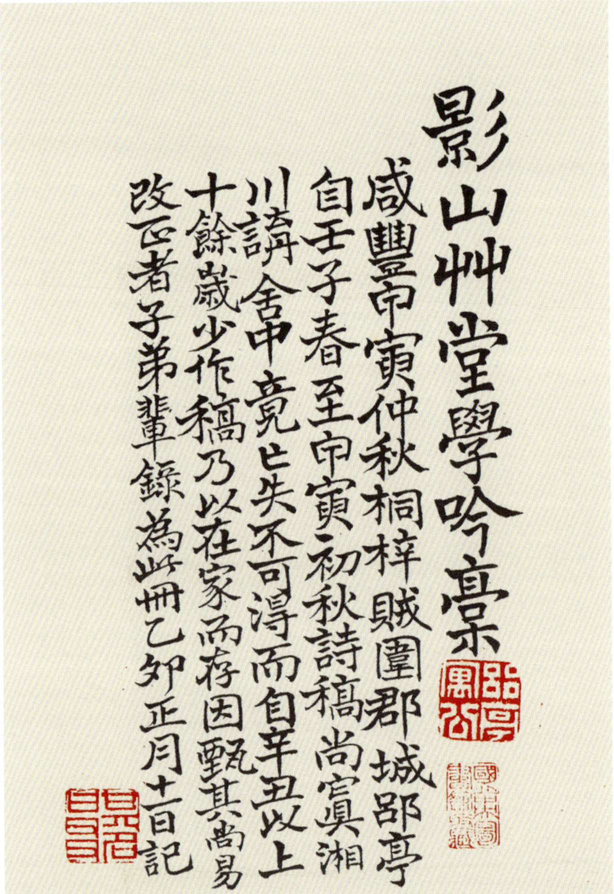
影山艸堂學吟稾
咸豐甲寅仲秋桐梓賊圍郡城郘亭
自壬子春至甲寅初秋詩稿尚寘湘
川講舍中竟亡失不可得而自辛丑以上
十餘歲少作稿乃以在家而存因甄其尚易
改正者子弟輩錄為此冊乙卯正月十一日記

臺北“國家圖書館”藏莫友芝《影山草堂學吟稿》稿本書影

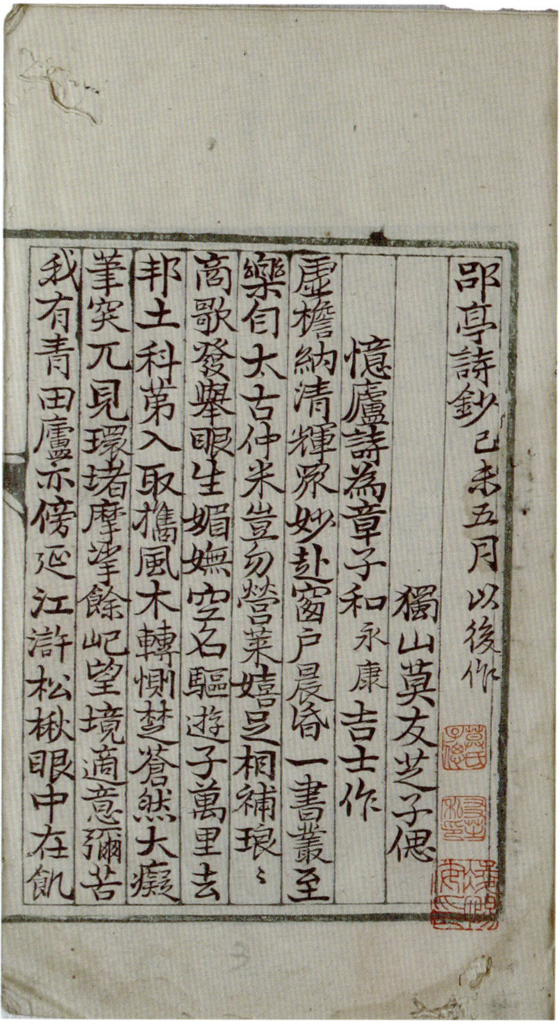

郘亭詩鈔己未五月以後作
獨山莫友芝子偲
憶廬詩爲章子和永康吉士作
虛檐納清輝衆妙赴窗户晨昏一書叢至
樂自太古仲米豈易營萊嬉足相補琅琅
商歌發舉眼生媚嫵空名驅遊子萬里去
邦土科第入取樵風木轉惻楚蒼然大癡
筆突兀見環堵摩挲餘屺望境適意彌苦
我有青田廬亦傍延江滸松楸眼中在飢

貴州省博物館藏《郘亭詩鈔》稿本書影

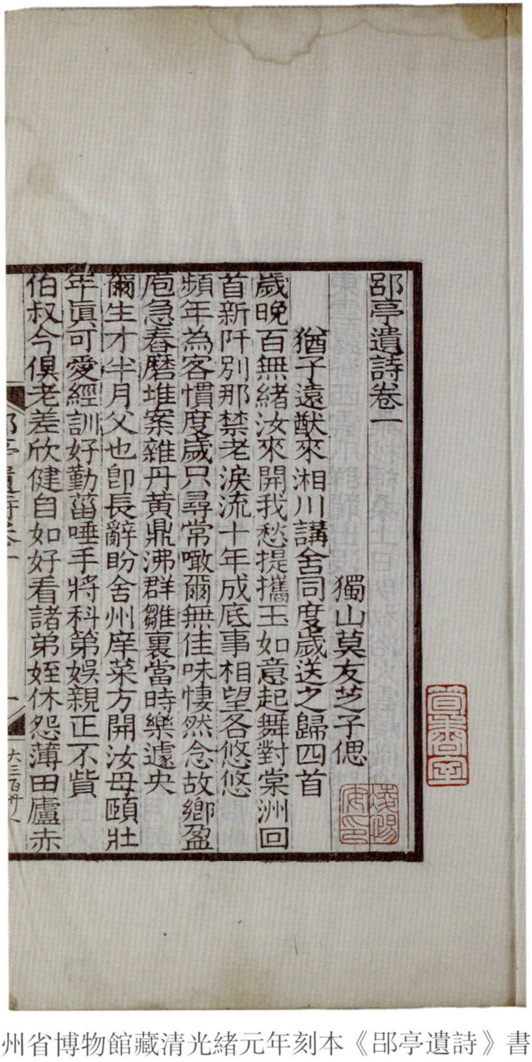
郘亭遺詩卷一

獨山莫友芝子偲

猶子遠猷來湘川講舍同度歲送之歸四首

歲晚百無緒汝來開我愁提攜王如意起舞對棠洲回首新阡別那禁老淚流十年成底事相望各悠悠

頻年為客慣度歲只尋常嗽爾無佳味悽然念故鄉盈庖急春磨堆案雜丹黃鼎沸群雛裏當時樂遽央

爾生才半月父也卽長辭盼舍州庠菜方開汝母頤壯年眞可愛經訓好勤菑唾手將科弟娛親正不貲

伯叔今俱老差欣健自如好看諸弟姪休怨薄田廬赤

貴州省博物館藏清光緒元年刻本《郘亭遺詩》書影

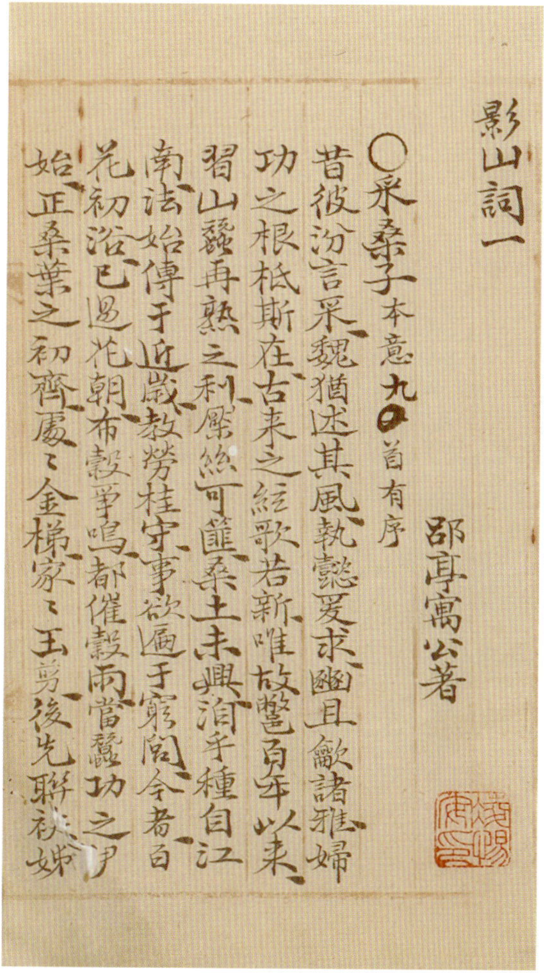

影山詞一

郘亭寓公著

○采桑子本意九首有序

昔彼汾言采魏猶述其風執懿爰求幽且歛諸雅婦
功之根柢斯在古來之絃歌若新唯故蠶百年以來
習山蠶再熟之利檿絲可蘸桑土未興洎乎種自江
南法始傳于近歲教勞桂守事欲遍于窮閻今者白
花初浴已過花朝布穀爭鳴都催穀雨當蠶功之伊
始正桑葉之初齊處處金椽家家玉剪後先聯袂姊

貴州省博物館藏莫友芝《影山詞》稿本書影

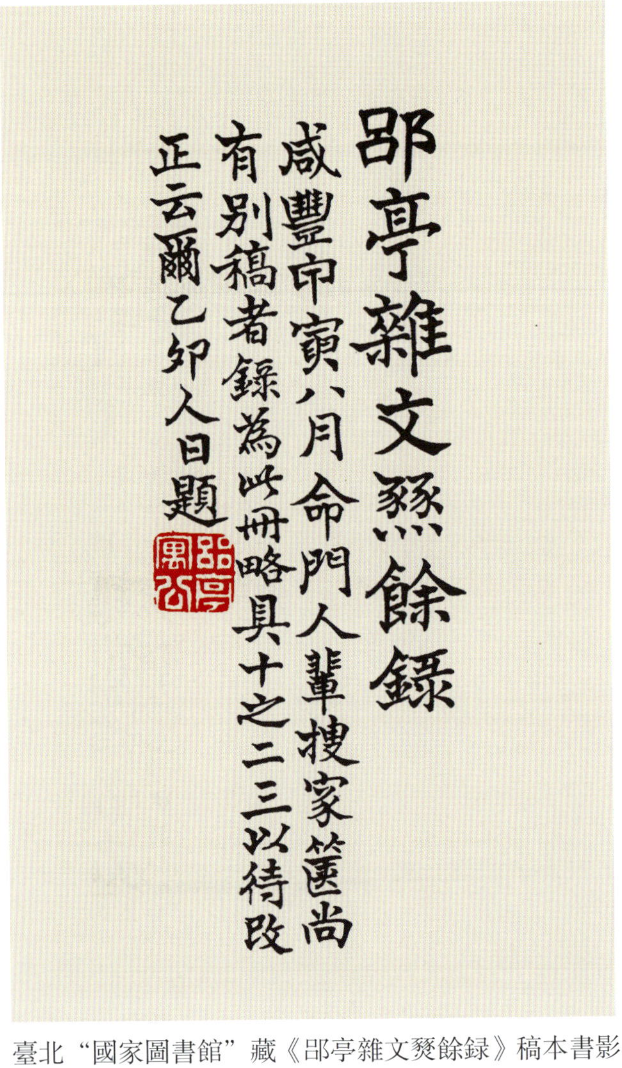
郘亭雜文燹餘錄
咸豐甲寅八月命門人輩搜家篋尚
有別稿者錄爲此册略具十之二三以待改
正云爾乙卯人日題

臺北“國家圖書館”藏《郘亭雜文燹餘録》稿本書影

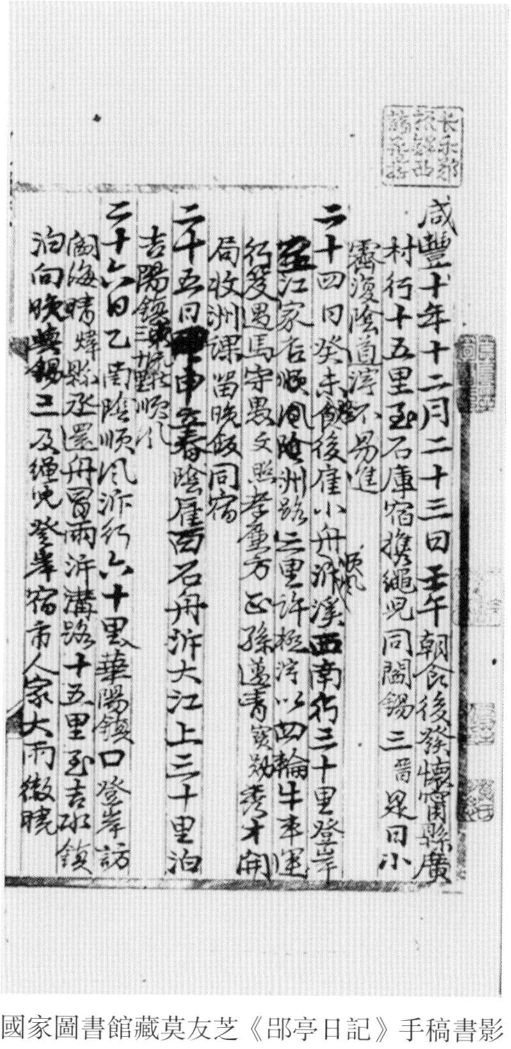
咸豐十年十二月二十三日壬午，朝食後發懷寧縣廣村，行十五里至石牌宿。携繩兒同閻錫三。是日小霽，復陰，道濘不易進。
二十四日癸未，飯後雇小舟泝皖水溪西南行三十里登岸，至江家店，順風陰洲路二里許，極濘，以四輪牛車運行裝，遇馬守愚文照、孝廉方正孫蓮青寶敷秀才，甫局收洲課，留晚飯同宿。
二十五日甲申立春，陰，雇西石舟泝大江上三十里泊吉陽鎮[illegible]
二十六日乙酉，陰，順風泝行六十里至華陽鎮口登岸，訪閻海晴焯縣丞，還舟冒雨泝濤路十五里至吉水鎮泊。向晚與錫三及繩兒登岸宿市人家，大雨徹曉。

國家圖書館藏莫友芝《郘亭日記》手稿書影

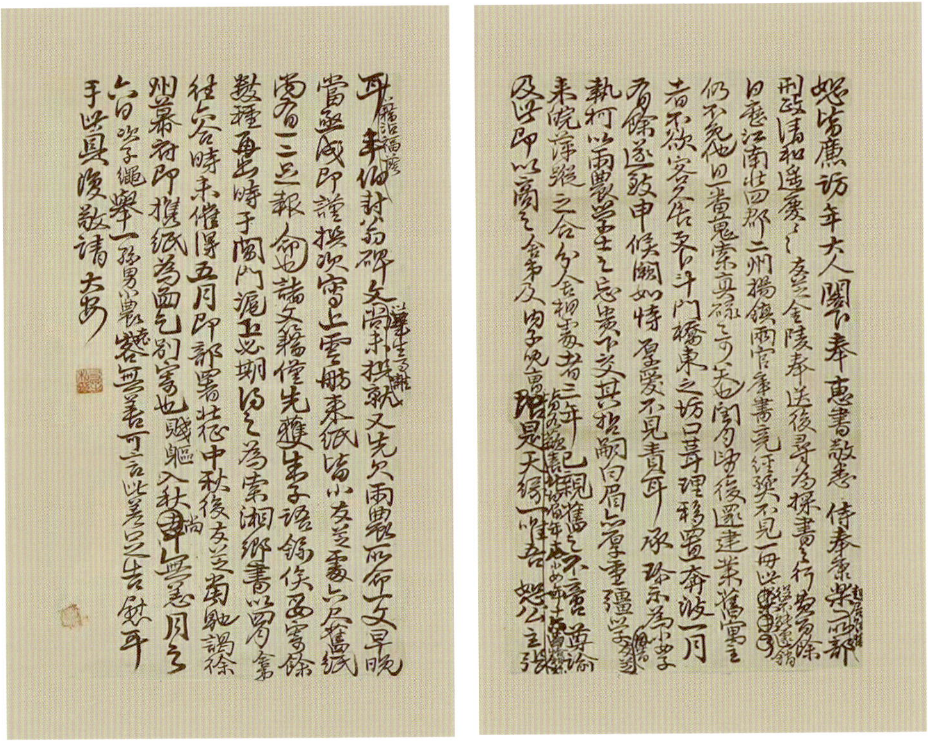

莫友芝致李文森信札手稿

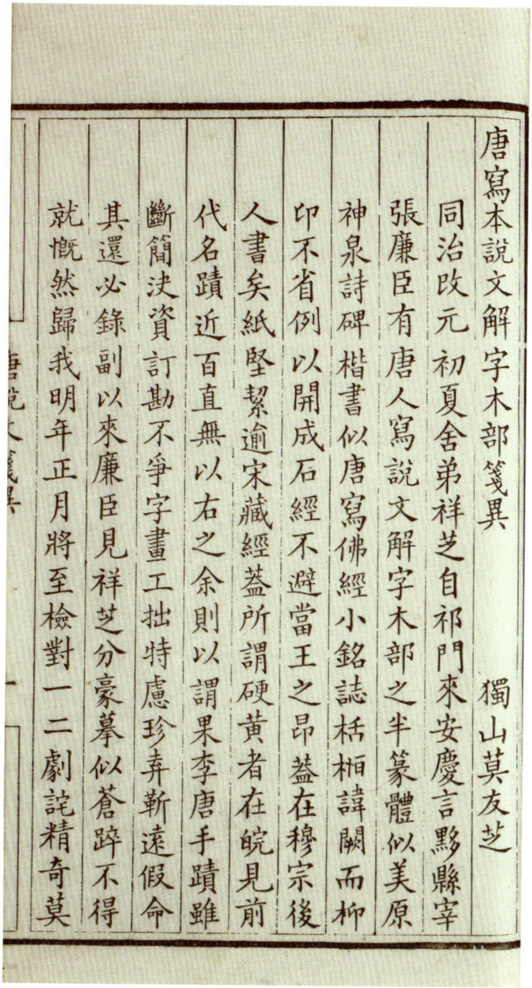

唐寫本說文解字木部箋異

獨山莫友芝

同治改元初夏舍弟祥芝自祁門來安慶言黟縣宰張廉臣有唐人寫說文解字木部之半篆體似美原神泉詩碑楷書似唐寫佛經小銘誌栝栢諱闕而柳卬不省例以開成石經不避當王之昂葢在穆宗後人書矣紙堅絜逾宋藏經葢所謂硬黃者在皖見前代名蹟近百直無以右之余則以謂果李唐手蹟雖斷簡決資訂勘不爭字畫工拙特慮珍弆靳遠假命其還必錄副以來廉臣見祥芝分豪摹似蒼跡不得就慨然歸我明年正月將至檢對一二劇詫精奇莫

浙江圖書館藏清同治二年刻本
《唐寫本說文解字木部箋異》書影

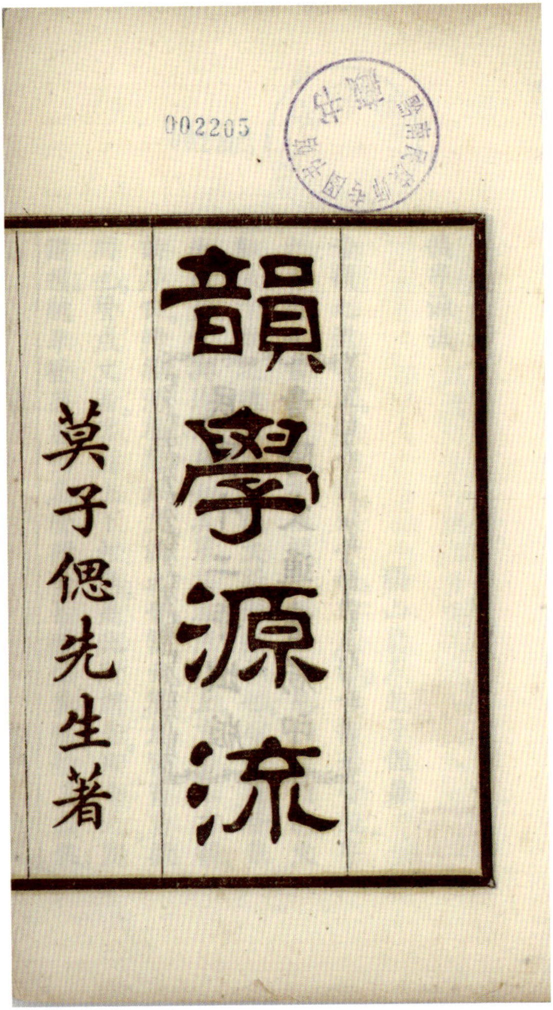

黔南民族師範學院圖書館藏貴陽文通書局民國十二年鉛印本《韻学源流》書影

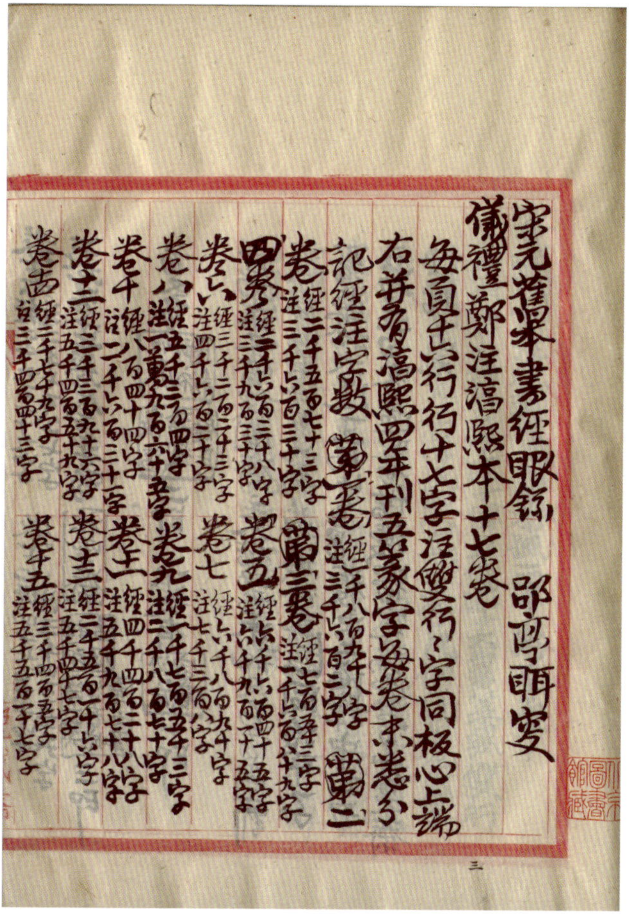

國家圖書館藏《宋元舊本書經眼録》稿本書影

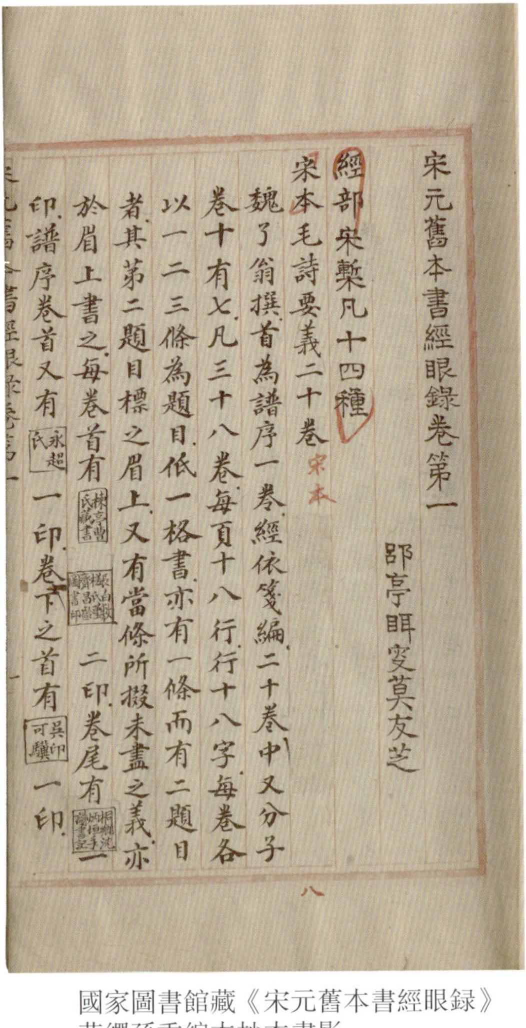
宋元舊本書經眼録卷第一
郘亭眲叟莫友芝
經部宋槧凡十四種
宋本毛詩要義二十卷 宋本
魏了翁撰。首為譜序一卷。經依箋編二十卷。中又分子卷十有七。凡三十八卷。每頁十八行。行十八字。每卷各以一二三條為題目。低一格書。亦有一條而有二題目者。其第二題目標之眉上。又有當條所擬未盡之義。亦於眉上書之。每卷首有二印。卷尾有一印。譜序卷首又有一印。卷下之首有一印。
八

國家圖書館藏《宋元舊本書經眼録》
莫繩孫重編本抄本書影

上海圖書館藏宣統元年排印本
《郘亭知见传本书目》書影

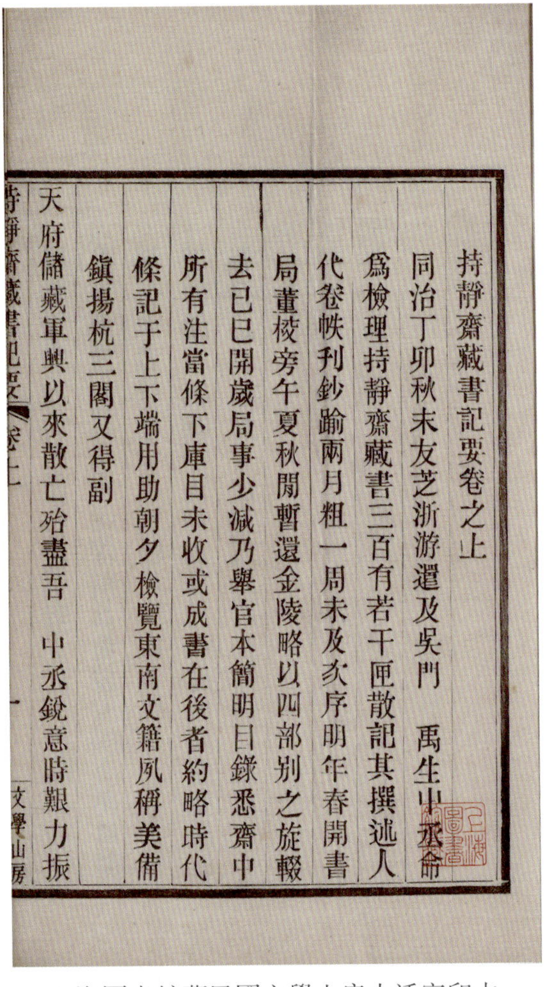

持靜齋藏書記要卷之上

同治丁卯秋末友芝浙游還及吳門　禹生中丞命爲檢理持靜齋藏書三百有若干匣散記其撰述人代卷帙刊鈔踰兩月粗一周未及次序明年春開書局董校旁午夏秋閒暫還金陵略以四部別之旋輟去己巳開歲局事少減乃舉官本簡明目錄悉齋中所有注當條下庫目未收或成書在後者約略時代條記于上下端用助朝夕檢覽東南文籍夙稱美備鎭揚杭三閣又得副

天府儲藏軍興以來散亡殆盡吾　中丞銳意時艱力振

持靜齋藏書記要　卷之上　一　文學山房

上海圖書館藏民國文學山房木活字印本
《持靜齋藏書記要》書影

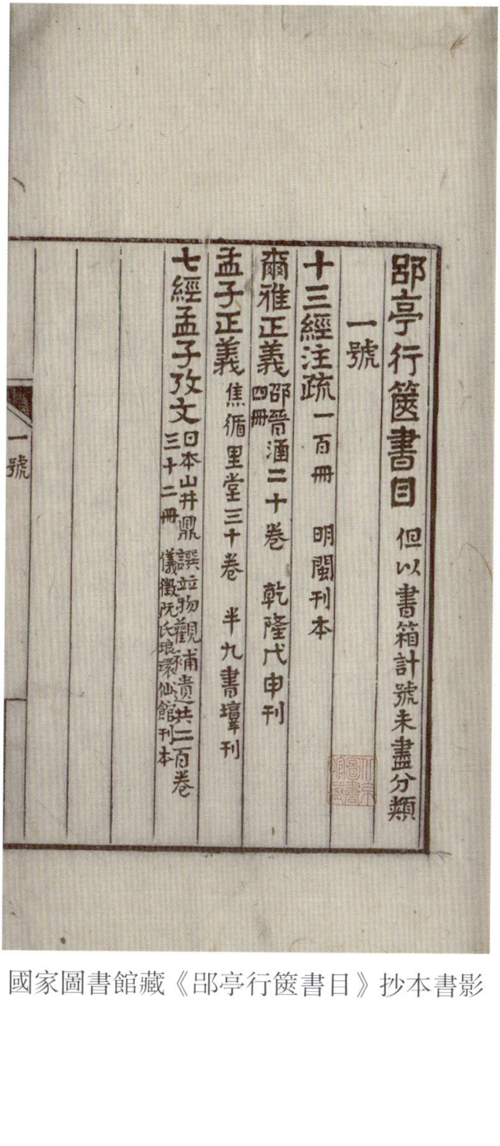

邵亭行篋書目 但以書箱計號未盡分類

一號

十三經注疏 一百冊 明閩刊本

爾雅正義 邵晉涵二十卷 四冊 乾隆戊申刊

孟子正義 焦循里堂三十卷 半九書壇刊

七經孟子攷文 日本山井鼎撰並物觀補遺共二百卷 三十二冊 儀徵阮氏琅嬛仙館刊本

一號

國家圖書館藏《郘亭行篋書目》抄本書影

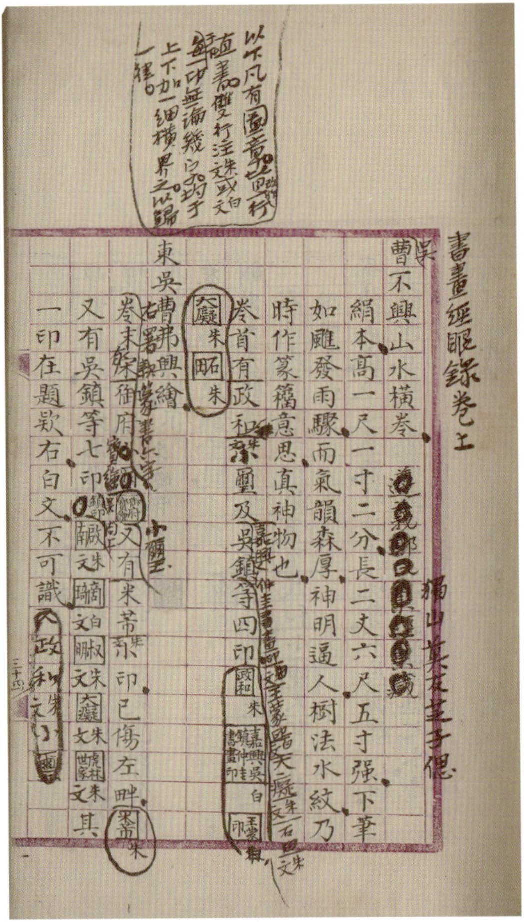

國家圖書館藏《書畫經眼録》抄本書影

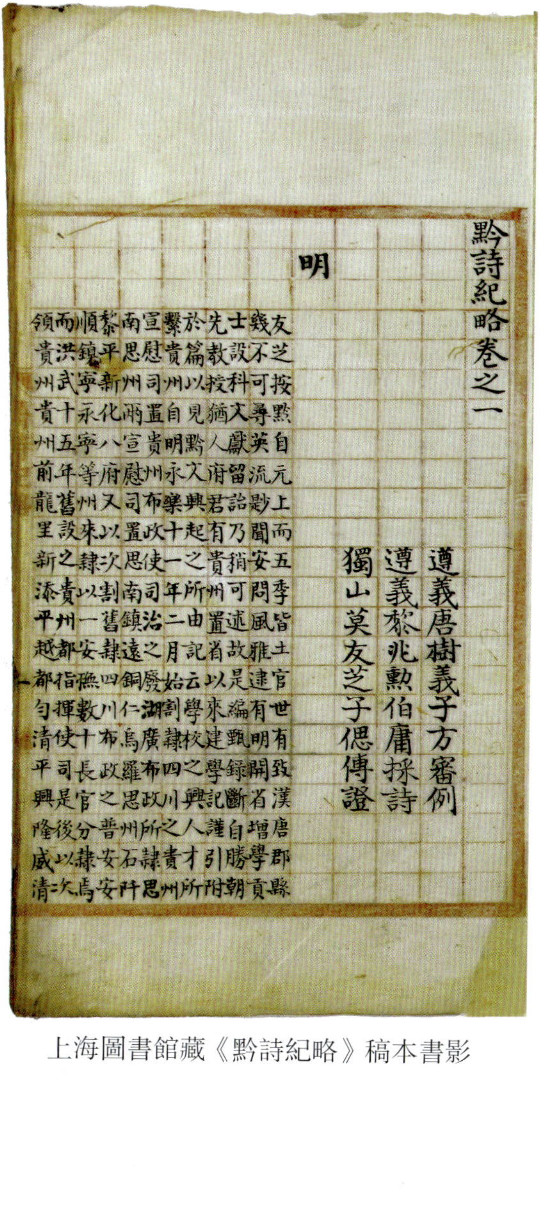

黔詩紀略卷之一

遵義唐樹義子方審例
遵義黎兆勳伯庸採詩
獨山莫友芝子偲傳證

明

友芝按黔自元上而五季皆土官世有致漢唐郡縣
幾不可尋英流尟聞安問風雅逮有明開省增學貢
士設科文獻留詒乃稍可述故是編甄錄斷自勝朝
先教授猶人府君有貴州置省以來建學記謹引附
於篇以見黔文興起之所由記云學校之興人才所
繫貴州自明永樂十一年二月始割隸四川之貴州
宣慰司置貴州布政使司治之發湖廣布政所隸思
南思州兩宣慰司置思南鎮遠銅仁烏羅思州石阡
黎平新化八府又以次割舊隸四川布政之普安安
順鎮寧永寧等州來隸以一安撫數十長官分隸焉
而洪武十五年舊設之貴州都指揮使司是後以次
領貴州貴州前龍里新添平越都勻清平興隆威清

上海圖書館藏《黔詩紀略》稿本書影

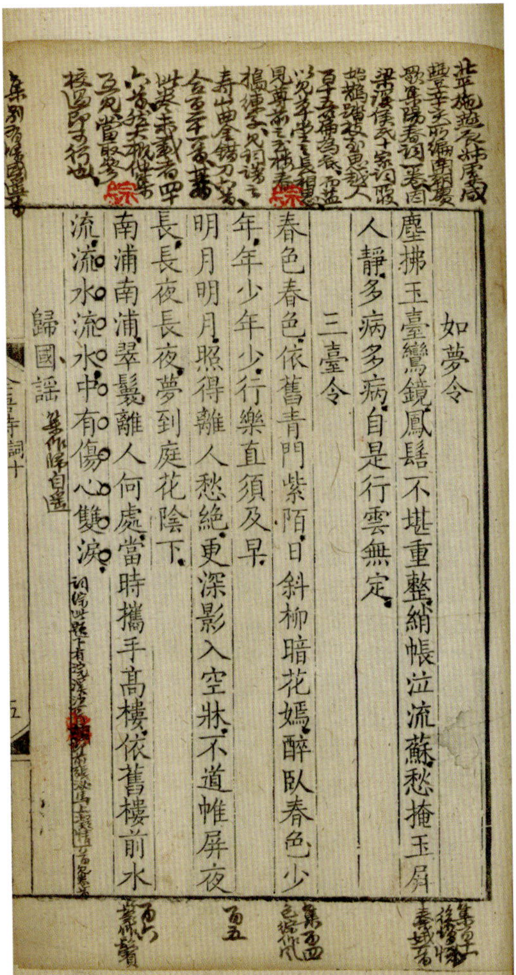
如夢令
塵拂玉臺鸞鏡鳳髻不堪重整綃帳泣流蘇愁掩玉屏人靜多病多病自是行雲無定
三臺令
春色春色依舊青門紫陌日斜柳暗花嫣醉臥春色少年年少年少行樂直須及早
明月明月照得離人愁絕更深影入空牀不道帷屏夜長長夜長夜夢到庭花陰下
南浦南浦翠鬟離人何處當時攜手高樓依舊樓前水流流水流水中有傷心雙淚
歸國謠

上海圖書館藏清康熙揚州詩局刻本
《全唐詩・唐五代詞》批校本書影

《遵義沙灘文化典籍》總序

貴州遵義是一座歷史悠久的文化名城，遵義沙灘是一處水木清華、風景秀麗的文化揺籃。距今一百五十年前後，這一偏僻的沙灘村落，孕育了數十名文人學者，其著述達二百二十一種、二千餘萬言，内容涉及經史、詩文、音韻、金石、書畫、版本目録、地理、科技等十多個領域，且多方面文化學術成就達到全國一流水平。其中有在西南近代史上最負盛名的三位先賢，即鄭珍、莫友芝和黎庶昌。雖然他們身份不同，經歷各異，却都以深厚的文化底藴、豐富的著述、博大精深的學問，在中國乃至海外學術界産生巨大的影響。曾國藩、翁同書、張裕釗、張之洞、梁啓超、郁達夫以及當代著名學者胡先驌、章士釗、繆鉞、錢穆、錢仲聯、錢鍾書等對沙灘文化都作過高度評價。抗日戰争時期，浙江大學在遵義辦學期間主編的《遵義新志》中就已將沙灘列爲全國知名文化區，當時浙江大學文學院院長王駕吾甚至稱沙灘爲「文學之國」。

在并世的學人群體中，鄭珍、莫友芝、黎庶昌堪稱區域性文化的代表人物。他們自幼熟爛經史，旁及諸子百家，平生好學不倦，精研覃思，治學的範圍相當廣泛，涉及經學、小學、文學、史學、地理學、農學、金石學等諸多層面。三賢著作等身，成就卓著，僅鄭珍一人，撰寫經學和文字音韻研究專著各十餘種。當代新編的《辭源》中有不少的古字釋義，註明參見鄭珍的《説文逸字》、《説文新附考》，可見其學術價值歷久彌新，仍然受到當今學界的高度重視。他的《汗簡箋正》，是清代系統研究《汗簡》的唯一專著，其研究成果深受後人推崇，被諸多研究者所徵引。在詩歌創作上，他與莫友芝齊名，同爲晚清宋詩派重要詩人，時人譽爲「有清一代冠冕」、「清詩第一」。與鄭珍相同，莫友芝亦著述甚豐，精許（慎）、鄭（玄）之學，他的《唐寫本説文木部箋異》、《韻學源流》，見解獨到，精審確切，後者還被高校採作文科教材。他還潛心於目録版本學的研究，取得了重要的成果，傳世著作有《宋元舊本書經眼録》、《郘亭知見傳本書目》，二書爲古籍版本研究者案頭必備之物。晚清著名學者張裕釗對莫友芝學術成就評價甚高：「子偲之學，於蒼雅故訓、六經名物制度，靡所不探討。旁及金石、目録家之説，尤究極其奥賾，疏導源流，辨析正僞，無銖寸差失。所爲詩及雜文，皆出於人人，而於詩治之益深且久。又工真、行、隸、篆書，求者肩相摩於門。」

鄭、莫二人還有過同窗共讀的經歷，彼此在學業上互相砥礪，互爲師友，在治學上有過多次密切的合作。由於他倆熟諳西南山川地理、風土人情，共同編纂的《遵義府志》，博採漢唐以來的圖書地志、荒經野史，援證精確，體例完備，是一部很有影響的地志書。它對於後人詳盡瞭解貴州遵義的歷史地理、山川風貌和人文習俗，有着無可替代的作用。時人以之與《水經注》和《華陽國志》相比，梁啓超更是贊譽它爲「府志中第一」。莫友芝還爲鄭珍所著的《樗繭譜》作注，該書不僅是山蠶飼養和繅絲織綢的技術性專著，而且在昆蟲學研究方面有特殊的價值，被現代昆蟲學叢書所收入。

生年稍晚的黎庶昌，曾署理江蘇吴江、青浦知縣。十九世紀七十年代，他以參贊身份隨郭嵩燾出使英、德、法、西班牙等國，此後又兩度出任清政府駐日公使，長於爲文，遠祖桐城，近宗湘鄉，一生著作二十餘種。尤其喜歡考察域外山川風土、社會制度，撰有《歐洲地形考略》、《西洋遊記》、《奉使英倫記》等，使當時見識狹隘的國人大開眼界。他在文化學術史上最大的貢獻是輯集編印流落在異邦的古籍，駐日期間，四處訪求收羅國内早已散佚而流傳於彼邦的唐、宋、元、明珍本古籍二十六種，彙刻成《古逸叢書》二百卷，每種書均撰有解題，述其源流，詳考版本，具有很高的學術研究價值。又與日本友人詩文唱和，刊刻日東文宴集，爲促進中日友好、文化交流作出了卓越的貢獻。

可以毫不夸張地説，三賢的著述及其在學術上所取得的成就，堪稱爲西南地方史上留下了不可多得的文化盛宴。遺憾的是，迄今爲止，尚無一部經過今人嚴格整理而又相對完善的三賢全集問世，人們無法看到三賢創作與學術研究的全貌。

近年來，對三賢的研究已成爲學界關注的焦點之一。海内外學者中不斷有人來到沙灘，實地考察，憑弔遺踪，以期獲取更多相關的資料與信息。遵義市領導及相關部門歷來高度重視對沙灘文化的研究和宣傳，以凸顯遵義乃至貴州的歷史文化底藴，爲整個西南文化的建設推波助瀾。從一九八九年至今，遵義市共舉辦過四次大型的沙灘文化國際學術研討會，并出版了三部論文集。同時，與會專家呼籲應對鄭珍、莫友芝、黎庶昌三賢遺著進行全方位的整理成爲會議熱議話題。這一時期，遵義一些單位和個人出版了一些沙灘文化古籍和相關書籍：遵義市政協出版鄭珍《荔波縣誌稿》、《黎星使宴集合編補遺》、《莫友芝書法集》；遵義市地方誌辦公室出版《沙灘文化志》、《拙尊園叢稿》、《黎氏家集續編》；原遵義市方誌辦出版《遵義府志》、《播雅》；黄萬機出版《鄭珍評傳》、《莫友芝評傳》、《黎庶昌評傳》、《黎星使宴集合編》等；李連昌出版《沙灘集錦》、《黎恂千家詩注》等；龍先緒出版《巢經巢詩鈔注釋》、《郘亭詩鈔箋注》等。

二〇〇七年九月，在遵義市政協組織召開的「紀念黎庶昌誕辰一百七十週年暨遵義沙灘文化學術研討會」期間，集中整理出版沙灘文化古籍的話題被提上議事日程。由貴州省政協原主席、省歷史文獻研究會理事長龍志毅和貴州省社科院研究員黄萬機先生提出的整理出版沙灘文化古籍的建議，被時任遵義市委書記傅傳耀同志采納，市委於二〇〇七年十一月作出批示，決定由遵義市政協組織實施這項工作，經費由市財政解決。

遵義市政協遵照市委指示，於二〇〇八年四月正式啓動了這項工作。在做了一系列協調準備工作後，於二〇〇八年十一月在貴州省文史館組織召開了第一次編輯工作會議。這次會議確定了這套沙灘文化古籍叢書的名稱爲《遵義沙灘文化典籍》，及叢書編輯體例等問題。并成立了編輯委員會，由遵義市政協副主席譚劍鋒任總纂，總攬整套叢書的編纂工作；由貴州省社科院研究員黄萬機，黔南師院黨委書記、教授梁光華，遵義師院教授黎鐸和仁懷市政協文史委主任龍先緒分别擔任《鄭珍全集》、《莫友芝全集》、《黎庶昌全集》主編，領銜組織各部全集的點校編輯工作。經多方考察，最終選擇由上海古籍出版社出版此套叢書。

百餘年的世事滄桑，沙灘文人的著述大多有幸保存下來；一些古建築雖已損壞或坍塌，但沙灘的歷史格局與自然風光依舊，仍然保持着「沿江兩岸，田疇沃野，彌望十里」，「前帶清流，後枕岡巒，房舍掩映着翠柏修篁」的勃鬱清幽景象。這爲沙灘文化的傳承與沙灘未來的建設發展提供了前提條件。遵義市政協自一九九七年成立至今，把搶救整理地方近現代史料和地方歷史文化資料作爲己任，并積極助推遵義文化事業發展。二〇〇九年，在深入調研的基礎上，市政協提出了「關於加快沙灘文化旅遊區開發建設」的建議，被市委、市政府采納。目前旅遊區總體規劃已制定，正在進行招商引資工作。相信隨着遵義機場的通航，黔渝快速鐵路、杭瑞高速公路等交通網絡設施的日趨完備，沙灘文化旅遊區的建成已爲期不遠。到那時，沙灘將成爲祖國西南一顆耀眼的明珠，吸引全國乃至海外學者、遊客前來文化考察和休閒度假。而《遵義沙灘文化典籍》中先期出版的三部全集，將大大豐富遵義歷史文化内涵，增强遵義乃至貴州的文化軟實力。對推動貴州歷史文化研究，進一步擴大貴州遵義的對外影響力，促進地方經濟社會發展發揮積極而特殊的作用。沙灘文化將重放光彩！

隨着《遵義沙灘文化典籍》的陸續出版，必將進一步擴大遵義沙灘文化和外部文化的交融與互補，重新考量貴州在清代文化史、學術史、文學史上的重要地位，這對弘揚優秀民族文化，繁榮文化事業，必將起到積極的推動作用。在此，我們要感謝社會各界給予的通力合作和大力支持，感謝參與工作的領導、專家和同志們，感謝所有爲之工作和付出努力的人們！

《遵義沙灘文化典籍》編委會

二〇一五年十月

前言

一、莫氏家族簡史及莫友芝生平概覽

莫友芝字子偲，號郘亭，晚號眲叟，是我國晚清著名詩人、學者、書法家。《清史稿·文苑》有傳。

莫友芝祖上原籍係江寧上元縣（今屬南京市）人。明朝弘治年間，莫氏遠祖名叫莫先，隨朝廷所派征苗大軍遠征到都匀，是爲莫氏家族在貴州的一世祖。後來留居都匀城南的薛家堡。其後，莫氏的二世祖莫廷美、三世祖莫尚文、四世祖莫如爵、五世祖莫雲衢，有的雖然在外地做官或經商，但最後都回到都匀薛家堡定居，薛家堡有其祖墓。

莫氏六世祖莫佳能（莫友芝曾祖父）經商到獨山，認定兔場是個地靈人傑的風水寶地，便將全家從都匀遷到獨山兔場上街定居。莫氏一家從此成爲獨山人。莫友芝《影山草堂本末》云：「獨山州北三十五里兔場上街，友芝先人之廬在焉。」莫佳能經商有道，積蓄漸多，家道日漸富庶。佳能在當地很有威望，被公推爲鄉約。他識字不多，但尊重讀書人，也很有遠見，出資延請名師到兔場辦學授徒。莫佳能的四個兒子莫剛、莫燦、莫元、莫强都先後進入私塾就學。從此，莫氏家族由行伍軍旅之家逐漸變成了文教世家、書香門第。同時，莫佳能延師辦學，也開創了兔場、獨山一帶辦學讀書的良好風氣，爲兔場和獨山培養了一批又一批人才。

莫友芝祖父莫强（七世祖）字健行，世稱健行公。他入塾苦學，考中秀才，但鄉試未捷，便終身從事教育，設館授徒，遠近聞名，深得鄉人崇敬。

莫友芝先生的父親莫與儔（八世祖，莫强之次子）字猶人，一字傑夫，晚號壽民，世稱「貞定先生」，清乾隆二十八年（一七六三）生。嘉慶三年（一七九八），與儔鄉試中舉，次年進京會試，考中進士，被選爲翰林院庶吉士。散館後，莫與儔被派到四川鹽源縣任知縣，頗有政績，百姓擁戴。一八〇三年他在知縣任上娶了李氏夫人，即莫友芝母親。一八〇四年，莫友芝祖父健行公去世，莫與儔離任回獨山服喪。喪滿，莫與儔不願出任官職，以奉養老母爲由在家鄉設館授徒，主講獨山紫泉書院，還曾在丹寨等地任教。嘉慶二十六年（一八二一），清廷吏部下文，命莫與儔進京選官。年近花甲的莫與儔決定棄政從教，自請改任教職。一八二三年，官府任命莫與儔爲遵義府學教授。莫與儔任教職十九年，以七十九歲高齡卒於遵義府學教授任上。莫與儔最早在貴州傳授漢宋之學，開啓民智，傳播儒學，培育樸學人才。這在當時偏僻落後的貴州，無疑是一個創舉。

莫友芝一八一一年五月初三生於兔場上街家中，隨父到遵義那年十三歲。在乃父的教授之下，莫友芝學習了《毛詩》、《尚書》、《儀禮》、《戴記》等儒家經典，少年時期對四書五經、儒學樸學就已經有了一定的基礎，而且才華過人。他七歲時曾受晉代詩人謝朓「竹外山猶影」詩句的啓發，把家中的讀書堂取名爲「影山草堂」，深得父親的嘉許。莫友芝行迹半天下，無論走到哪裏，都把自己的書屋叫做「影山草堂」；正如《影山草堂本末》一文中説：「友芝昔者久僑暫居，必寓斯名，以存先澤。」這就是知名海内外的「影山草堂」的來歷。黔南獨山影山文化（與黔北遵義沙灘文化相呼應）由此得以命名。莫友芝是影山文化的主將，同時也是沙灘文化的代表人物之一。

道光六年（一八二六），莫友芝十六歲考中秀才，得補獨山州學弟子員。

道光十一年（一八三一），莫友芝二十一歲，在貴陽鄉試中以十一名的成績考中舉人。從一八三五年至一八六〇年，莫友芝在二十五年中先後六次進京會試，都未考中進士。從學識水準上講，莫友芝是公認的才華横溢的舉子。翰林院侍講學士、禮部侍郎曾國藩第一次在北京琉璃廠書肆與莫友芝相識（道光二十七年，即一八四七年），就驚歎：「不意黔中有此宿學耶！」於是「心敬其人」。由國子監學正劉傳瑩於琉璃廠虎坊橋設宴，莫友芝與曾國藩結爲金蘭之友。按照清朝吏制的規定，舉人進京會試三次，不管考中與否，均有「截取」縣官（候補縣官）的資格。《清史稿・文苑傳》説：「咸豐時，嘗選取縣令。」但莫友芝對此「意有不樂，棄去不復顧」（張裕釗《徵君莫子偲墓誌銘》）。

咸豐九年二月至十年七月，莫友芝在京城會試并候補缺，雖未如願，但結識了王拯、許乃普、潘曾綬、祁寯藻、翁同龢、高心夔、張之洞、王闓運、尹耕雲、何紹基、李鴻裔等衆多朝野文化名流，詩酒宴集，書信往來，讓京城名流認識了這位高才不第的曾國藩金蘭之友。

在京城生計無着，友芝只得帶着兒子繩孫離京南下。咸豐十年七月八日，翁同龢爲莫氏出都餞行。九月至武昌，與好友黎兆勳相見。十二月至懷寧，與任縣令之九弟祥芝相見。咸豐十一年正月，莫友芝欲往祁門拜訪曾國藩，因戰事阻隔，道路不通，便至太湖拜訪湖北巡撫胡林翼（胡之父胡達源是莫氏舉人房師）。胡氏請莫友芝爲其校訂《讀史兵略》并檢點箴言書院藏書，六月蕆事，向胡氏呈交《讀史兵略》校本，并辭别。七月三日到達東流與曾國藩相見，曾氏盛情邀請其入幕，從此莫氏在江南生活了十年。這十年是莫友芝依傍曾氏得以穩定生活的十年，曾奉曾國藩、李鴻章之手諭訪書收書，遍覽江南藏書，先後在金陵書局担任編校，担任蘇州書局和揚州書局總校，校刊古書，著書立説，成果豐碩。

同治二年（一八六三），莫友芝五十三歲，李鴻章、祁寯藻等大臣向朝廷密薦保奏，清廷下詔徵莫友芝、鄭珍、鄧瑶等十四人爲江蘇知縣，士民欽羨，光耀在即。但是莫友芝已經全身心地投入學術研究的事業之中，無意於仕宦功名了。《清史稿·莫友芝傳》記載：「咸豐時嘗選取縣令，棄去。至是中外大臣密疏薦其學行，有詔徵至，復謝不就。」面對朝廷的徵詔，莫友芝在給鄭珍的信中表明了自己的態度：「吾曹索漠荒巖，久無意於用世。」

莫友芝把他所獲得的精神和物質財富，回報了社會。他將節衣縮食、四處奔波所换來的數以萬計的「影山草堂」藏書留給了後世，可謂鞠躬盡瘁，死而後已。同治十年九月十四日（一八七一年十月二十七日），莫友芝辭世這一天，仍在揚州興化縣裏下河整理古籍，手批《黔詩紀略》，不幸病發於舟次，醫治無效而辭世，享年六十一歲。興化縣令甘紹盤前往料理喪事，派人將其靈柩運到金陵莫愁湖，其門生故舊、社會賢達等均前往弔唁。時任兩江總督的曾國藩親率文武百官到莫愁湖弔祭，寫下了這樣一副感人的挽聯：

京華一見便傾心，當年虎市橋頭，書肆訂交，早欽宿學；

江表十年常聚首，今日莫愁湖上，酒樽和淚，來吊詩人。

汪士鐸《祭莫子偲文》曰：「毋斂獨山，漢縣所際。道真淵源，邈綿勿替。崛起莫君，博聞彊識。弆書滿家，鱗鱗毳毳。目録金石，專門極藝。誰某沿革，如與遊肆。向歆洪婁，仿佛并世。詩至袁蔣，風雅道敝。洗藥性靈，陳黄鼓吹。分纂高騫，冰斯雄睨。牢籠黔故，潤色荒翳。文獻在人，小大未墜。公車就徵，抗志不仕。毅勇十年，客之殊異。優游江左，名滿四裔。」

九弟莫祥芝辭去江寧知縣之職，偕同侄兒莫繩孫於次年（一八七二）春，親送兄之靈柩回遵義青田山安葬。從南京到貴州，沿途各地官員賢達出來迎送莫友芝靈柩。一個從蠻荒西部走出來的貧寒書生，一個終身不入仕途的文人，死後能够受到如此高的禮遇，在中國古代可能是極爲少見的了。

二、莫友芝主要學術成就及其影響

莫友芝一介布衣，榮利泊如，窮盡心血從事詩文創作、刊刻古籍、學術研究、文化傳播工作，著作等身，其主要學術成就表現在以下八個方面：

（一）莫友芝憑藉他的《郘亭詩鈔》六卷和《郘亭遺詩》八卷，在中國文學史上享有詩人美譽，被視爲晚清宋詩派代表詩人之一。

汪士鐸《莫郘亭遺詩跋》評價說：「先生詩如秋霄警鶴，漢苑鳴蜩，風露淒清，知爲不食人間煙火者；又如五丁開山，斧險鑿崖，絶無一寸平土，真可藥袁、蔣之性靈，起鍾、譚之廢疾。」陳衍《石遺室詩話》評論說：「有清一代，詩宗杜韓者，嘉道以前推錢籜石侍郎，嘉道以來則程春海侍郎、祁春圃相國，而何子貞編修、鄭子尹大令皆出程侍郎之門。益以莫子偲大令、曾滌生相國諸公，率以開元、天寶、元和、元祐諸大家爲職志，不規規于王文簡之標舉神韻、沈文慤之主持温柔敦厚，蓋合學人、詩人之詩二而爲一也。」

郭紹虞《中國文學批評史》（上海古籍出版社一九七九年十二月版）中説：「當時海禁已開，國家多故，具有敏鋭感的文人更覺得前途黯淡不安，於是言愁欲愁，其表現力量，也就更能深刻而真摯。黔中詩人莫友芝和鄭珍，尤足爲代表。姚永概《書鄭子尹詩後》云：『生平怕讀鄭莫詩，字字酸人心肝脾』。」

作爲一名傑出的詩人，莫友芝詩歌内容是豐富的，風格也是多樣的，「有沉鬱悲憤的紀實之作，有淒苦幽怨的親情詩，也有明麗奇崛的田園山水詩，更有蒼勁古秀的詠史、抒情作品，還有描寫節日風情、蠶桑農事的作品」（黄萬機《郘亭詩鈔箋注・序》）。特别是山水紀遊之作，數量既衆，質量也多臻上乘。

除了數量較多的詩歌，莫友芝還留下了一百四十餘首詞作和不少散文作品。晚清著名詞學大師朱祖謀在《影山詞》鈔本跋中評價莫友芝的《影山詞》曰：「高健之骨、古艷之神，幾合東坡、東山爲一手。國初諸家俱無從望其肩背，無論後來矣。」朱彊村先生如此高度評價莫友芝的詞，認爲莫詞的「高健之骨、古艷之神」，兼具蘇軾與賀鑄之優長，甚至清初詞家都無法與其相比肩，後來者更是自鄶以下了。可惜晚清至今學界較少有人讀到莫詞，研究則更是鮮見。當代詞學研究者劉揚忠算是較早注意到莫詞，其《走進「西南巨儒」的心靈世界——莫友芝〈影山詞〉簡論》評價莫詞：「以言情爲尚，重在表現作者主觀心靈意緒」，認爲莫詞「詞量雖少而質甚精」，「堪稱當行本色的詞人」。《影山詞》確實長於表達詞人婉約細膩、纏緜悱惻之情感，且格律精嚴，詞風古樸，格調優雅，與宋詞同書一册，渾然不可辨識。莫友芝的散文，雖多係考據文字或爲學術著作所作的序跋，但也不乏像《影山草堂本末》、《登小龍山得左丘記》這樣情景并茂的佳作。莫友芝詞與散文的文學價值，還有待研究者重新審視。

（二）莫友芝是清代著名的目録版本學家、金石學家。莫氏一生都在從事中國古籍目録版本、金石碑刻的收集、校勘、考證研究工作，特别是人生最後十年，在金陵書局，在丁日昌持静齋及蘇州書局，在揚州淮南書局等處校勘、編印書稿，又到江南各地尋訪收購散失民間的《四庫全書》零本，又曾到趙州、金陵、句容、丹陽等地山中親自考拓校訂金石碑刻，成果豐碩，成就巨大，爲世所重。莫友芝版本目録學、金石碑刻學的主要著作有：《宋元舊本書經眼録》、《郘亭知見傳本書目》、《持静齋藏書記要》、《持静齋書目》、《書畫經眼録》、《影山草堂書目》、《唐鴝安太守所藏舊本書目》、《郘亭校碑記》、《金石影》以及爲他人藏書和金石碑拓所作題跋文稿等。

莫友芝的版本目録學代表作是《郘亭知見傳本書目》。莫棠《跋》評價道：「訪書者視此爲津梁，售書者攜此爲軒輊。」清末民初葉德輝《序》評價説：「其秘以爲枕中鴻寶者，仁和邵位西先生詳注《四庫全書簡明目録》外，則獨山莫郘亭先生《宋元舊本書經眼録》亦家有一編，與邵書相驂駟，顧皆不知先生尚有《知見傳本書目》也。」傅熹年在其祖父傅增湘《藏園群書經眼録》序中説：「先祖畢生致力於目録、版本、校勘之學。……先祖逐年南北訪書時，必攜帶筆記和莫友芝撰的《郘亭知見傳本書目》，所見善本，詳記在筆記上，名爲《藏園瞥録》或《藏園經眼録》。又把各書行款、牌記、序跋摘要記在（郘亭）《書目》上，以便檢查核對。」黄萬機的《莫友芝評傳》説：「莫友芝《郘亭知見傳本書目》等著作，是清代考訂異本的目録學專著中成就最高的代表作。他和邵位西（懿辰）先生是清代版本目録學派的代表人物，不愧爲清代最有成就的目録學家之一。」黎鐸在《貴州文化發展概觀》中稱「莫（郘亭）、邵（懿辰）二人爲我國古籍版本目録學的奠基人」。

（三）莫氏是清代著名的語言文字學家、《説文》學家。莫氏同治元年在安徽安慶考鑒的《唐寫本説文解字木部殘卷》是迄今爲止海内外所見《説文解字》的最早版本，學術界評價極高。此殘卷後流入日本内藤虎次郎之手，一九三五年日本國政府定爲國寶。莫氏所作的《唐寫本説文解字木部箋異》一書，是我國《説文》研究、文字學研究的一部名著。著名學者周祖謨教授等專家學者評價甚高。本人曾耗費了十年時間注評《唐寫本説文木部》殘卷和莫氏的《箋異》，貴州人民出版社一九九八年列入《貴州古籍集粹叢書》出版。

（四）莫友芝是清代著名的音韻學家。莫氏承其家學，從事教育，執掌教壇，爲貴州邊遠落後的少數民族地區傳播文化，培育英才。據《續遵義府志》記載，自一八四二年至一八五九年，莫友芝追慕貴州文化教育鼻祖漢代尹珍，繼其父受聘主遵義湘川書院、培英書院講席，傳授儒學長達十七年之久。莫氏在執教中秉承其父莫貞定開啓西南漢學之衣缽，向諸生講授漢語音韻學知識，其講稿有《聲韻考略》、《韻學源流》二書。前者未刊，據説遵義地區有傳抄本，至今未能寓目。《韻學源流》最早由遵義趙幼愚抄寫贈予劉師培（申叔），民國七年（一九一八）康寶忠據劉師培校本鉛印傳世。一九二三年貴陽文通書局亦印行（楊恩元跋）。一九二九年羅常培再校印行於廣州，一九三三年學林叢刊社再版（羅常培、吴承仕跋）。一九六二年中華書局據羅常培本重印（章錫琛覆校）。學術界評價很高。但一九六三年殷孟倫先生在《山東大學學報》發表《莫友芝與〈韻學源流〉的關係質疑》一文，認爲《韻學源流》的作者不是莫友芝，而懷疑是清末一位略通音韻之學的老先生。貴州人民出版社一九八八年出版陳振寰所著《韻學源流注評》，陳氏批評質疑，但「爲了慎重，我們在注評中一般不直接稱作者『莫友芝』、『莫友芝《韻學源流》』，而只稱『《韻學源流》作者』、『《韻學源流》等』」。找不到莫友芝《韻學源流》原作手稿，這些質疑就難以澄清。值得慶幸的是，臺北「國家圖書館」藏有莫友芝《韻學源流》的手稿。臺灣《「國立中央圖書館」館刊》第十卷第一期著録曰：「《韻學源流》不分卷，一册，清莫友芝撰。著者手稿本。此乃小學之書，未知已刊行否。稿中修改删訂處甚多。朱絲欄紙，半葉十行，每行字數不等。（首葉）鈐印『莫氏子偲』朱文方印；尾葉文末鈐印『莫印友芝』白文方印。」莫氏手稿面世，殷氏質疑、陳氏慎重之慮，均可涣然冰釋。

（五）莫友芝是清代著名的史學家。莫友芝二十七歲便與鄭珍受聘纂修《遵義府志》，歷時四年。這部書共分四十八卷，八十多萬字。纂修《遵義府志》時，失收「郘亭」地名，莫友芝甚感遺憾，遂自號「郘亭」以誌過，且請祁寯藻以篆體書寫榜額懸於書房。「郘亭」之號隨其行迹、《郘亭詩鈔》等作品流布天下。由於莫氏、鄭氏等人纂修史志的不朽貢獻，《遵義府志》名揚海内外。我國著名學者梁啓超在其《清代學者整理舊學之總成績——方志學》中高度評價説：「鄭子尹、莫子偲之《遵義志》，或謂爲府志中第一。」史學界認爲《遵義府志》可與《華陽國志》、《水經注》媲美。這是歷史學家莫友芝和鄭珍以及該志所有修撰者爲貴州史學界創造的殊勛。

（六）莫友芝是清代著名的輯佚學家。莫氏積幾十年之功，顛沛流離，歷盡千辛萬苦，竭盡全力收集貴州明代地方詩歌與文獻資料，詳作傳證注解，編成著名黔地詩歌總集《黔詩紀略》三十三卷，近百萬字。《清代七百名人傳》評價莫氏「輯明代黔人詩歌，因事存人，因人考事，爲《黔詩紀略》三十二(三)卷。由是貴州文獻始燦然可述」。《黔詩紀略》這部斷代詩歌總集，讓貴州歷史文化、山川地理、風土民情、賢達人物等得以流播。

（七）莫友芝是清代著名的書法家、篆刻藝術家。《清史稿・文苑傳》謂莫氏「真行篆隸書不類唐以後人，世争寶貴」。其書法作品有一九一九年上海有正書局出版的《莫友芝正草隸篆墨蹟》，篆刻作品有一九三三年印行的《郘亭印存》等。莫氏書法墨蹟廣傳民間，國内不少圖書館、博物館都有收藏，私人也有一些收藏。清末民初書畫大師吴昌碩晚年在《其魚吾馬篆書聯》題跋中説：「近時作篆，莫郘亭用剛筆，吴讓老用柔筆，楊濠叟用渴筆，欲求三家外别樹一幟，難矣！予從事數十年之久，而尚不能有獨到之妙。今老矣，一意求中鋒平直，且時有下筆不隨心之患，又何敢望剛與柔與渴哉！」又云：「近代工篆書者楊濠叟(沂孫)出以靈，莫郘亭蓄以古。」著名書法篆刻家黄賓虹高度評價説：「郘叟喜金石，工篆隸，其所鐫印章，使刀如使筆，波磔有法，純任自然，於新安、西泠各派之外獨開生面。」(見《郘亭印存》附録)《中國歷代書法家名人墨蹟》評價説：「友芝工書法，真行篆隸皆精，篆隸皆古拙有金石氣，不以姿致取容，篆書學《少室碑》，取法甚高，學者交推崇之。」國家文化部爲保護國家文化遺産，規定一七九五年至一九四九年，著名書法家精品和各時期代表作品不准出境者共一百九十三人，莫友芝也名列其中，貴州僅莫氏一人。莫友芝在書法名家輩出之清代，追摹周鼎秦篆漢隸而自成一體，獨擅剛筆中鋒，力創高古拙樸書風，鼎篆圓秀與碑石蒼勁兼融，古篆隸楷與龍蛇行草同冶一爐。

（八）莫友芝是位學界奇才，凡所涉足，皆成名家。如莫氏幫助校勘的《讀史兵略》一書成爲中國兵法、軍事學史上有影響的一部著作。莫氏把鄭珍「古色斑駁、詞不便俗」的《樗繭譜》注釋得通俗易懂，黔北鄉村家喻户曉，便於操作實施，從而推動黔北乃至貴州農桑、絲紡工業經濟的發展，造福民衆。莫友芝對水族水書也有研究，他在《紅崖古刻歌》「水書竹曆參摩研」之下注曰：「吾獨山土著有水家一種，其師師相傳，有醫、曆二書，云自三代。舍弟祥芝曾録得其《六十納音》一篇。甲子乙丑金作，丙寅丁卯火戊辰己巳木作，且云其初本皆從竹簡過録，其聲讀迴與今異而多合古音，核其字畫，疑斯籀前最簡古文也。」莫氏此説至今仍是水書最早的名家研究之説，具有很高的學術價值。

以上概述莫友芝在各個學科領域的成就和中國文化史上的地位和影響，均有力地證明了莫氏是晚清著名詩人、學者、書法家，值得後學景仰和研究。

三、《莫友芝全集》整理點校簡况

莫友芝一生手不釋卷，著作等身。《清史稿·莫友芝傳》載其「著《黔詩紀略》、《遵義府志》、《聲韻考略》、《邵亭詩鈔》、《宋元舊本書經眼録》、《樗繭譜注》、《唐本説文木部箋異》」。清張裕釗《徵君莫子偲墓誌銘》載其生平所爲書有「《黔詩紀略》三十三卷、《遵義府志》四十八卷、《聲韻考略》四卷、《過庭碎録》十二卷、《邵亭詩鈔》六卷、《樗繭譜注》一卷、《唐本説文木部箋異》一卷。其編訂未竟者，尚有《詩》八卷、《邵亭文》、《影山詞》、《邵亭經説》、《古刻鈔》、《書畫經眼録》、《宋元舊本書經眼録》、《資治通鑑索隱》、《梁石記》，各若干卷，藏於家」。莫友芝九弟莫祥芝《清授文林郎先兄邵亭先生行述》中提到《遵義府志》、石氏《中庸集解》，所著書已成者有：《樗繭譜注》二卷、《過庭碎録》十二卷、《聲韻考略》四卷、《黔詩紀略》三十二(三)卷、《唐本説文木部箋異》一卷。未編訂者有：《邵亭雜記》、《邵亭金石書畫經眼録》、《資治通鑑索隱》、《梁石記》若干卷。其詩自甲辰迄辛亥所作，經鄭學博爲之删定，成六卷，已刊行；壬子迄今存者，曾有意再删爲六卷刊之而未逮。其古文若干篇，詩餘若干闋。黎庶昌《莫徵君别傳》中提到的有《遵義府志》、《黔詩紀略》三十三卷、《唐寫本説文解字木部箋異》一卷、《梁石記》一卷、《聲韻考略》四卷、《過庭碎録》十二卷、《樗繭譜注》一卷、《邵亭詩鈔》六卷、《邵亭遺詩》八卷、《邵亭遺文》八卷、《宋元舊本書經眼録》三卷附録一卷。編訂未竟者有：《郘亭經説》、《影山詞》、《書畫經眼録》、《舊本未見書經眼録》、《資治通鑑索隱》，各若干卷。」

今合觀《清史稿》和張裕釗、莫祥芝、黎庶昌三先生所記莫友芝所著之書，有同有異，也有遺漏，更有後世未見之書，例如：《過庭碎録》十二卷、《郘亭經説》、《郘亭雜記》、《古刻鈔》、《舊本未見書經眼録》、《聲韻考略》、《資治通鑑索隱》、《梁石記》這八本書稿，從晚清至今，從未面世，更無從見其刊刻行世。

莫友芝著作生前刊刻行世之書不多，主要是：道光二十一年與鄭珍等人共同纂修之《遵義府志》四十八卷；道光十七年《樗繭譜注》一卷；道光二十九年輯録校刊《中庸集解》三卷；咸豐二年《郘亭詩鈔》六卷；同治二年《唐寫本説文木部箋異》一卷。莫友芝大部分著作是在其辭世之後才刊刻行世的，它們是：

《持静齋書目》四卷，同治十一年末丁日昌刻本；

《持静齋藏書記要》二卷，同上；

《黔詩紀略》三十三卷，同治十二年金陵刻本；

《古今集聯》二卷，同治十三年雙魚罌齋刻本；

《郘亭遺詩》八卷，光緒元年刻本；

《郘亭遺文》八卷，光緒元年刻本；

《宋元舊本書經眼録》三卷，附録《書衣題識》一卷、《金石題識》一卷，同治十二年莫繩孫刻本；

《郘亭知見傳本書目》十六卷，宣統元年北京鉛印本；

《韻學源流》一卷，一九一八年北京康寶忠鉛印本；

《影山詞》三卷，一九二三年貴陽文通書局鉛印本；

《郘亭印存》一卷，一九三三年吴載和輯本。

莫友芝上述從晚清以來刊印行世之著作，多數多次重版，比較好找。這次整理出版《莫友芝全集》，我們依據莫氏手稿或早期刊刻本進行整理點校，具體如次：

《郘亭詩鈔》六卷，以同治五年江寧修補本爲底本，校以咸豐二年遵義原刻本，并參校國家圖書館藏《郘亭詩文稿書跋》等莫友芝手稿。

《影山草堂學吟稿》三卷，據上海圖書館所藏莫繩孫鈔本整理點校。

《郘亭外集》據臺北「國家圖書館」藏莫繩孫鈔本整理點校。

《郘亭雜文叕餘録》二卷，據臺北「國家圖書館」所藏莫繩孫鈔本整理點校。

《郘亭遺詩》八卷，以光緒元年江寧刻本爲底本，參校貴州省博物館藏莫友芝《郘亭詩鈔》手稿及國家圖書館、中國社會科學院文學研究所善本室、臺北「國家圖書館」等藏莫友芝《郘亭日記》手稿等文獻。

《黔詩紀略》三十三卷，以同治十二年金陵刻本爲底本，參校上海圖書館藏莫友芝手稿本（存二十六卷）。

《郘亭遺文》八卷，以光緒元年刻本爲底本，參校國家圖書館、貴州省博物館、南京圖書館、臺北「國家圖書館」所藏莫友芝手稿或鈔本等文獻。

《宋元舊本書經眼録》（手稿本），以國家圖書館藏莫友芝手稿本點校。

《宋元舊本書經眼録》（莫繩孫重編本），以國家圖書館藏莫繩孫鈔本爲底本，附録二以清光緒刻本爲底本。

《郘亭知見傳本書目》十六卷，據國家圖書館藏莫繩孫鈔本爲底本，參校民國三年（一九一四）傅增湘「藏園本」等文獻。

《書畫經眼録》四卷附録二卷，以國家圖書館藏莫繩孫鈔本爲底本點校。

《韻學源流》一卷，以臺北「國家圖書館」藏莫友芝手稿本爲底本，參校民國以來各排印本。

《唐寫本説文木部箋異》一卷，以民國二十五年貴陽文通書局鉛印《黔南叢書》別集本《唐寫本説文解字木部箋異》爲底本，參校以國家圖書館所藏莫友芝《説文解字木部唐寫本校異》手稿。原書前《仿唐寫本説文解字木部》係摹刻唐本，今以日本大阪杏雨書屋所藏唐寫本《説文解字》木部殘卷真迹圖片替代。

《古今集聯》二卷，據同治十三年雙魚罌齋刻本點校。

《影山詞》三卷，據臺北「國家圖書館」藏莫繩孫鈔本（一百二十三首）爲底本，參校民國貴州文通書局《黔南叢書》本《影山詞》（一百十四首）。另輯録貴州省博物館所藏《影山詞》稿本所見莫友芝詞作若干首。

這次編纂《莫友芝全集》，點校者動用各種資源，耗費大量時間、精力和財力用於收集散見於各地的莫友芝詩文稿，有的可謂是大海撈針，得之實屬不易。在收集莫氏散見著述文稿的過程中，我們有許多重要而令人欣喜的發現。

首先，在國家圖書館找到莫友芝《宋元舊本書經眼録》手稿和其子莫繩孫《宋元舊本書經眼録》重編本的鈔稿，我們發現世傳莫繩孫整理刊刻行世一百多年的《宋元舊本書經眼録》，不是其父莫友芝的原書原稿。這是本次《莫友芝全集》整理中最重大的發現和收穫。

其次，我們在貴州遵義李連昌先生家訪到了莫友芝十二歲至二十三歲時批點的康熙年間宋犖刻本《施注蘇詩》十大册手迹；訪到了莫友芝批點黎兆祺《息影山房詩鈔》（三卷）手迹。《施注蘇詩》批注手稿，是莫友芝一生治學的起點，其文獻價值和學術價值很高，值得研究者高度重視。

第三，我們在上海圖書館查到莫友芝對康熙版《全唐詩》末二卷《唐五代詞》的批點手迹，這份手迹從來没有面世流傳，是珍貴的詞學研究文獻，此次亦整理收入全集之中。加上《郘亭遺文》中已經刊刻的《葑煙亭詞草序》和《陳息凡香草詞序》兩篇詞學研究專論，莫友芝的詞學理論得到了較大的豐富，相信可以推進莫友芝詞學理論研究。

第四，在國家圖書館查到莫氏《郘亭校碑記》手稿，在浙江圖書館查到莫氏《紅崖古刻釋文》手稿，又在貴州省博物館查到莫友芝《梁始興忠武王蕭憺碑跋》、《隋大業塔盤跋》、《漢李昭碑跋》、《漢竟寧雁足鐙》、《吴禪國山碑》等摩崖碑拓題跋手稿，在貴州省圖書館查到莫友芝關於漢魏梁隋唐宋碑拓銘文考釋手稿，在臺北「國家圖書館」查到《金石影》手稿，連同莫繩孫抄録其父的《金石筆識》（見《宋元舊本書經眼録》附録卷二），以及莫友芝爲金石碑拓所作序跋（如《漢右扶丞武陽李事永壽末作斜大臺刻字釋跋》、《元祐黨籍碑跋》等），我們已將莫友芝的金石碑刻學著述基本搜羅齊全。

第五，在國家圖書館、上海圖書館、中國社會科學院文學研究所善本室、南京圖書館、貴州省博物館、貴州省圖書館、臺北「國家圖書館」等藏書之所，我們查找到許多莫友芝詩文手稿或手稿圖片，其中不少以前從未聽説過，相當珍貴。例如：國家圖書館藏莫氏手稿《郘亭詩文稿書跋》五册、《郘亭日記》、《宋元舊本書經眼録》、《唐鴉安太守所藏舊本書目》、《説文解字木部唐寫本校異》；莫繩孫鈔録其父稿本《郘亭知見傳本書目》、《宋元舊本書經眼録》、《書畫經眼録》、《郘亭行篋書目》等；上海圖書館藏莫氏手稿《黔詩紀略》二十六卷、《影寫莫友芝手迹》、《答鄭子尹商補中庸集解刻板書》等莫友芝未刊文稿，莫友芝批點本《欽定四庫全書簡明目録》、《元次山集》、《韓昌黎編年箋注詩集》等、《郘亭日記》鈔本、《影山草堂學吟稿》莫繩孫鈔本等；中國社會科學院文學研究所善本室藏《郘亭日記》、《郘亭尺牘手稿》、《郘亭文集》、郘亭未刊詩文雜稿等；貴州省博物館藏《郘亭詩鈔》、《莫友芝先生存真集》、《影山詞》手稿，莫友芝家書、書目題跋、金石考等散見作品手稿，《郘亭印存》等；貴州省圖書館藏《莫友芝先生雜鈔手迹》、《莫友芝書翰》、《莫友芝詩文雜稿》等；南京圖書館藏《郘亭詩文稿》、《郘亭日記》、《郘亭文鈔》、《獨山莫氏人物小傳》等；臺北「國家圖書館」藏《獨山莫氏遺稿》、《韻學源流》、《郘亭日記》、《金石影》、《郘亭函札稿》、《丁卯游蘇杭收書簿》、莫友芝爲曾國藩代筆撰《求闕齋經史百家雜鈔序目》等手稿，《影山草堂學吟稿》、《影山詞》、《郘亭雜文叕餘録》等稿鈔本；甘肅省圖書館藏《莫友芝手札》、北京大學圖書館所藏的《郘亭詩鈔》鈔本等；散見於全國各地圖書館、博物館中莫友芝所作傳序跋記、信函日記等。我們還有幸獲得了貴州省獨山縣百歲文化老人徐惠文先生所藏莫友芝科舉答卷清抄本、五十餘通同治年間郘亭信函及《莫友芝未刊詩文稿》等。我們將近幾年如同大海撈針似的收集到的三十餘萬字莫氏散見著述稿編爲五卷，卷一科舉答卷、卷二詩詞、卷三文、卷四書目題跋，卷五批校，冠以「郘亭散見著述彙編」之名，收入全集之中。

這次編排《莫友芝全集》，没有按照傳統古籍整理「經史子集」四部分類法編排，而是融入了我們自己的思考。《莫友芝全集》正編内容有三部分：第一，爲完好保存莫友芝原著原貌，我們將莫友芝生前身後公開刊刻出版的著作或編纂完整的鈔本編排爲第一部分。第二，將我們近幾年從山南海北收集到的郘亭散見著述(内分若干小類)編排爲第二部分。

考慮到莫氏研究的特殊性，部分著述採取影印的形式呈現。如《郘亭校碑記》、《金石影》、《紅崖古刻釋文》、《漢竟寧雁足鐙》、《吴禪國山碑》、《求闕齋經史百家雜鈔序目》、《莫友芝先生雜鈔手迹》等，是爲第三部分。

莫氏部分學術成果體現在編校上，顯然不能徑直列入正編，我們以附録的形式予以保存。附録一爲《中庸集解》，此書原作者是宋代石墪，莫友芝之功在於輯佚校刊，撰寫校刊序跋，使石氏《中庸集解》刊刻傳世，功莫大焉，故予以附録。

附録二爲《莫友芝傳記文獻選編》。

附録三爲《莫友芝年表簡編》。

《遵義府志》四十八卷爲地方志，地方志成書於衆手，遵義平翰、張鍈、黄樂之三任知府發起修志，組織管理，提供經費保障，發動數十人在全省各地收集資料，并參與寫作。鄭珍受遵義知府聘請，擔任總纂，莫友芝爲佐，莫友芝衹是兩位纂輯者之一，故將《遵義府志》列入存目。

值此完稿之際，我真誠地感謝所有爲編纂、出版《莫友芝全集》提供幫助和支援的單位和專家！感謝遵義市政協給予我主編《莫友芝全集》的機會！感謝獨山徐惠文先生和遵義李連昌先生無私地提供莫氏文獻，感謝張劍博士在工作早期與我們的合作和給予的支持！感謝《遵義沙灘文化典籍》叢書總纂譚劍鋒先生、副總纂謝愛臨女士給予的大力支持！感謝上海古籍出版社編輯爲出版《莫友芝全集》所付出的辛勞！感謝黔南民族師範學院領導和同仁多年來對我們收集整理點校《莫友芝全集》給予的周到關懷與大力支持！

受學識水平和條件所限，莫友芝先生散見詩文著作當有未能盡收者，只好留待將來。整理點校中的各種疏誤亦在所不免，恭請廣大讀者、專家不吝賜教指正爲謝！

梁光華

二〇一四年九月初稿於黔南民族師範學院

二〇一九年五月再稿於上海

總目

本册目次

影山草堂學吟稿

梁光華
梁　茜　點校
饒文誼

點校説明

《影山草堂學吟稿》是莫友芝的一部詩集，無刻本，今有兩個鈔本傳世，一藏於上海圖書館（莫繩孫鈔，下簡稱莫繩孫鈔本），一藏於中國社會科學院文學研究所（莫繩孫孫女莫珠姝鈔，下簡稱莫珠姝鈔本）。莫珠姝鈔本顯然源自莫繩孫鈔本，經比對，兩個鈔本除個别文字有出入外，内容一致。

莫繩孫鈔本鈔於藍格紙上，版心題「郘亭集」三字，推測此稿是擬收入《郘亭集》將來付梓的。鈔本封面「影山草堂學吟稿」七字係莫友芝朱筆自題，下鈐蓋「郘亭寓公」白文方印，另有莫友芝自書五行題記，其文曰：

咸豐甲寅仲秋，桐梓賊圍郡城，郘亭自壬子春至甲寅初秋詩稿尚置湘川講舍中，竟亡失不可得。而自辛丑以上十餘歲少作稿，乃以在家而存，因甄其尚易改正者，子弟輩録爲此册。乙卯正月十一日記。

乙卯是咸豐五年，遵義府楊龍喜叛亂已經平息，故有董理舊稿之舉。這個題記講述了《影山草堂學吟稿》成編的緣起，也表明了所收詩作的範圍，即作者三十一歲（道光二十一年，歲在辛丑）前的作品。「學吟稿」是作者的謙辭，作爲兒子的莫繩孫編輯乃父詩作，似乎有意避用此題，鈔本正文標題皆作「影山草堂詩鈔」。也有可能，莫繩孫抄録在前，莫友芝題名在後，所以出現一稿二名的現象。

此稿分三卷，卷一是乙未（道光十五年）、丙申（道光十六年）所作詩稿，計七十九首；卷二是丁酉（道光十七年）所作詩稿，計九十四首；卷三是己亥（道光十九年）、庚子（道光二十年）、辛丑（道光二十一年）所作詩稿，計一百二十七首。三卷合計三百首詩。題記説「自辛丑以上十餘歲少作稿」均得以保存，此却僅存道光十五年至十七年、道光十九年至二十一年共六年詩稿，可見二十五歲前的作品皆被作者自己裁汰。

今整理此稿，以莫繩孫鈔本爲底本，參校莫珠姝鈔本，并參考了人民文學出版社二〇〇九年出版的《莫友芝詩文集》（張劍、陶文鵬、梁光華點校）的整理成果。原鈔未標卷次，今爲方便起見，補上卷次。書名仍用「影山草堂學吟稿」，正文每卷皆題「影山草堂詩鈔」，不求統一，昭其舊也。

梁光華　梁茜　饒文誼

二〇一三年於黔南民族師範學院

目録

卷一　影山草堂詩鈔乙未、丙申

卷二　影山草堂詩鈔丁酉

卷三　影山草堂詩鈔 來青集　己亥、庚子、辛丑

卷一　影山草堂詩鈔 乙未、丙申

張節婦行

遵義縣北山之隅，小湘之涯。唐氏有好女，十八婦張家。舅令雲南南寧，迢迢二千里，雙雙往朝之。天早晚，堂上食，上下廚裹，佐問起居具甘旨。內外無間言，尊章顏色有喜。亡何夫子攖病，病日漸，竟不起。嗟哉！人家夫妻，鬌毛辮辮，亦何長長。我如此命當獨苦，不如無生，誓與從黃泉相頡頏。待與從黃泉，二人中年叔又小，誰遣晨與昏？徒重二人悲。益兒罪更慳，懷中呱呱，寧孌孌爲？淚血點點，侵縈素衣。心隨魂魄，東馳西飛。真之山高高，白石水深，上有豺虎齩人。渡有逆風，升天無雙翼，地無門可探。寄聲孤魂，勿便歸故鄉，常時依膝下。雲煙複沓，使我夢惻楚。我以婦攝子事，若母若父。夜臺索莫勿憂苦。殘鐙冷月，茫茫迷迷。晨星稀少，雞聲喔伊。三年鏡臺，塵一寸蘿。却聞我家，有人持書來。適所聽之，中道何事？咄咄世情，相憐苦苦，後日較計，大非好意。煢煢一身，甚願終尊章事。致命守節，獨爲其難，恐將有挫兒志。再拜謝別尊章，兒存亦如無。要赴地下人約，勢逼那能稍跱躇。諭百端，意不解。防閑嚴密，未有時懈。丁燕客，房虛無人。舊聞有古井，所隔一短垣。心中波瀾久不起，畢命更欲何俟？好憑汪汪井中水。吁嗟乎！昆明池邊，無竹可續淚辮。海風浪浪，黄霧漫漫。天氣冥冥，夏月生寒。魂去尸留，身完心安。家中老小，趨眠哽咽不得言。觀者四塞，各各歎息還。亭亭青蓮華性胎，元來苦心誰言？一寸弱荄，堅乃銕萬尋。

題黎静圃先生安理讀書秋樹根遺像

青碧洗天浄若水，丹黄著地散成綺。中有幽人自來往，坐徹斜陽亂山紫。讀書屈指幾十年，行車到處家鳴絃。傳家治譜有付與，抽身歸老青峰巔。峰巔老樹手自種，小已如楹大可棟。科頭㲲服倚霜根，琅琅經韻深山空。先生耋勤世所無，清標後秀又誰如。乃知詒厥好基址，斷歸囊底一編書。到今圖畫得儞述，苦乏清詩狀高逸。展卷蕭蕭落葉疾，仿像風流在林密。

宧幸齋丈挽詩

窮年總是炧燈初，細字蠅頭尚著書。更以消閑遊技藝，不因垂老曠居諸。先生讀書之暇，旁涉篆、籀、分、隸、摹印、沈泥，皆可觀。清涼蟾景中秋負，閏六月先生入城，有中秋玩月之約。詩酒鶯聲大夢餘。春間往候，荷寵詩酒。從此陶泓倍珍重，摩挲遺製幾欷戲。前年先生惠沈泥硯一，今年五月謂舊製不佳，復以新製見惠。

山行即事口號五首

風物清如此，山行亦快哉。近山看不了，無數遠山來。
好山如好女，窈窕照秋水。山間淩霜花，亦勝閑桃李。
粼粼白石間，沙水自清駛。四望不見人，樵歌白雲裏。
竹裏晚煙起，蒼蒼上翠微。一聲牛背笛，知是牧人歸。
青楓緑柹幾時染，妝點秋色競相誇。荍花夾路白不白，誤認一灣紅蓼花。

寒　泉

寒泉汩汩逗秋髓，清韻泠泠入幽耳。飛來匹練千丈鮮，萬古倒掛蒼崖巔。崖下潭澄澄，崖上石齒齒。不見漱石翁，乃見垂竿子。

古意寄子尹

南國有佳人，天然謝華飾。裴裒秋水外，艷奪朝霞色。魚媚競新妝，龍綃争舞衣。一朝到金屋，閭里生光輝。金屋高沈沈，四角明光樓。光輝豈不羨，無媒良自羞。空谷幽且閑，茅簷淡而雅。月出浣紗歸，獨立煙蘿下〔一〕。

寄六弟庭芝，用東坡《馬上賦寄子由》韻二首

奇峰劃天浄突兀，名花樊屋殊姿發。三秋何景不清華，苦爲憶君翻索寞。遥知爾意定有同，遠望愁看雁行没。我循重九舉故事，爾應三五弄佳月。那曾搴手式歌舞，惟有獨唱飽淒惻。夢中研賞每失喜，但惜此境太飄忽。郵筒寄音莫辭數，風雨聊庸破蕭瑟。二人無蚌客心閑，加意經畬是常職。

夜寒念爾坐兀兀，往往不寐到明發。掃愁有帚彊倒巵，何嘗可以慰寂寞。遥山幾點雲樹疊，祇見去鳥天際没。欲憶京華作歸客，三年喜共吴橋月。那知復有千里别，使我當此重心惻。歲月如瞥去不復，各須努力戒悠忽。賢者固要不家食，亦慎齊門去操瑟。爾能愛日早歸來，萬

勿久曠晨昏職。

洗菜女

十五女兒雙結丫，明姿玉燿絶纖瑕。青松籃與碧溪洗，滿頭亂插山茶花。誰憐生長賣漿家，顧影踟躕只自嗟。若教遂在蘿村住，也學夷光去浣紗。

鄭子尹見過，適他出，留二詩案頭，歸而次韻

出門便醉菊花陰，向晚歸來霜滿林。知有幽人林外去，月鈎空照寂寥心。

六代遺縑出米家，子尹攜顧愷之山水横卷求售。攫金無計效劉叉。但愁金谷輸真眼，衹買長安富貴花。

子尹屢過夜話，復繼以詩，次韻

蒼蒼一縫終南界，萬馬駢闐愁不奈。誰知捷逕巧通天，腐儒空抱遺經在。逢人萬事謝周

方，入世半生迷向背。君獨奚取婁相顧，對話連宵坐山廨。兩生行止將毋同，百計懲創不思退。定有食籍齏百甕，何異病鶴踞巖檜。細思雪日只恒事，但到蜀粵總招怪。勸君且輟計屠龍，我亦輸芒斆江蟹。謂其無腸横行。掃門鬻貨良復佳，枉尺直尋寧不快。逢時莫辭馬望火，點墨奚庸壁增疥。君言近頗念顑頷，練要終惜秋蘭佩。高丘無女鳳受詒，徒羡漢皋雙姊妹。披荆排草世競病，華冠縰履吾非憊。出門祇受群公驕，孰敵抱樸與君期勿壞。嗟予救窮策精要，無須彊割平生愛。胡爲鞿羈不自悔，一例淹留失機會。嗚呼此窮何日瘳，搔首問天天亦慨。

望金粟嶺

雪霽明朝霞，横冠金粟嶺。林隙光射人，書空見疏影。

南將軍廟

笳鼓聲中忼慨辭，三軍無食飽何爲。鬚眉凜凜而今在，壯絶當年斷指時。

旅中有懷子尹，人便寄之

三年不上望京樓，紫閣經巢相對幽。繞座圖書能永日，登堂菽水乍瀕秋。周磐解帶愁過隙，王粲開襟更遠遊。驅馬自憐還自笑，茫茫身世等俳優。

旅中遇袁竹隖德成夜話

已分竟成別，相逢定隔年。誰知駝傳路，却有剪鐙緣。久坐忘爐燼，狂吟惱僕眠。難堪又分手，一碧曉霜天。

七　年

清絶梅花淡絶枝，七年不見子纍纍。循簷有笑渾難索，一種幽懷却付誰。

牟珠洞

山根一竅幽而窈，紅塵隔斷竹蘚交。陰雲終古暗不消，小口透顛天著寮。老僧導入下以高，一步一折松明燒。同行三人詫奇遭，老僕駭怪舌欲喬。亭亭孤柱撐雄標，浮圓矗立橦蓋飄。天然佛像非刻雕，大士自在羅漢驍。滿堂法具鐘鼓鐃，濁清叶律音不淆。語言文字空叫呶，真經幾藏盡打包。師馴象擾如伏貓，造化小兒弄冶陶。狡獪匪意所及料，道場開闢今幾朝。創始得非唐漢遥，後方諸洞尤深坳。縋幽剔險神愈超，雷聲殷空車聯鑣。窈窕百泉通暗潮，弄珠定有驪龍驕。石燕撲人噤寒飆，羊裘不温思豐貂。却步欲返心摇摇，却思吴客横煙舠。旁通一天路異條，花草夾岸英瓊瑶。珍禽和聲笙磬簫，琳宫玉宇依層霄。中有雙姝顔若苕，侍人二七方垂髫。嫣然攜手雲外招，青鳥一雙翼飛橈。海風吹過神山巢，霧閣雲窗悲寂寥。我欲尋之離塵囂，青壁無路誰坐邀。前修淺薄期後效，䭫首禮佛心焉忉。嗒然出洞隨衆僚，滿山落葉風蕭蕭。

驛路

驛路千里何騷然，刻龍之節飛虎旃。官騎不足民馬盡，役夫塞道肩相駢。欲行末由却走避，茅簷盡日無炊煙。飢腸歷碌作雷吼，奴子顧我色不鮮。吾黔積歲苦旱潦，聖恩屢用飛符蠲。取盈大索更隳突，老羸宛頸空籲天。脂膏充橐正未饜，可憐府藏皆磬縣。

重瞳一日鑒幽覆，大官銜命來翩翩。王章省耗自增斗，延齡乾隱那計緡。深明世故要箝口，尋釁塞責真爲賢。噫乎！黍苗歲宦誰見梯子瘦，只恐四十賓錢亦難又。

借半山集中韻作小絕句

三面窗開異舊紗，春風不到黄鐘家。秦時明月一千里，何處閑庭開好花。

題　畫

山下柴門對水開，杖藜終日野雲隈。鱸魚不用金錢買，呼取家僮划艇來。

句留二首

小作句留又浹旬，閑情欲寄兩無因。清晨兀醉非關酒，晴日牽愁絕勝春。檢點青衫襟上淚，蕭疏白髮鏡中人。贏將秦越凝秋水，齏臼何嘗受得辛。

追惟舊事了無痕，賢主情多未覺温。一月在家元各夢，者回分手最銷魂。遥知湘浦白沙曲，不見花巖黄葉村。無限深心幾梔子，重重恩怨總難論。

舟行口號二首

清谿之山畫圖披，清溪之水照須眉。山光水色儘消受，付與一卷涪翁詩。

向晚泊船青石磯，推篷雪消葭葦稀。煙中人語不了了，明月灑然來濕衣。

澧州道中二首

松嶺殘雪盡，東風新柳隄。山鳥解媚人，遠近相和啼。客心得所契，將行復留稽。前村漉春酒，清尊已可攜。

蘭江上初日，春煙亂芳草。肩輿煙中度，愛此幽香好。下輿摘盈把，儵使心如擣。不敢寄所思，復置在官道。

斷句

昨夜蘭窗語，分明月子低。誰知澧浦北，不是夜郎西。

次韻答戴荷莊粟珍贈行九言并柬史鐵君勝書

腐儒啓口舉足人點嗤，道逢苹苯詩客寵之詩。一士諤諤彼豈有取爾？世所棄而獨厚毋乃私。公才雲夢八九寧斗計，瑰偉駴目如青虯赤螭。賊子一見早退三舍避，自慚形穢翡翠蘭苕枝。縱復雕蟲篆刻妄自喜，那有好頭逐日精權奇。唯應老鋏與爾對旗鼓，浪用推許難云無愧辭。即今仍隨春官作舉子，大懼參差應對非能爲。却恩絶絃一任蛛網遍，中條亭上又嫌三未宜。九關虎豹縣知不易到，徒使五湖鷗鷺交相譏。萬一姓名謬署千佛頂，計算價值奚啻五羖皮。人生百年奢願竟何是，商量身後正爾勞神思。乞得堂上康彊足粗糲，素心三五晨夕誰相持。事親之暇讀書二三策，晦明風雨四時花作籬。宗彝醬瓿失得兩無涉，此意輸與行雲流水知。吾子胸中古今晁賈資，鹽車帖耳不見開金箆。壁無連城野人漫泣血，封侯校尉豈在威群夷。孰與揭取頭巾便燒却，遇酒酩酊不聞今幾時。安能低頭屈氣伺喜怒，捧心取笑彊學東家施。期君東買黄金西買絲，繡作平原鑄作鍾子期〔二〕。唤取銕腳道人爲平證，史銕君又嘗自號爲銕腳道人。遥遥盱望鬚眉方陸離。

月

此夜金臺月，清光似故山。高堂應未寢，猶傍斗間看。

出都雜詩

敝車無蓋倚斜暉，果否當年壯思飛。剛説薰風能和曲，正愁絲雨易沾衣。七千里路頭重起，廿四番花信總違。辛苦廣安門外柳，猶將青眼送人歸。

午日消殘晝氣清，炎宫火繖極天擎。雨鳩怕唤晴鳩去，小麥剛隨大麥生。良鄉以南百里間如此。

風欲灼肌焉解愠，酒元醫活轉添酲。但逢槐柳陰濃處，泥住輪蹄不忍行。

他鄉六度團欒月，照到宵征遣倍難。白髮知猶倚閭望，紅顔應怯捲簾看。寸心暗繞天山遠，半臂誰憐衣袂單。倦隱車箱渾不寐，滿身風露不勝寒。

日月東流喜懼催，高堂鬚鬢逐年衰。慈顔小别當依舊，禄養空談又此回。方信屠龍真拙計，焉知吐鳳要清才。只應一事差如願，無價晨昏早奉來。

風塵陌日幾神馳，苦念同衾戚戚時。辨色披衣朝問字，禁寒聽雪夜哦詩。阿連獨立無消息，謂茝升。諸括分甘有孝慈。謂伯兄及諸弟。觸手黃金渾向盡，南津北渚欲何之。

斷續閑愁剗不平，情多翻覺甚無情。生增趙女來沽酒，那要秦娥解搊箏。樨國蟾華恐顛頞，荷村鷗夢欠分明。定知瘦到要成捻，著起方空未是輕。

途人争笑此生愚，典盡春衣只購書。一日聲名便賢聖，千秋述作漫籌箸。字難果腹飢誰瘵，輒可敲門計已疏。奕奕玉堂簪筆客，嫏嬛深處過來無。

盧生祠畔月初沈，好夢如煙不可尋。逐客已經過滏水，家人猶自望泥金。青書白版幾時有，舊恨新愁何處深。拂袖白雲歸路遠，顛毛渾欲不勝簪。

健兒

朔方健兒勇無敵，手挽黃間風辟易。翻身弦響落雙雕，一條秋水橫天色。

魏卣香朝瓚既同下第，歸至衛輝，將分道沿河東下，出淮陰，適姑蘇，爲置酒相餞，口號三絶句送之

自在異鄉仍送客，歸心離思兩蒼黄。饒君穩帆崑崙水，不結東流九曲腸。
若遇淮陰舊少年，主人愛客衆賓賢。也應消盡春風恨，免唱多情黄犬篇。
花草迎人總斷腸，莫將往事記盤閶。好憑一片蘇臺月，爲寄相思到夜郎。

車中次韻答子尹見寄

晶光旗戟沈沈天，孟郊騎驢走其間。軌深没轂肩摩肩，朱朱白白鬥春山。遷延驚怪乍思還，東西南北邈以緜。白鷗有盟未却寒，烏於之哺又縣縣。俳優隨計良可歎，獨念吾子斟德淵。蓀芷襲佩繽紛繁，萬山千林安得言。兩翅捕逐意所便，可奈擾擾時世賢。眼明忽見古連辨，區弘一篇蒸八丹。復卷擲之誰爾妍，嗟我與子遇孔艱。鞍韉騰踢寧高堅，誰云枚馬非是班。豎兒持之胡無難，司農鄭康成一朝唐宋官。遠引博士陸元朗何紆盤，豈不令人翻笑憐。阮芸臺程春海未值我心酸，復思在我自有權。夙與星駕出蘆關，門闆心眼蚤令捐。盤羞免惻難者全，夏有緑蔭冬

黄棉。弟昆師友奉親安，紫緋我不與易焉。憶昨冷窗竹風乾，子兮荷笠渡湘川。就我夜話雪漫漫，行時訂我苜蓿盤。真不料斯緣竟慳，何況九重渺蒼煙。世間萬事可斯觀，黄流入天莽莫源。箕月沙風吾渡旃，遂以月枕風爲餐。險夷一行等悲歡，矧車有脂馬可鞭。不猶愈乎無坐氈，饒爾冬春飽承歡。老親穉子百不牽，兄惟畬經弟菑田。餘事置任春風顛，計我到家荷花鮮。千金之揮樂無邊，期君閑時挾儋纏。城東老屋對牀眠，此中真意更誰傳。歡字重押。

襄陽生日

前年生日漢上棹，今年生日襄陽道。不從漢水逐仙查，貫向襄陽蹋芳草。襄陽耆舊今有無，漢上神女焉可呼。且好買絲繫筩糉，看取競渡招左徒。

王莘農衡材三上禮闈，皆被放黜，逐隊而返，頗羸鬒髯，朋好戲謂恐入門時無以對妻子，因爲解嘲

王郎三戰未殲渠，白晢鬑鬑頗有鬚。叔武定教時論許，中郎誰信立功迂。莫憂老大驚妻子，正爾昂藏重里閭。我亦窮愁添白髮，爲君重自撫頭顱。

都匀城遇芷升

三春詩夢滿池塘，苦殺阿連不在傍。鴻雁天來誰并影，脊令沙宿忽依行。聞雞此後寧辭舞，失馬當初漫自傷。我訪庭闈君可住，明朝却謝九回腸。

自　慰

四嶽興雲雨露新，短風吹不上巖椿。黄金散盡猶餘我，白璧歸來尚傲人。并日一餐聊學儉，壓裝千卷定非貧。鄉鄰莫靳無心子，山集泥蟠亦有神。

寄子尹滇南

雙薦山根一破屋，中有樵人飯不足。樵歸忽枉故人書，反復讀之味勝肉。故人抱才耕谷口，青楓白鷗賤台斗。不上世美璧雝圖，但睎李衡千木奴。一朝束縛入蓮幕，倔彊心情無處著。去家千里歸未得，爲我拳拳致離索。要圍萬釘唯唯埸，達人豈必争咸陽。丈夫決定不是物，此事未敢戕蒼蒼。唯有高堂下幽房，歸人差娱爲子傷。昨夜夢入無何鄉，不舟不車雲洋洋。飛走忘機自依行，好風時時來吹裳。覺來枕席猶塵世，半晌蘧蘆不容恣。那堪日游矜孔翠，祇有鶯鳴索同氣。沙灘久虚巢經巢，又憐江山形蹟遥。牆根菊花不準酒，獨往獨還朝復朝。

古意三首

軋軋復軋軋，貧女終夜織。油鐙暗虚牀，蟋蟀鳴在側。四鄰錦橱箱，積絲曷有極。深更惱聒睡，叫駡來傴仄。誰知女心苦，泣涕暗沾肊。榮枯賦命然，在昔重嘉德。窈窕王所妃，媒衒醜□□。蘿簷莽荆榛，何由見顔色。好修勿復道，黽免機塵拭。

海燕巢廣廈，歸飛秋復春。去去屢回睇，爲感舊主人。主人思望燕，付音烏鳥鄰。一朝翩翩至，飲啄平生親。但願主人好，全盛如兹晨。護此梁上泥，相視久彌新。鴝鴿有悄語，主思恐難頻。徘徊未敢信，脈脈天池濱。

小時矜手爪，竟日絲桐鳴。朝來理瑶柱，凄咽不堪聽。手爪豈殊故，壯心金昔更[三]。男兒氣義盛，折箠要威名。寶劍果非惜，遺脱争先行。膻衣暴猛虎，徒手截奔鯨。兒童拍手笑，千負幾何贏。日月水東逝，顧諟長風生。迭爲寒士歌，庶以輸中誠。

口號

打頭蓮舫暫依棲，野性難馴鹿與麑。晨入夜歸唯所欲，先生猶可傲昌黎。

王少山漳惠筆

三司集事毛錐子，乞與山人八面磨。可惜穀皮飛白貴，貪看柿葉落紅多。

絶句二首

好詩緣醉墮蒼茫，稼事都完圃事忙。曲水印文三百疊，車聲千里夢羊腸。
白小纔分口眼鱗，磯頭終日有垂綸。山樵得失渾忘却，行入楓林不見人。

秋閒雜興

風船不可纜，飄忽遂陳新。北辰燕降睇，南極雁來賓。懷人間舟陸，行路塞蓬榛。挾策踞扁石，柱杖視高旻。晻薆遠目爾，況當升白雲。

涼風下山川，五色花草木。開時出門看，失喜花圍屋。瑲摧忽追奔，冷氣薄肌肉。仰視雙丸跳，晷景著飛轂。老物落誰惜，撫念嬰垣櫝。所思在何許，冏冏抱幽獨。

完完好月上，水氣彌宇宙。倦弄復無睡，起坐數列宿。百憂尋衆竅，無端達清晝。臨池照顏色，雙鬢訝非舊。芸生浪大化，止泊不可究。神仙幾回葬，勳華古誰就。一三歷功齊，殤子乃真壽。東籬渺然在，寒香沁衣袖。

查查鵯鶯噪，衆聽各歡喜。不知何祥至，佇足若有俟。爾鵲果能神，聞者率殊軌。蒲柳有時好，栝柏不必美。物理遇適然，吉凶豈在此。

夜雨不能寐，起坐讀《小雅》。古言接周秦，古器供玩把。雅烏不反哺，潛魚辟新鮓。徒言溢掬求，浪與石鼓假。推卷發太息，簷花落將灺。訓纂《凡將》篇，千年寂揚馬。

鴉棲高槐顛，一呼衆鳥和。鳳皇聲不聞，激怒暫得挫。魏冉咸陽中，諸侯莫能那。何來山東客，立起秦王懦。君直已前古，蒼公委山坷。岌岌南山稜，盼盼復何奈。

洗耳澎湃聲，媧絃向天落。疑從武昌客，延佇西山閣。晁張去我側，南北一雲崿。地有蹴蔬羊，天渺傳書鶴。香飄愁桂孤，葉瘦憐竹弱。夜夢聽依稀，空有刀頭約。

四節更相王，古云秋興悲。飛鳥救落葉，亦感風合離。所喜熱惱盡，洋洋清妙機。結巢六藝林，忽復山水涯。即事是名計，安用嗟欷爲。

鮮鮮嚴霜花，烈烈疾風草。秋老何所妍，苦觸羈人惱。援琴爲再鼓，曲盡意不了。荒荒閉三徑，落葉誰與掃。

空階老木盡，甘蕉一叢叢。下爲懷芳蘭，晻影隔不通。雨露心卷舒，憔悴難爲容。此君有風聞，彈射奮公忠。草勢貫汙白，沽直呰塞躬。可憐修勁姿，永閉淇園中。何當白主人，立使根葉空。揚揚達幽香，挺挺策膚功。斤鉏不在手，孤憤滿膺胸。

流螢成群飛，欲奪星宿光。久雨百草糜，勢大更猖狂。羲和轉蝸馭，青女奮鷹揚。兩翅膠欲落，乾死誰爾傷。曷師弄芳蝶，努力媚治牆。

鴽鼠陸變化，爵蛤水繼之。節至孰見影，微蟲聖得知。伏枕壺漏長，倚檻日晞微。何以有鱗翮，天海隨跂飛。人爲萬物靈，欲信將還疑。卷書不成坐，得酒自詠詩。重觴忽忘天，泉明非我欺。

食飽罷人事，北郭肆延眺。層巒逐行雲，瘦石激飛瀑。尹公讀書處，山水盡輝耀。富貴丘隴盈，千年過談笑。感此汲汲懼，石儋窺以盜。韓詩「所要石與儋」。超超三益朋，渺渺三益樂。日晚風蕭蕭，長吟倚晴昊。

綫光出暗壁，有女夜縫裙。顧景一長歎，刀尺斷聲聞。寧知丈夫意，所在浩無津。尋思虞寸微，小勝動千軍。失徽尾閭洩，得凝畎澮分。時去詎足念，但期斯願信。徒言惜華色，長作無懷民。

熒熒天邊星，寂寂樓頭月。悽悽壁間蟲，琤琤銕中撥。雙雙控弦雕，落落緣木獺。烈烈摧人腸，鬱鬱不能達。

長風卷落柿，日莫天爲紅。童子驚告語，奇觀此無同。一逐東趨水，或著西來峰。斯須絶倚埘，萬狀可終窮。君子固本根，不争赫赫功。

淩晨薄寒中，搜篋理衣裳。敝裘不揜肘，以御霜威猖。童僕憂堅冰，惻立屏風僵。怪我一事無，坐起神清揚。今日可休休，明日焉皇皇。丹橘猶有心，冰雪正含芳。

南窗讀書聲，北窗群蠅雜。弗知乃訟理，取夾苦聒聒。擇肥供晨羞，不敵一雞割。入夜鳴更甚，衆口信難遏。鼓吹爾非職，情微彊安達。烏曲百里間，池草入空闊。曷不舉族去，呑聲自存活。

敗荷不揜池，積潦亦蓋地。小鴨挾伴遊，往復鳴得意。高資冥冥鴻，翩戚志焉遂。羽儀衆鳥尊，粱稻惻腸胃。江南水雲闊，淩風此焉逝。

彙《雜興》諸作寄示莒升，復題其後

秋來如飄風，秋去如脱彈。短衣計不就，長鋏自彈玩。世心戡欲盡，傲氣屈逾悍。中觸未能化，不吐懼爲患。力餘率吾意，得句與渾漫。椷寄勿示人，徒令置冰炭。

【校勘記】

〔一〕「獨立」下原衍「立」字，今删。

〔二〕「原」字原脱，據莫珠姝鈔本補。

〔三〕「金昔」，疑爲「今昔」之誤。

卷二　影山草堂詩鈔 丁酉

呈平越峰太守翰三首

小人少長鼇水邊，使君初下不狼前。治理繁郡若烹鮮，不見此風今百年。荊州曹事無滯留，筠州輸租不使錢。如今播州兩美具，何須王督李屯田。

聞道出山十載餘，往往仕優仍讀書。東南自古賢達區，肯使昔人專鏡湖。興來哦詩放翁如，引筆逸少争清姝。俗吏牽俗庸吏痛，爲政風流經眼無。

昔者山東陳太守，草斗青蠶惠黔首。良法施諸百年上，美利詒於百年後。流連遺蹟徵白田，傾聽謳思遍黄口。但願如今新守君，更作他年歷城傻。

漫懷

無因豹變出煙霧，未許蠖屈歸溪山。碌碌一似羝觸藩，寄食依人還抗顔。相從童冠六七輩，淮雨別風盈百千。誨者諄諄聽藐藐，隔一瞥眼轉依然。耽嬉入骨更難説，著身几案如亨煎。

倏忽不知其所往，學舍往往闃不喧。先生四覓各呼至，加以呵禁或撲鞭。暫看肅肅若自惕，誦聲作輟已欲眠。飲饌膏火逐日需，童僕婢媪司其權。百回呼取不一應，反以謂我苦頻煩。古來寒士飫瀎濁，豈必彊用分愚賢。人生世上貴適意，但得如此亦可憐。何時乃獲恣所欲，一任偃仰除拘攣。上奉慈親下妻子，啜菽飲水皆餘歡。所資細算亦無幾，只少依山十畝田。

食苦筍

結屋未可避逸少，致仕硬欲差東坡。人言此物能作疥，可奈餘甘風味何。

春晚三首

參差一策茫取捨，千點桃花縱歸馬。宛丘學舍小如舟，一住不知冬與夏。頗喜主人縱飲噉，未有一日去樽斝。三杯取醉萬事除，往往狂吟鳴屋瓦。登盤才記蕨芽短，下箸幾值筍衣搘。渺然漸覺節物移，長懷鬱鬱何由寫。

草木雙芍藥，白紅玉盤盂。爭新作態四牆底，壓倒婢子春羅襦。蕭蕭一夜風雨惡，萬片留落于泥塗。人言此花好顏色，值得思念恒嗟籲。我謂天公獨爾靳，有秀不實空爾姝。夭桃穠李亦能傲，何論青梅承露珠。

若有人兮在江漢，珠佩陸離魃服粲。雲車乍回遅不來，波浪吞天獨長歎。兒時耽嬉百不憂，跳丸日月如可玩。邇來浪説有知見，無事長嬰杞人患。管城食肉無骨相，糟丘列侯易遷換。雞鳴鐙盡不得眠，躑躅空庭達平旦。

以檳榔箋致子尹

五色檳榔十樣箋，砑成光敚錦雲鮮。鸜哥嬌語渾嫌辱，乞與重修《急就篇》。

簡子尹

無雙猛將落埃塵，妄尉盡屬封侯人。大儒狀貌罕掛眼，干將耿耿空防身。仲翔豈是中下士，唯有南山許知己。太白斷非寂寞人，每欲招尋赤松子。長揖嚴陵不可偕，信陵平原安在哉。百年未得所死處，可憐肝膽插崔嵬。

過村學

隱隱見茅屋，書聲出叢筠。得徑信步往，曲曲苔痕新。先生覷有客，踉蹌整冠巾。弟子顧且走，三三五五如驚麏。陳書盡圓角，整几半絶臏。筆秃乏卓穎，研垢留前塵。主人拙言詞，默對無寒温。漸覺徒晷景，有欠不敢伸。開之道桑麻，神揚齒生津。同行陋之笑，我獨喜坦真。滔滔人間世，事事競鮮新。書足記姓名，稼能忘賤貧。過此總無益，只足勞精神。吾愧爾多矣，閑當來結鄰。

和子尹啓秀講

桀桀蒿蓬侵講茵，先生而外更無人。雖然破屋愁風雨，已自高歌有鬼神。我算一夔能請業，君須百甕謂甕。半留賓。傍觀嗤點渾閑事，回首西山爽氣新。

平越峰太守示新獲文待詔端硯，因爲作歌硯爲陳榕門相國舊藏，其裔敦臣大令持贈

越峰太守來招呼，示我停雲館中之石硯。云是榕門舊弆藏，寶襲三摩勝珪瑗。三百年前伴值廬，定隨明聖助清娛。披我湖山舊東絹，吾家舊藏有待詔《西湖》横卷。細認誰處經磨濡。四文待詔及其裔彭、嘉、肇祉。去後乏收拾，塵劫荒荒滿榛棘。銷聲匿蹟斷世知，神淬由來亦通塞。一從相遇桂林公，辟置座右光熊熊。同扶三廟建皇極，萬石酬君豈濫封。濟世功成率身退，培遠堂中閱多世。阿孫割贈意不輕，太守得之喜忘寐。立呼小史試隃糜，虎踞龍騰不絶揮。百牘朝成日未午，千詩夜就漏初希。四郊和氣耕煙蒻，消暇追逋無失輭。商量政學兩賢參，落手遺珍有天寵。乃知石君隱顯非偶然，人言石頑鎮不頑。再三擇主要名輩，剛方之性常能完。不然帝星垂耀明圖夕，兩京舊器雲煙擲，何況一石之微尚擎惜。祝爾貞貞相厲保千秋，愧非雷電波濤老詞客。「其滑乃波濤，其光或雷電」，老杜《平侍御獲硯石》句也。

廿七初度

弟妹團圓鬧清曉，堂上顧之顏色好。獨憐二日是天中，少却阿鑾門芳草。抱中之物何有

無，夢感天言空爾呼。惟願年年此時日，《南陔》風景不慳吾。

哀唐生有序

唐生名成傑，字偉人，介石先生六世孫也。爲遵義縣諸生，素貧，負節操，學梁鴻、江革之爲人，一邑倘得此五六輩，雖窮而在下，端本厚俗斯賴之。年未五十，遭奇疫以死，可哀也。

碌碌不窮餓，名儒多拙生。盜蹠耈與鮐，顔淵還促齡。唐生今古人，志操何峥嶸。幼弱闖賢閫，百纍悍莫攖。壯來漸居安，寸衷湛虚靈。左暢而右適，陶蕩風月清。山圃一兩畝，破屋三四楹〔一〕。朝理畦上蔬，夕奉堂上觥。甘旨不缺乏，囊橐無餘赢。鎮腸一卷書，行坐金石聲。有弟孺不褌，有婦缺布荆。娣來驕惰貫，不月化其誠。讓逸取貫勞，共瘁於一庭。閨門春雍雍，雞狗亦不争。鄰家有勃谿，唯恐唐生聆。親戚有鬩牆，不使唐生聽。老者見唐生，祝兒以爲型。同等見唐生，自顧慚穢形。少者見唐生，如奉嚴先生。悍婦聞唐生，蔚然喪其精。偷兒聞唐生，油然善心萌。唐生所還往，莫不以爲榮。唐生所色否，辱于受官刑。唐生常默默，衆生自競競。茫茫四天下，青紫如排萍。大都爛羊輩，濫竊禄與名。求稍君民念，百者不一曾。矧能植仁本，惟其道之享。荒荒黚漢間，惡俗尤可驚。賈生歎秦風，尚覺彼較勝。半畝絶翁婦，一錢無弟兄。

士林亦頗有，何論蚩蚩氓。斯人上巖廊，尺寸得秉承。上而陳堯舜，下而安獨煢。必能厚一世，不負所學行。不則假以年，推之長庠黌。舉身作矜式，教化鄉里英。徐徐返積習，頽椽倚孤撐。二途但處一，所就當錚錚。胡爲奪之急，不使見小成。彼蒼生斯士，屬望斷不輕。自必扶篤之，儲爲今瑶楨。毋乃太呵護，鬼伯得以乘。不然天無知，積氣之冥冥。何關人修短，頗疑此非情。或者香案吏，謫滿不得停。或者鬼曹劣，急切需臺卿。無已來召之，此理差可憑。哀哉九原間，賢愚同一丁。千年不復朝，纍纍但荒塋。全家繞塋叫，聲絶寂無譍。遺書漸塵封，白楊已青青。鵂鶹宵悲呼，狐狸日逢迎。魑魑率下鬼，誰歟伴嚶鳴。長沙鵩鳥入，宣室尚親承。榮期不戚戚，元有三樂并。可憐范子宣，一世徒硜硜。朝聞夕死可，能爾斷目瞑。獨傷自茲後，風期誰復賡。作詩不論次，只有淚縱横。

題　畫

媚柳明花村復村，當春結樹不安門。曉來倚檻成清坐，貪聽流鶯直到昏。

隔岸群山不記名，雨餘當户弄新晴。春田水滿春江闊，看取風檣自在行。

蓮舫詠物十絶句

芸

莖如秋竹抽，枝如春松緑。採擷供朝餐，還疑食苜蓿。

一丈紅

聚族無窮碧，争妍一丈紅。千人不肯顧，還自賣薰風。

芭　蕉

大葉倚風流，肥支弄澤悦。徒恃卷雨心，何以禦霜雪。

槐

槐子何纍纍，搯服盡一石。不是要長生，只幾髮不白。

紫　薇

一樹艶露光，朝日明紫英。終朝對郊島，應羨紫薇郎。

黄　楊

黄楊石上生，無人賞剛願。今年非閏年，爾幸長一寸。

龍眼魚

徒有雙睛突，端無一角崢。何堪佐神聖，九野逐雲行。

鴝鵒

寒皋毛羽成，五日斷其舌。莫要驗新荷，可畏沸湯熱。

鵝鴨

若輩有餘食，士不足半菽。豈以平蔡功，依稀掛朝籍。

兔

東走復西顧，迷離撲搠間。蒙恬一拔取，神妙秋毫顛。

郡署八景追次劉研莊舊守韻和越峰太守

軒窗聽鶯

日坐軒窗下，春來指顧間。流鶯聲不住，如在富春山。城郭方無事，風塵亦駐顔。免勞柑酒戒，消得落花閑。

山房留月

爲佇天邊月，廊腰徹縵迴。樓波明瀲灩，扉影澹徘徊。隔院誰吹笛，深宵數舉杯。靈臺清可證，莫倩片雲來。

橘井飲泉

何處堪消暑，閑尋橘蔭酣。便斛橘井飲，預想橘瓢甘。水監心能并，林棲事不慚。待看霜落後，一樹火珠涵。

荷池疏雨

素有荷花癖，荷池肯暫違。妙于跳白雨，相對浴紅衣。風過暗香遠，煙開輕點稀。神龜飽遊戲，羡爾欲忘歸。

虚堂接翠

虚堂無四壁，面面引春風。階草緑於染，屏山撑未中。周圍薰驛驛，遠上直叢叢。似聽碧煙裏，長謡三斗葱。

傑閣來青

好山當傑閣，一上一軒然。簇簇青平榻，遥遥翠綴天。中峰晴色湧，陰壑斷雲懸。最喜東田上，懷新稻已芊。

古槐卧蔭

故老説齠齔，斯槐已蔭人。計年頻屈指，高卧不知春。我見五千日，花孤四度新。南柯無夢到，淘葉味吾真。

慈竹浮煙

豈意叢生竹，而能孝且慈。母衰還布蔭，子健不喬枝。絛肆徒歌伐，春暉欲報遲。含情對煙翠，慚汗許誰知。

與子尹出北郭，讀白飛霞崖壁題字，緣溪上轉山麓，得小洞，梯下觀鍾乳，遂尋食館買湯餅療飢，歸路復逢故人遮餉午四首

學舍不堪寂，出門百無之。意行北郭外，溪壑爲含姿。群岫逐雲峰，變滅争離奇。倒影插澄碧，萬象入俯窺。就蔭席芳草，細詠滄洲詩。柳浪迎面來，竹風銷暑時。途人蟻相織，寧識兩生誰。

瀰瀰復齒齒，水石兩清美。崖間題字云：「水瀰瀰，石齒齒，白飛霞曾到此。」當年飛霞翁，遠遊曾到此。摩挲壁間書，清風竟得是。人生住世上，如履印沙址。舉步成前塵，遺蹟已非已。學仙幾長生，靈棲者誰子？不如委天運，作息皆可恃。

小口下幽邃，石乳具百形。山人昔見之，驚拜疑神靈。喧傳遍城市，香火屬不停。久久仍寂然，有如置鮑鮏。村童漫無掞，針芥謬所丁。亦能駭流俗，趨走排浮萍。其敝可立待，無勞問篿筳。不信視神洞，深苔莽青青。

飢脱杖頭錢，食館暫營飽。側笠破斜陽，前山見歸鳥。故人傍郭居，林圃出喧擾。相逢賞我趣，邀共春瓶倒。縱談雜古今，具食走童媼。謂言腹方果，勸壓嘗稍稍。傳我種菜方，一一存要道。學之了不閑，歸休轉心懆。

次和平樾峰太守懷省庵、劉研莊兩舊守二十七韻

富貴如春花，當時自烜顯。唯此口上碑，歷劫不可剗。遵義古安撫，累葉著循善。閲唐宋元明，前徽瞥而卷。愚哉楊氏子，祖訓不思闡。侈横百役興，毒及騉駼研[二]。夜郎便自大，幻夢一何淺。自從剿絶後，民困此其選。國家既定鼎，我衆尚餘喘。魯卓爾何人，千秋罄遐緬。煌煌省庵公，天遣富窮褊。山蠶出青菜，萬里越齴棧。頓使磽确區，一一化沃衍。民蘇士未奮，劉子出衡巘。置舍身師之，六籍共詳勉。頑礦在冶鑄，澤澤見光銑。今之爲官者，井校誰復辨。不念小人依，毋乃辱軒冕。不根詩書治，安得頹風轉。二公識大體，爲政異絲繭。材不必楚有，地不必岱畎。而令相長雄，祗覺敝邑腆。君侯兼二美，耳此勝長臠。嘗恐志乘疏，來者忘數典。投視寄懷篇，素抱隱傾展。德聲跨前哲，所卜在躬踐。才嗇報章遲，奉督但顔靦。

雙泉寺歸

山僧送客不離山，我輩依然塗炭間。香飯於人本無分，叢林雖好只偷閑。勞生可笑魚千里，失計都緣豹一斑。且喜多情有明月，當頭相伴放歌還。

山蠶十詠，同平越峰太守、鄭子尹明經作，用程春海侍郎韻

種　樹

金錢滿犖确，種樹莫遲遲。五日衣蠶子，十年富蠶絲。仁民天地心，憑依仍自爲。民愚不見此，上者可任之。

烘　繭元題《窖繭》，山蠶之事，烘種爲要，故易窖以烘。

化繭不可風，日夜温室裏。秋蛹三掉頭，春蛾拍焉起。列串至分筐，勿憚勤省視。蠶事此正收，熟否在慎始。

春放蠶

折槲引針蠶，架樹聽散哺。薄曉食無聲，初陽正晞露。東林詫神蠶，西林隱含妒。語君且

勿妒，君蠶已勝素。

秋放蠶

春蠶避山陰，秋蠶避山巔。山巔秋日烈，使我蠶顛連。向晚話鄰廠，青林涼月娟。我蠶已爬甕，若蠶然未然。

歐蠹

卓午炎敲酷，深宵風露寒。辛勤不敢避，蠶蠹盡除難。小兒摇響篙，大兒整機竿。山人各有教，弓冶在其間。

移枝

移蠶念蠶飢，鋠移蠶不禁。剪枝筐載去，保護意何深。擔負從妻兒，同上新䔩林。權林足食否，此事獨關心。

煮繭

家家聞寒蟬，繅車争轉時。一繭引厥緒，盡繭無棼治。前賢德吾民，經綸正如斯。後賢尚念此，户數當損其。

上機

盡縣唯青山，盡山皆白屋。賴有機上生，還襄秀民讀。且使失業徒，各有無斁服。服用《箋》義。竿籰亦防淫，寧唯富方穀。

利無算

橡枝裁作薪，橡斗持作皁。繭衣被絮絮，繭蛹貧兒飽。何況放織徒，任取寶山寶。胡爲卌七縣，陵阜乞荒草。

永不稅

見得共所羡，治具已不貲。還愁就緒後，榷估嘩胥兒。諭言永不稅，自當奮窮楣。司民有利導，此際須三思。

槲繭詞四首

東邊烘室一爐火，西邊烘室火一爐。四十五日莫言苦，七十五日賣絲絇。

衣子林邊日漸長，擔筐處處作蠶場。一路蠶花香不斷，一年蠶果定豐穰。

蠶事磨人只不休，一年春過一年秋。恰如作繭自纏裹，恰似繅絲無斷頭。

東家斗機織府絲，西家軟機織雞皮。府絲日斷四丈五，雞皮二丈不嫌遲。

自蓮舫移學舍於副戎署

終日桁楊聞慮囚，宰官高坐便生愁。將軍許假三間屋，學侶都封萬户侯。馬隊校書還自笑，牛毛説法讓人優。環門無數青青柳，行人濃陰聽栗留。

荷花生日，檢讀澈翁先師辛卯年此時書扇之作，感而次韻

記從詩老溯詩涯，壽酒珠橋博士家。此後塵沙任生日，頻年風月自荷花。茫茫昔貫悲川逝，渺渺予懷坐日斜。逆水返香何處所，天洲擬欲問靈槎。

爲王蘭上丈題《竹里琴嘯圖》，次子尹韻

摩挲永和敘，想像山陰山。十年奔走夢不到，忽坐茂林修竹間。可憐侏儒飽欲死，長安道上誰知己。此君端合是前身，稱與安盧長孫子。手揮五絃送飛鴻，風篁泠泠心不蓬。我亦平生磊塊撤手盡，痛飲狂歌煙翠中。

黔中雜韻十首，同平越峰太守，用郎蘇門觀察韻

谿山攢脊萃諸蠻，黔道難於蜀道難。莊蹻牂柯初略地，唐蒙竹筏始通官。即今邊徼皆心服，每到層巘始膽寒。不信寰中有平土，拘盱從爾夏蟲安。嘗與鄉老言北地數百里無一山，輒搖首不肯信，其拘也可笑，其樸也可思。

花爲四壁竹爲墉，高下人家自疊重。臨水縣崖翻日動，影譙深村雜山濃。緑通木閣夏蕭爽，紅入桃溪春沆溶。幽勝出門隨處是，淳之應亦厭扶筇。

群巒争上白雲間，四走蒼蒼勢未閑。七十餘城俱扼險，一千萬畝盡依山。師抄魚渡氛長靖，劉少保珽征楊應龍，魚渡其所攻之一隘也，在桐梓。教啓龍場俗不頑。日暮誰家耕鑿罷，笛聲牛背帶煙還。

含生負氣盡尊親，幸作熙朝荒服民。墾畝不彊鄰土瘠，丁錢依舊爲農貧。渾忘天子恩如海，觖望官家澤似春。爲政郭駝能順性，烏盤歌舞帀江津。

自昔儒林有大師，漢家樸學盛唐詩。東陬詞客龍標奉，唐王昌齡謫龍標尉，在今黎平。西徼經生毋斂祠。漢尹道真先生。萬里南荒非故國，千秋北學張邊籬。前輩如孫淮海、陳定齋之經學，楊龍友、周漁篁、李白山之詩、古文，陳心齋之博識，皆掉臂中原，一時斂手。懷慚百事輸前輩，衹能飢驅索米炊。

家住紫溪煙翠中，好山無數作屏風。詨名時鳥各呼應，夾路野花相白紅。挾册藕田忘夏畦，畦字無仄讀，鄉中人讀之每如谿如喜，依方語用。樵薪結社足冬烘。卜居自詫真難得，勉學顔生善處窮。

脚底雲生乍欲仙，馬頭山起似無前。寒喧頓改崇朝候，晴雨難同隔里天。亦有鳩鳴先刈麥，頗聞蟬噪尚颸田。黔地高寒下暖，暖者播獲早，寒者播獲遲，雖一縣中，常不畫一。定應何事非殊異，雞犬熙熙槩柘邊。

稻田埃耳罄餘糧，山種增收亦救荒。得福人寧因失馬，補牢天似爲亡羊。黔以稻爲正收，或值旱無入，莜麥稗菽，必有大熟者，足供荒年之食，彼蒼仁愛，似自以有眷顧不及處，而爲是以補過也。最憐枵腹蕨根苦，貧人多掘蕨根爲粉食之，荒年尤賴。尚憶調饑稗粉香。嘉慶己卯、庚辰之際，值歲歉，家中食不足，幸紅稗熟，常蒸粉爲團以當飯。唯有禦冬天也窘，彊持晴日抵棉裳。

有因胼胝不遑安，苦彼無田敢畏難。槲葉秋風疲絶嶺，杉椑春水拉危灘。遵義放蠶蠶火，都勻府、黎平、鎮遠、思州拉木椑下溪之傭，大半徒手無藉，竭力謀食，苦不可言。暫能休息魂餘喘，未製衣襦歲已闌。多恐中年勤動者，囊中猶少一錢看。

千巖萬壑古峰城，十五年游率忘名。山勢半成飛走相，谷音常答短長更。黃鍾霧塞天如醉，金鼎雲開眼定明。黃鍾、金鼎皆遵義山名，諺有之：「黃鍾霧，三日雨；金鼎明，七日晴。」黃鍾巖又名伴雲峰。閑逐野人争席坐，豆花茅酒話昇平。

九日從平大夫登謫仙樓，大夫詩先成，因次元韻

風流太守愛重陽，洗眼招尋雲水光。朝日有情明畫戟，久雨初晴。寒山作態影雕觴。慚無好句賡新詠，拚放秋心入醉鄉。白眼看天若旋轉，不知誰似謫仙狂。

爲史六勝書題《秋鐙畫荻圖》

四鄰熟寐盡，破屋鐙未炧。母子足師生，寒蛩和咿啞。兒退母意斷，兒進心殷然。誓將九千文，刻劃兒心肝。富貴天冥冥，孔孟日杲杲。心地汗馬功，兒收乃爲寶。辛勤負米隙，畫荻開相期。晨葩似蒨，蒨涅無渝。

次韻和太守訂游龍山

逐鹿去年今年，乞食南山北山。煮字欲充白腹，看花還逞朱顏。郎州十五重陽，忘却他鄉故鄉。尚記影山屋角，一枝濃艷凝香。

公說山興不淺，我聞遊氣自豪。兩脚不知犖确，孤雲已上衿袍。
定知明日詩思，在一路馬蹄中。我只牢拴破帽，莫教吹去西風。

太守再疊前韻，速登高和作

終日在茲山住，未曾却上看山。此行可補闕典，今朝定破愁顔。
杖天乞與秋陽，洗眼雲鄉水鄉。從此進房移火，但堪閉閣焚香。
新詩白雪争高，疊韻連篇愈豪。孫盛飯中麈尾，青蓮月裏宫袍。
若把雙龍自挾，須臾遍四天中。何必三千鵬翼，能乘九萬長風。

登龍山，次坡公韻，并寄庭、生兩弟

曉霜初斂午風和，淡淡晴煙蓊薜蘿。天際峰巒螺子抹，雲中絲管雁聲搓。荒城自昔憑臨少，清景於人負責多。一路稻香吹不斷，兒童争唱歲豐歌。

剛同諸弟共消閑，手插秋花五色斑。見説西成開洞户，何期南望隔江山。思牽行朗歸鞭裹，愁入夷牢醉帽間。却壽老親攜稚子，猶勝東里斥子尹。未能還。

登高，時太守與子尹商及志事歸來，太守疊蘇韻先成，因和作

圖經淆雜始元和，大半菟丘說女蘿。刊落荒榛衢路出，難於昏夜亂絲搓。鎮憐舊竹除青少，何況新黎落葉多。加意雌黃輕下筆，但求項宕免嘲歌。

西南靈氣豈長閑，人物時時見一斑。二冉風流輝蜀國，三楊勳業在犍山。低徊往蹟斜陽外，多少名蹤蔓草間。好趁謝公操志筆，備徵休更計瓻還。

過話子尹聽鶯軒，疊搓韻二首

歲歲人看重九菊，年年心在故山蘿。桑間十畝何時到，天上雙丸不住搓。久在樊籠教氣短，那堪風雨喚愁多。招來尋去終無賴，獨立蒼茫自浩歌。

牢騷一曲驚山鬼，窈窕窺人帶女蘿。險路無情惟爾共，離憂成塊倩誰搓。歲云晏矣秋風老，天縱華予去日多。拚取百錢沽對飲，不須仍效左徒歌。

重九之會，仲堅登高則半道返，作詩亦半律，遂罷。子尹疊搓韻促之，余亦同作

仲翁枯寂似禪和，竟日蕭齋守碧蘿。遊屐乍穿崖已返，新詩欲出稿頻搓。定應未到彈丸熟，浪説常因芥蒂多。青篛緑蓑私問過，玄真才與唱漁歌。

仲堅詩竟促成，復疊斑韻

偷占重陽半日閑，催將今夕鬢毛斑。早知偪仄終償債，應悔逡巡不看山。却賴抽身崖徑外，藉緜清興雨聲間。算來止與方回便，孤注邀人十倍還。

仲堅斑韻不成，太守代作同韻戲之

厚顏藏盾幾成例，旁睨歐陽已見斑。豈是將官分過字，甘同道士會桓山。休嗤償負乞鄰與，尚有登雲假手間。若使先生在梁館，三升看取罰觥還。梁孝王集諸名士爲賦，韓安國爲《几賦》不成，鄒陽

代作，罰酒三升，見《西京雜記》。

和太守憫頭白擔夫之作

公來但覺訟庭閑，誰識憂民鬢欲斑。冬愛餘暄看絮褹，去年冬寒，公爲絮衣數百，予窮民無衣者。夏甘流潤滿湘山。今年六月大旱，公請雨立應，終成有年。一夫總入痌瘝裏，豐歲難齊苦樂間。都道好官能解否，五城同戴惠心還。

和子尹聽唱《董逃》之作

此會何如晉永和，連朝觴詠壯煙蘿。韻幾窮我肩頻聳，詩更驚人手亂搓。竹葉肯辭招飲數，菊花猶自待開多。老坡重九元無定，坡公有「有菊便是重陽」語。百繞東籬盡唱歌。

太守以搓、斑韻唱和，可繼尖叉，且以友芝詩數較少，督令補數，勉疊二首自謝

筆硯都焚且養和，吾廬獨破不須蘿。可憐虛牝無因擲，欲把秋花盡數搓。百戰吕成元自勇，六叉王介亦云多。東坡尖、叉韻，吕成叔和至百篇，半山集中但有叉韻六首。於□思棄那堪復，寄語城人另作歌。

强伴終然不放閑，腎肝雕盡眼成斑。相羊欲據輸高足，友芝思苦遲澀，每有妙義佳詞，已爲捷者占去。跛鱉偏教跛太山。身似林中逢楚老，心從天外落人間。尖叉戰事今應歇，奏凱揚旗一笑還。

太守葺來青閣成，招飲和作

暮秋高閣得晴和，群鳥歡聲動薜蘿。雲獻青山當户立，風旋紅葉向空搓。重陽故事從教展，開口相逢不厭多。醉倚闌干看北斗，吟成擲筆自長歌。

太守即席疊韻，頃刻而就，復和一首

鐸語人聲雜漏和，樺光杯影亂寒蘿。睡魔不待剛頭遣，詩病還憑健手搓。高閣年來寥落甚，登樓從此激昂多。當時夢得今維叔，先後風流視永歌。

同子尹登龍樓山，即用搓韻

路入龍樓遠色和，野雲千里上藤蘿。城邊晚菊開無賴，牆角新柑熟可搓。到手溪山閑眺好，送秋風物感人多。相從去逐聽鶯住，綠酒黄橙待醉歌。

和太守即目

香碓沿溪山梵和，譙樓上蘚堞垂蘿。皤翁矖穀訶雞坐，稚子摶泥當餅搓。歲月易驚秋物老，歡娛何似少年多。細思物理成惆悵，莫唱阿瞞對酒歌。

【校勘記】

〔一〕「屋」字原脱，據莫珠姝鈔本補。

〔二〕「研」字疑當作「趼」。

卷三　影山草堂詩鈔 來青集① 己亥、庚子、辛丑

聽鶯軒夜坐

淡淡新月輝，淺淺方池春。大魚尾不掉，潑剌時驚人。魚行得深處，水月一鉤静。微風生小波，漾作西窗影。

晉虚谷秀才自昭爲購《通志堂經解》至，和東野《忽不貧》，兼寄舍弟庭芝

插架一萬軸，不經徒異書。拄腹一萬卷，不經亦空如。菑畬無著處，歲月不相徐。長賈方待資，鬱坐何由舒。故人書信來，喜極開緘餘。百編十夫送，光怪動我廬。徘徊立壁下，寶過千

---

① 來青閣，本爲鄭珍、莫友芝二人受遵義知府平翰樾峰之聘，修撰《遵義府志》的場所。觀此部分之詩作，確爲莫友芝修志期間所作。

瓊琚。殷勤漢宋翁，大道力清除。聖賢深造處，望若門與閭。如何一世間，絶棄逐空虚。逍遥懷千載，安得鄰比居。大義左右環，六合不能儲。筩轂竭所得，了謝乃非夫。阿熊何當來，難復時起予。伯也隗禧稆，仲也兒寬鉏。相對足忘老，外復焉求諸。

晚春作

厭居思出門，出門仍故我。久出道家好，家更百無可。瓠壺肥可憐，忽忽春又過。鋭鬢競争頤，衰髪貫引夥。身事明日來，明去不計个。百年亦明盡，頭骨空瑣瑣。

越峰太守移寓，時已委權松桃同知，欲引疾辭

囊中頗有新詩本，馬上猶存舊錦韉。受代最憐村叟淚，移家誰似使君便。聊爲小住稱閑客，正好長吟盼楚天。我與蒼生泥歸思，不應貪取好林泉。

移研來青閣，用研莊先生韻呈越峰太守

詞客遺蹤若有靈，應容消夏乞風亭。憑將荷葉連天碧，換取山光滿郭青。閣下幾時同載酒，樓東一樣好趨庭。琴書乍定愁公去，難得新詩記舊經。

己亥生日

莫五墮地今廿九，忽忽窮年事奔走。九州欲遍誰識之，一事不就將老醜。昨日春官卸歸轡，只看舊甫長驕莠。轉爲圖經不得已，終日舍己芸人畝。捉入鶯軒悶欲死，不許來青更抽手。意長力短日月忙，空倚青天搔白首。吴橋新長近端午，暫喜羈囚脱枷杻。櫻衣新束緑成街，榴餅亂垂鮮列牖。諸弟放學樂不支，老親倚門笑盈口。廚中早促新膾軒，座上不聞舊賓友。諸君厭棄理亦宜，撫事感時增歎久。珏璋周歲解人意，挽鬚索果從母嗾。雙扶學拜壽阿爺，此事始自今年有。眼中何者不破除，更爲爾曹盡杯酒。

杞園玉女尋常見，蜀國紅兒始得看。妒殺林蘭羞殺醋，晚涼輕醉倚闌干。

紅繡球

喜霽定，步出來青，適得方仲堅同遊，晚歸雙薦，用前韻

久雨望晴不絕雨，比旱望雨心更苦。恨無長劍倚天揮，斬却頑龍致乾土。黃人悶絕偷一瞰，黴氣下撲使欲吐。雷君出裝徑行去，驚落山禽誤晞羽。大風一夜吹倒天，夢入翻盆愁莫禦。醒來怪殺曉鼓明，起看披衣日當户。遠山迎面出異態，回首昨日似今古。雨具幾紿懲羹持，漏痕自矢亡羊補。雙薦棠梨入東牖，倚門白髮定阿母。應談新霽望兒歸，笑指來青抱孫撫。出門樂意紛滿眼，街柳山花向人舞。勃姑喚婦若爲情，春鉏得食頻呼乳。意行意到茫所之，妙得老吾共煙語。城南晚風舊相識，社龕況慣青鞋主。洶洶黃流欲涴天，活活澗泉方溢畝。我持此水送行舟，管爾還家大端午。老吾將歸江南，黔蜀謂五月十五大端午。老吾者，仲堅新字也。衣冷欲棉胃欲酒，庖人趨庖庾人庾。茅檐暴被半辭桁，學子攤書亦歸府。蒼蒼一徑翠微頂，寥空恰放弦光普。月明今月始今宵，百市橫牆繞文武。

送方仲堅歸江南

男兒既不能前車八卒取大官，又不能横戈馬上斬樓蘭。即須長卧滄江底，桐帽椶鞵老古歡。問君遠客何所求，腐儒粗糲不充喉。年年策馬荒山道，走遍諸侯亦堪笑。秀孝沿門不直錢，嗟來便食取人憐。濫丞惡倅得輕客，皂蓋烏鞭何赫赫。近事摧眉大無奈，聽爾説歸真好在。黄山松月舊成鄰，白門花柳還相待。羡君去，愁我歸，故園池臺今是非。杜一句。石頭城畔珍珠市，四百年來更問誰。唱我歌，勸君酒，有約他年知踐否？大署頭銜老寓公，長江欲盡應回首。

瑋女殤

殘魂欲盡氣如絲，聽道爺歸一展眉。失喜阿孃彊扶起，可憐枯淚不能垂。

墮地所須唯藥餌，平生不識是肥鮮。耐兒辛苦還周歲，比著阿鑾算大年。

二尺桐棺三尺土，荒山風雨自今宵。可堪阿琙猶尋妹，啼向空衾手亂招。

晏起和子尹，戲反其意，以爲解嘲

杜君歎眠綆，嚴子愁寢欠。晏起詎爲病，而庸事彈砭。況當至之長，十七曦輪占。落枕雞已聲，生白夢未驗。展轉一睡譽，有得孰云僭。其中弸真意，既我更難厭。坦坦一世間，坐覺巇嶮斂。黄唐逮瞬息，望古稱奢念。來青成久繫，朝食晚常兼。不有静腸術，何緣殺飢焰。頗復憶當年，破衾日窺苫。抑吾聞之道，在匪筒與槧。夐彼醉夢徒，人貌乃天贍。邇來五萬歲，狂聖齊一窆。孳孳爲善利，等爾貨鬻店。倘引宰予誅，請按酈生劍。

與傅雨亭、葉仰山及子尹步湘川上納涼

午日鼓洪爐，當户已灼背。爲有故人期，却與遊蹤會。平疇翻浪脚，幽蔭俯山喙。乍入疲已忘，稍進興益倍。花草若招邀，水石相嫵媚。科頭卧白雲，赤足當峻瀨。可知一生事，有得常意外。吾黨漫言歸，遥風正清快。

和子尹《晨起感懷》六首，并寄越峰假司馬松桃

寒月照遥夜，悵然思遠人。春風如昨日，一抹了無痕。渺渺别江流，黯黯天池濱。臀窩凹几榻，徑草没堂陳。滿耳蟪蛄語，終朝寰闠論。問子欲誰爲，守此夕復晨。早懲好事悮，那復來苦辛。

晨興理瑶鏡，人影寫清月。咄哉鬚眉兒，乃以何容悦。勉意爲巧工，視之只成拙。人品自有涯，此際乃難越。所懷殊未就，所就況已屑。胡爲久沈吟，去計了不决。

昏昏醉復夢，若已死未葬。寧知老馮諼，彈鋏不得唱。芸人既無就，舍己實堪愴。得木不成室，此咎乃歸匠。未聞無米炊，横來責之伉。或者庖有人，和羹料其醬。咄嗟水陸辦，亦使我軍張。如云弓在弦，不試判一韔。厲揭固有宜，果哉詎爲量。蓄此悠悠思，所願旦夕儻。

衆人貴苟得，一飽思傾身。千金落吾手，那不驕爾貧。禱祀果有益，媚者真自神。乞兒易朱緋，趨走寧堪論。瓦雀躍檐下，見人同一親。異哉毛角徒，乃似通介人。

牙角有贅疣，來青閑住時。如何昌歜嗜，不見欲言歸。此意可不朽，此言毋近私。持書愴中懷，只慨輕薄兒。十五付中厚，成事良在兹。閉目能攫金，髫齔笑爲欺。斯際難罄説，解人當已知。

蝎來池上步，幾見池中花。傍舍已新主，曲闌猶爾家。可憐好容顔，爲人作光華。出泥固有性，託蹟亦已差。回首緬玉井，臨風長歎嗟。

吾　牧

吾牧但求直，牛羊非我司。黄口亦解笑，靦此貪惡兒。東塍西之阡，縻死不得飼。問其誰使然，嬉游方未知。

觀黄愛廬樂之太守文《羅浮仙蝶圖》，用卷中吴蘭雪師韻

麻姑群墮朱明國，幻出鳳雛霞五色。春風省識畫圖間，離合神光親不得。奇峰四百海雲遮，銀島金宫可憶家。欲訪稚川金匱法，時來看汝飯仙花。

中秋送瓜詞

持瓜三咒復三摩，要博美人舒翠蛾。今年任子似瓜樣，明年結子似瓜多。

嫈杯行遍月中天，趣取廚孃徹玳筵。送客人歸迎一笑，與郎今夜抱瓜眠。

九日獨登來青閣

籬角黃花生遠愁，也如維叔在郎州。不離西閣送令節，迴望碧雲成古秋。無那心情虛對酒，最難風景獨登樓。東坡千里松溪曲，果否新遊似舊遊。

九月十九日東行，遇越峰假司馬來使

已負秋期謾著鞭，杏花橋畔雨粘天。故人消息東來馬，忽併愁心入去年。

書事

一意百里行，苦雨耗其半。主人彊解事，嬲住旦復旦。奉身樊籠中，局局自招絆。終朝酒肉臭，此福實未慣。客子嘗畏人，隱忍不敢歎。但能副所懷，費日亦奚算。

潭潭太官府，頤使争趨蹌。牙籤三萬軸，照映金碧光。不知何代文，欲識君自詳。寒士乞一卷，護劇璆琳瑯。蠹魚飽欲死，始者能無傷。萬事須及身，後來寧可望。

過子尹、柏容山居，作三日遊十首

一雨將成月，前期已過朝。東風知我意，吹日上虹腰。欲問沙灘路，逢人對岸招。大回幽絕處，芳菊記山椒。

馴鳥語迎客，疏花清照人。入門喧稚子，呼酒到東鄰。檐棗經霜皺，庭柑劈霧新。飣盤村味永，乍得洗吾真。

葉舟寬過屋，濟勝爾長才。緑送篠叢別，紅迎山樹來。棹謳隨倚曲，得意即傾杯。爲問溪頭客，佳遊見幾回。

石級垂沙觜，琳宫隱翠嵐。巳公餘老屋，彌勒舊同龕。隨意抽三乘，澄心印古潭。夕陽題石罷，還就蟹螯甘。

南圃通微徑，疏籬界北垞。圖書從舊列，桑竹護新家。課婦朝辭旨，攜兒暮掃花。怪來清福慣，倦問出山車。

共笑隨波誤，言從峻瀨分。引竿勞相國，餉午趣將軍。吴人語謂小蒼頭將軍，見《容齋隨筆》。林闕晚煙度，風來山碓聞。溪兒争拍手，驚起白鷗群。

記溯湘溪渚，同尋舊隱居。游鱗句凹石，騎馬笑春鉏。渺渺思蘭枻，醰醰飯菊葅。朱巖相對晚，清興較何如。

我山聽耳熟，指點快初經。破江分紺碧，疊石上空青。魴鯉懸竿足，秔稌落碾馨。有錢誰價此，胡未縛茅亭。

北山佳在曲，一曲一神超。青壁疑無路，迴溪更得橋。麥鉏穿竹語，漁艇隔煙招。從此經過熟，閑來不待邀。

三宿常淹戀，斯遊説幾年。明朝又塵土，今日且林泉。莫便留泥爪，何時結輞川。坐來愁不寐，星月滿霜天。

冬至登龍山城尖，有懷越峰舊守

孤雲雨角壓城尖，石磴千尋拄帽檐。鳥路碧緣空藹去，霜林紅與嫩晴兼。鄉閭即目成安堵，雨雪前期此戒嚴。整頓符温老維叔，側身東望滿蒼蒹。

次黄郝存孝廉北上留别韻，即以贈行

行止各有安，此心無適莫。亦如人居然，處室出張幕。君才澄淵静，衆派儲自昨。掉臂名場間，群雄懦酬酢。先基在棠棣，秘殿待述作。攜手入清華，陳謨壯篇籥。伊於何所有，十事九不若。失計每屠龍，試鉏頻折鶴。勉效負米勞，甚愧當門蕚。清廟正多賢，凡才恐虚爵。重勞拳拳意，善善百否略。過許即事誇，良箴畢生託。所嗟四方志，幾負萬里屩。江山定相笑，鬢鬢漸成惡。後會良易期，去日苦難索。豐詞春華鮮，樸踐秋實落。一得把似君，相期不相却。

爲柏容題《滇南策馬圖》，即送其之雲南省覲

吾不知雲南道里去此幾千數，但見黎生走之若庭户。涼秋九月嚴早霜，短衣匹馬踏蠻荒。乃翁牛力截雞吭，邊頭兒女盡耕桑。龍和城邊下翁拜，許爾大笑三千場。黎生黎生，才傑而氣充，驊騮待馭鷹當風。胡爲十年潦倒横衿中？黎生泊然何從容。朝歌岵瞻暮萊舞，萬事不嬰其胸。重遠非所擇，事親要親側。人生此難餘易得，嗚呼此意幾人識？《南陔》《白華》努君力。我聞碧雞金馬即在滇海尻，蕩胸萬里思雲濤。趨庭之隙君得遨，收入不律如秋豪。即當一筒將

我雙薦底，爲釋夢想之煩勞。

謁高巖山川主廟，次子尹韻

東峰矗立青巖巖，倚天結屋雄且嚴。李公神此一千載，途人動色輕喧諵。積來疑信半此語，無緣印證窺其凡。鷗心欲就野水蕩，馬首忽著修蘿摻。盤盤細路出靈境，蕭蕭冷日侵破衫。衆峰環擁互明滅，百怪獰護奇鐫劖。入門敬下老守拜，肅視不飽雙眼饞。郡人昔厄在陽九，神柄奪出飢虎銜。黄斑到今走歲臘，水旱不忒徵至誠。陋儒選事不考古，淫祀欲與同科芟。適然來此豈人意，毋乃往蹟徼神監。賀撫軍以温水賊降神有稱川主者，遂札郡縣，欲盡毀川主廟，友芝因節録《史記·河渠》及《宋》、《元》紀加封川主之文，屬黄愛廬丈争之，事乃已。平生有惡藉黠訐，何況無故横汙讒。誓將刊集詔永久，百世肅此瞻松衫。雨淋日炙問舊記，刓苔剔蘚搜曾嵒。荒茫漫付誤假手，摸索漸了勞杇杴。元符一石定何處，夕陽歸馬行颿颿。

尋花過桃源，重審神霄散吏洞口題刻三詩，歸直友人泥飲

石徑彎環抱郭斜，清溪曲處自成家。夜來小雨無人覺，開遍溪頭桃李花。

即愁攜酒無花看，却妙看花得醉回。可笑仙人無賴甚，九還猶説鬢絲催。詩有「涼送西風入鬢絲」句。

踏青曲

水容娟娟蘭渚長，美人結束嬌春陽。蟬雲宛委墮晴翠，花底語鶯紅玉香。雙蝶翩仙遊味永，隨風却上瑶簪頂。禁風小立挽楊枝，溪光偷兒茗華影。前年踏青紅板橋，稱身但愛雙裙腰。無端情事亂春草，露緒煙絲吹不消。生憎鄰伴催歸早，獨掩畫屏深悄悄。眼底韶華未覺闌，緑窗斜綴櫻珠小。

來青閣雜著五首

先生收宿老生涯，風味官中亦似家。盼到蹕須拚飽死，一心相呪莫開花。

一嗛如棘椒花雨，百撥難移佛頂珠。撑得剛腸柔得性，此間相與是吾徒。

晚雨蕭蕭忽似秋，呼鐙自檢黑貂裘。無端已化雙蝴蝶，飛逐牆東溪水流。

春來睡意濃於酒，官裏更聲聒似潮。一枕鶗鴂聽不斷，窗前喚起鬢蕭蕭。

半破新憐月上弦，小庭花氣薄於煙。紅牆隱隱闌干角，花底弄雛應未眠。

歸來青二首

愛向湘堤勝處遊，旋刪旋長是閑愁。歸憑薄醉思成卧，纖月待人先上樓。

江北江南雙翠微，緑窗朱閣對開扉。牡丹開遍啼鶯老，有底忙時只不歸。

風雨五六日，始得小晴，黄環之、何笏卿、黄勉菴諸君聞余道雷臺山牡丹之盛，招同往觀

雷臺牡丹花之雄，一叢可敵百千叢。即今老春三月中，一半狼藉雨與風。猶似烏衣餘子弟，豪華不昔風致同。啼鶯欲斷煙濛濛，青山白日愁人胸。捉將官裏如鳥籠，且喜今朝得從容。共拚醉倒落英底，亟繞千帀傾千鍾。

喜友芝舉子大人作①

羊兒此日全爲父，老子今來更愛孫。墮地鳴風思騄驥，落綳翻繡倒鯨鯤。即看三世青箱在，慢拭窮年病眼昏。明日鄰翁應過我，莫教空爾竹邊樽。

三月廿日舉子，敬和大人作

尚覺未知俄抱子，却惟餘慶定宜孫。食牛氣看南山豹，化鳥搏思北海鯤。横舍老懷娱長日，隔江羈夢暖黄昏。呼歸恰報庭花放，妙及賓筵佐緑樽。

即越峰司馬寄示十詩韻，寫近況却寄

朝上來青樓，暮坐來青墀。郎城萬株樹，樹樹花盈枝。東風吹汝急，又過陽春時。閣中幾

① 此詩爲莫友芝父親莫與儔作，下一首方爲莫友芝敬和父親之詩。

時來，流鶯語棠絲。故人爲置酒，斥方仲堅。老守索題詩。東南千萬里，各各分飆馳。緬求當日歡，欻曶不可追。

數歸老人嗔，學子不耽書。十日不歸去，似怪趨庭疏。人生中年後，百嗜漸以除。唯此平生驕，環側令意舒。馳驅取鐘鼎，菽水家不如。菽水良虛談，正爾煩倚閭。出門聽莊誦，口戒寧心初。

少年閑可憐，所苦寡卷軸。瓻來兼夕寫，勢兀南山竹。爾來十五備，閣架乞塵宿。讀書不能買，買又不得讀。陰陽弄人事，錯迕匪伊獨。咿唔看諸弟，或者若輩福。渺渺余之懷，悠悠昏也夙。

諸弟皆美質，聽頗不瑩聰。年來失之教，六籍厠蒿蓬。呵責分所歸，廢曠疇之從。唇稽固未爾，腹誹安得窮。阿珏梨棗心，迎繞春庭中。探懷忽無有，重使我意恫。

三十始舉子，既晚亦愈好。充庭走鄰比，盡室忙老小。横牆沸如潮，隋珠詎爲寶。我時何爲者，來青著搜討。牆東十步溪，渺若千里道。辛壬而癸甲，此父堪絶倒。

得暇遊亦佳，融風吹衣襟。湘隄幾日到，緑遍桃花林。溪煙淡晴原，百鳥煙中吟。飛瀨遠相答，香有太古音。莽覺萬壑回，側身在高岑。素手捧落日，下視青沈沈。鞿絆亦何有，長天飛壯心。

開軒記曲水，三面荷花村。長夜犬聲寂，家家不閉門。爾時說耕鉏，戴星滿田園。豈寔耐辛苦，夢穩力亦敦。竭來曾幾何，百事易其根。來青況官府，虚枕愁黄昏。平生用心處，棄置難具論。可堪守備懷，重擾永夜魂。

食來不能嘗，燠寒改須臾。三萬六毛孔，孔孔非完膚。宵分良亦淺，已閲萬里途。途行無定端，十坦千崎嶇。日盡三尺卷，重以百慮俱。此心幾斗血，此病焉得無。安心是良藥，老坡頻詔吾。正爾未能得，勞生可嗟吁。

不滿百石弓，不及千仞鵠。不平千仞山，不及連城玉。草草以成事，所恐落流俗。自從小病來，亂絲棼相屬。我友好治理，自致痛方篤。忍能不哀之，而容事敦促。駑駘持雙轅，可奈力不足。

半月遲報李，重辱雙寄瓊。固我懶性然，亦見百劇并。北江菴菴老，山水有威名。老吾近相告，犍鼈足先聲。我公所拳拳，舊鏤千里情。願復早留意，期之在秋成。

病起入來青

病景帶春去，間去讀來成夏初。庭添槐緑重，徑賸藥紅疏。細點前吟句，猶横未竟書。輕衫争换遍，瘦骨尚愁渠。

接山堂前木香一架，俗謂七里香，開甚盛，郡署一大觀也。花時，以病不得賞；比起，而愁霖相續，飄落盡矣，頗念舊游，因成長句

接山堂中香溢山，盛賞佳哉思去年。故人坐滿迎夏前，老釀百瀉飛春泉。倒徹牆樽花亂翻，插花踏水唱歌還。引遍鈎簾夾岸看，昔遊蒼茫隔雲端。春懷落拓賸孤歡，耳中好花舊鮮繁。長條短條香雪攢，一庭七里播餘妍。紫不敢姹紅不嫣，可憐伏枕愁病煎。來青咫尺到無緣，那更既來雨似緜，臨風三嗅空潸然。

淫雨惱人而竹筍大佳

天低於屋水黏天，山閣如行春水船。却好飣盤添紫筍，未妨聽雨隔湘川。

寄遠曲

美人贈我珊瑚鞭，紫瓊之湘金縷纏。一回到眼一腸斷，鏖華珠網相牽穿。蓬山迢迢隔青

天，上有萬里之風煙，下有不測之長川。我欲致之青瑯玕，河魚絶斷青鳥死，夢魂耿耿三千年。

聽雨夜坐

半臂何人送，孤鐙也自紅。客心無賴極，偏在雨聲中。
無數檐花落，譙樓欲二更。聊將薄薄酒，獨飲學淵明。
飲餘延白光，天地水晶域。絶似小姑行，微風江月色。
愁殺思成夢，披衣更檢書。徘徊無限好，應傍玉階疏。

喜晴

勸提壺客約當踐，傲翻酒姬狂欲飛。桃源山寺見東閣，金碧忽從天外歸。

月

近三十日始見月，光十四分尤愛人。倚闌不省風露急，空山滿地冰梅春。

夢中購寶刀并吴道子殘畫，作二絶句，憶而録之

脱環飛電上青霄，結佩千秋奉聖朝。入海從教斷鯨鯢，鉏田不省刈蓬蒿。

吴生雄放疑坡語，落手遺縑始信之。剩水零山三尺卷，猶看風雨氣吞時。

日出入行有序

庚子初夏，夢中讀一詩，似是《山谷集》，其首直用漢《郊祀歌》語，中數語云：「鞭笞長鯨叫天户，拔海昇天破天去。倉皇中道遺兩涎，萬古留作江河痕。」餘尚十許韻，不能悉記，大致道愁之難遣。因檢《山谷集》無有，聊爲續之。

日出入安窮，何處不與愁同。故春非我春，夏非我夏，秋非我秋，冬非我冬。渾渾太清，胡爲有生。一生生一愁，生去愁更留。天横地逼不可耐，雷驅電掃成四海。四海日已深，海若苦難禁。怒鞭長鯨叫天户，拔海昇天破天去。倉皇中道遺兩涎，萬古瀉作江河痕。江河流不斷，愁海乾還滿。邇來幾萬幾千年，幾人釋却愁羈絆。吾欲罪真宰，真宰將奈何。堯舜禹湯文武周孔不能救，餘人益自揚其波。安得唤起夏杜康，括取儀狄未傳之秘方。崑崙爲麯釀海水，江河

萬派浮粱起。左手斡南船，右手斢瑶光。上爲九天九地萬靈主，下爲過去未來現在皇帝王。聖賢仙佛一切有情物，各各引滿勸一觴。一觴復觴，一觴復周。雙丸懶跳，元氣悠悠。我呼六龍，忽與酣睡。無古無今，自一天地。

過桃源山

今君著意經營處，清境雖殊亦壯觀。難得老胥能止訟，博將閑日與登看。神仙古宅元多事，名將荒祠足浩歎。憶殺往年呼醉地，滿山松月護闌干。

庚子生日

求道渺無得，讀書剛未閑。向人消白日，終歲此青山。一局何時了，千秋若是班。誰憐壯盛意，虚擲稻粱間。

叔兄千里至，屈指十年離。有子各周月，歡言共此時。故園松菊在，爲客鬢鬚移。歸意桃溪水，悠悠直到兹。

和答越峰司馬見寄元韻

來青生事細無儕，每欲言歸且暫諧。角雀慣憑穿屋計，慈貓端守放生齋。酒徒索與消長日，詩札看頻助遠懷。却憶鶯軒吟嘯處，當時初計未云乖。

和答平司馬弟仲瑶疇見寄前韻

平生得句迫吟儕，每苦難求宫吕諧。老守一鞭桃渡水，郎州雙閉木香齋。班槎走險渾前事，珠玉遥投過所懷。不見南豐曾子固，若承詩譽定應乖。

忠莊曉行

清曉問南疇，興苗積無縫。旭景趁微風，連天翠光動。薅鉏處處急，饁筥家家送。信棧早相知，尺半垂煙重。

天　池

曲曲回溪長，粲粲白石浄。前行忽無際，倒見千山影。鷗鴛漫無數，中央織明鏡。諦觀静荷花，香氣天與永。

憩天池寺，遂宿

所畏亭午日，恰成蕭寺遊。松門闢軒爽，竹徑藏深幽。行雲從西來，落影東峰頭。驟風將急雨，涼意快於秋。

晚色拭餘煙，天水頗璆貯。池上看行人，飄如太虛度。漁歸飛鳥還，菱唱新蟬助。即目各成娱，吾亦淡吾慮。

夜久山益深，雨後月更好。風痕起殿角，水影漾林杪。回行愜静步，快語得庭窔。隱几成一眠，晴窗喚朝鳥。

雜書二首

到山鯨逝渾如醉，颶水鰕游乍眼明。執具科淫情自實，蹊田議奪罰元輕。隨人作計成官市，有物先容即訟平。閑殺鴨溪蒿苣圃，未能罌粟草縱橫。

治法精微未繫民，蚩蚩何事强生嗔。沈遭胠篋應名士，便使藏奸亦愛人。黍麥漫歌三歲宦，胥徒争頌百年循。即有屹立東亭就，費日徵材政苦辛。

我　有

我有仇池一區宅，苦與魂夢相牽板。春山碧草自終古，桃花流水非人寰。人在白雲宿際住，鳥向夕陽明處還。鬒鬚如許不歸去，空令千里鎖松關。

與傅雨亭同年出遊，感興五首

盛名流與齒俱芬，幽賞何妨足爲皸。南國佳人存舊約，西山爽氣乞秋分。晨登隴首羌無實，楓落吳江異所聞。溝斷横斜居士様，君看求福正紛紛。

夜郎禾黍又爲魚，漫説災傷不似初。疏鑿總然迷故道，汙萊空復寄新畬。清時蠲典元無吝，老事彊臣獨可歔。賸喜恤民黄給事，肯分私奉問鄉閭。

一夫睚眦百夫同，刀劍環環即起戎。安得昔時老渤海，便宜重轉舊夷風。文儒報國腴談熟，良吏安民肉食豐。昨日符温前事在，漫令飛鳥視桃蟲。

邊庭疾楚亦難詳，最治聲名未遽央。地力年來疲吉貝，天功時見竊山桑。鑿空祖道青雲上，善事金州白日旁。聞道綸言優獎極，諸公何以奉君王。

番人流毒賈人肥，争市希文有見幾。終使横行壕鏡土，未聞重進佛郎機。當年林富延凶猾，謂前廣督李某。今日朱紈定是非。謂林公則徐。萬舶東來憂不細，急清舟海樹邊威。

欲尋

欲尋白馬洞中寺，行過木龍溪上橋。將秋未秋野肅肅，欲雨不雨風蕭蕭。山家酒熟能相餉，籬角橙黄許見招。歸去轉愁城府隘，何因常得伴漁樵。

得都氏妹凶問

子多男亦賤，家貧近亦疏。況女遠兄弟，而隔千里餘。爾歸三年來，年中幾音書。有即愁病災，其餘復何如。昔歲寅卯間，大繫父母且。九死奪鬼手，盼作門楣譽。藥裹窮嫁衣，行還及簪璖。人命此已極，冥伯理可徐。寧知餘飾資，竟爲絞衾儲。遠夢亦不來，傳聞恐應虚。任期在秋初，凶言自鄰區。今聞證昔語，尚復何言歟。慘慘閣下鐙，颯颯風中疏。棠東一步送，即是永訣初。可憶破冬約，妹歸還倚閭。

丹輪、雨亭、子尹同遊桃溪，憶仲堅二首

共逐桃花溪水行，漁兒歸去晚潮生。碧雲峰下崖千尺，一曲松風萬古情。
紫薇花下對眠時，詫絶麻姑爪印奇。一去三山應好在，舊題今作夜郎碑。

小霽登雙薦

天近重陽例風雨，雨聲斷處且登臨。山頂乍見斜陽影，秋色遥隨野草深。犀月重傷千里目，金鑾猶繫十年心。音書人事空惆悵，流水棲鴉自古今。

送第六妹歸王氏

萊衣飢傍鼈江干，十八年來親力殫。巾帨到渠堂上拜，庭闈欣得眼中看。烏峰石出江聲急，馬囤風高樹影寒。好去未應期後面，故園松竹意漫漫。

尋南郭外溪山

臨流争道西鄉水，選勝猶遺南郭山。秋色於人若素契，筇枝到處有幽攀。巖花細逐泉珠落，煙語遥尋鳥道還。消得偏提新暖酒，燒餘楓葉草斑斑。

登城東樓

朝來白髮添如許，城上風光可自由。紅樹恰於今日好，黃花遲過去年秋。迴腸歷碌偏消酒，遠思蒼茫盡上樓。不識甕橋東畔路，惱人風物是郎州。

月夜憶阿庚母子途中

獨夜來青下，空庭落葉乾。南明江上月，今夕有人看。長道憐兒小，無衣傍母寒。鐵衾愁耿耿，清漏逐鐘殘。

黎柏容自瀘州來，道嘆賊據寧波甚張

瀘南昨日傳消息，海上軍書只未閑。已有聚師橫絶浦，尚愁飛艦漏重山。勾杭北極魚鹽地，台蕩東垠天地關。此日至尊憂最切，幾時諸將捷音還。

望弟輩到家，信不至

黄花欲盡柳條疏，東閣清齋悵獨居。遊子故鄉應好在，何緣不見峽江書。

夢舍弟庭芝

念爾成歸夢，青山影竹居。相攜窮百戲，猶是廿年初。顧我方童丱，誇君識魯魚。醒來渾已老，霜鬢不勝梳。

威遠樓

江風欲雪野雲低，威遠樓頭晚望迷。不見南邦傳露布，尚聞東國事征鼙。寒天蒼鵶銜人過，落日玄猿傍客啼。誰是昔時横嶼將，舟師來斷海門西。

悼庚殤於外家兼寄其母

出門尚顧阿爺笑，在道應杼慈母憂。豈分鼈頭留幻影，即從沅上散浮漚。已憐啼乳禁千里，最滲依人借一抔。老淚隔江彈不到，銘詩遥寄梘山頭。

莫愁只在愁中住，生得阿侯始破顔。拚擲嫁奩儲六籍，不令經責杅雙鬮。青箱世業虚長算，白月荒墳冷墓山。此際自應顛頦極，高堂滫瀡待君還。

爲越峰司馬題其《吾省吾廬圖》

遠春蓬蓬摇暖光，佳山簇簇相低昂。晴沙芳草澹容與，茅屋石田花竹香。漁舟暝立花外莊，鹿柴遥與鷗村望。恍然坐我明湖旁，當流濯足歌滄浪。晚風欲發何澹澹，白水未下山蒼蒼。問公何時辦此境，縮入霜縑供日省。朅來三世曾作官，老屋三間亦賣錢。黄癡掃墨爲留影，開看當返南山田。百年要自有真寄，螟蛉守田時蟲智。天地蘧廬政自佳，我謂斯圖轉多事。終是詒謀一片心，還公此畫更沾襟。公不見，紫泉莫五今何有，總角辭家仍白手。可念兒時種松竹，不共經櫥老相守。嗚呼影山一角誰爲摹，翻羡我公能按圖。

謫仙樓

謫仙樓頭鳴暮禽，千山萬山沈夕陰。北風淒其落日瘦，夜郎城樹何蕭槮。南去望眼碧雲斷，北來淚痕湘水深。誰唱折花石上曲，愁絶憑闌千里心。

題畫

緑窗晴雪鎖輕寒，笑引梅花上壁看。嬌女扶牀呼要竹，爲渠添作兩三竿。

和陳焕巖海龍坉

都掌威儀已斷頭，播南猶世古諸侯。豐碑正侈千秋業，天險尋隨一炬休。若使宋元謂楊氏先世粲至漢英諸公。仍載德，寧煩李郭定成謀。徒令累葉勳名地，盡與勞民説下流。

春日村行

春郭村村柳，春溪岸岸花。曉煙聽叱犢，初日亂啼鴉。幾曲香風路，時逢賣酒家。肩輿隨意住，好試早椿芽。

田隨坳徑曲，山傍缺林生〔一〕。村兒未耕作，鍬菜助衰翁。春事無閑口，農家足古風。歸來西日下，絮話緑陰中。但免催科吏，年年是歲豐。

宿禹門寺

一昔溪山興，頻勞夢寐牽。豈耽初地好，却與野人便。老柏三千樹，荒臺二百年。欲尋耆宿問，明月滿前川。

題畫

沈沈江上望，渺渺傷春目。艷艷紫鴛鴦，雙雙沙上宿。

無味

無味衣冠愁送客，忘機鷗鷺解招人。斑魚紫蟹一杯酒，峭石幽泉太古春。

辛丑生日

人生百事成於壯，坐撫雙丸轉自嗤。只是不精還學射，不能免俗也稱師。那知著腳定何所，難得深杯此共持。更與諸君訂來日，菖葅休負碧雲期。

五月廿二日湘江觀漲

檐溝徹夜倒天河，洶洶呼聲走睡魔。西澗平明失牛馬，東亭白日枕黿鼉。如麻雨脚愁仍急，似海人煙斷已多。徙倚横牆無賴甚，入門能奈紙堆何。

送夏茂椿九侄婦

汝違堂上一春餘，小住元佳去亦娱。自古要無黄雀炙，如今方有黑心符。却思舊事猶憐爾，便未臨岐已愴吾。努力向前休怨苦，好持明德慰阿姑。

問故人

君家月塘西，來應過塘口。塘上白蓮花，今年更開否？

敘別

亦知送無益，不覺到河干。今夜團圞月，知君不忍看。

少年行

談笑横戈指海關，早拚身命與行間。將軍忽下和戎策，愁絶西風匹馬還。

【校勘記】

〔一〕此詩原僅存兩句，下脱。

邵亭外集

梁光華　點校

點校説明

《郘亭外集》一卷，舊無刻本流傳，今可見者有兩個鈔本，一藏臺北「國家圖書館」（下簡稱臺圖），一藏中國社會科學院文學研究所。鈔本情況較爲複雜，謹梳理如次。

臺圖藏鈔本封面題「影山草堂學吟稿」，另有題記，内容與上海圖書館所藏《影山草堂學吟稿》完全相同。鈔本行格、行數、字數，版心魚尾、版心所題「郘亭集」三字，皆與上圖藏本一致。正文首行頂格題「郘亭外集」，收各體詩六十六首，共十三頁，缺第九至第十一頁。臺圖另有封面亦題爲「影山草堂學吟稿」的鈔本，所收内容實際爲《影山詞》三卷，在第三卷詞後附有古今體詩二十五首，所標頁次與前《影山詞》不相連貫，爲九頁至十一頁，恰與《郘亭外集》所缺頁碼相符。這顯然是流傳過程中誤混於此。將此三頁詩稿與前十頁詩稿合併，恰成《郘亭外集》全璧。從鈔本題記、行格、字迹等種種特徵，可以推斷臺圖所藏《郘亭外集》鈔本與上圖所藏《影山草堂學吟稿》鈔本原本是同一册，《郘亭外集》乃是以《影山草堂學吟稿》的附録而存在。這一點從中國社會科學院文學研究所藏鈔本可以得到有力佐證。

中國社會科學院文學研究所藏莫友芝曾孫女莫珠姝鈔《影山草堂學吟稿》一册，在正集三卷（與上圖藏《影山草堂學吟稿》一致）之外，收有「外集」一卷，外集卷首題爲「郘亭外集」。此外集所收詩作與《臺圖所藏《郘亭外集》鈔本無論是詩作内容，還是詩作編排次序，完全相同。這就可以給我們帶來一個合理的推測：莫繩孫鈔録《影山草堂學吟稿》，將《郘亭外集》一卷作爲其附録，合編一册以傳。莫珠姝是莫繩孫的孫女，她鈔録的詩稿當然來自莫繩孫所編録的這個本子。只不過莫繩孫鈔本因戰亂原因，流散上海、臺北兩地，所幸皆無遺失，尚能合爲全帙。《郘亭外集》共收詩九十一首，皆是莫友芝道光二十一年(辛丑)以後所創作。今整理此稿，以臺圖藏莫繩孫鈔本爲底本，校以莫珠姝鈔本及臺圖藏《郘亭詩集》稿本。

又記：本書印行之際，忽得訊息，中國社會科學院文學研究所尚藏有莫友芝《郘亭外集》手稿一册，收詩九十一首，與上述兩個鈔本内容一致。有莫友芝手書題識云：「此甲辰、乙巳、丙午三歲删去之詩，别録成册，以待改正者，敬煩更爲塞鼻一過，看猶有一二氣格尚健，可入正集者否。題上有圈皆意欲存而未决者。又附丁未、戊申、己酉三歲。」這個題識包含了許多重要信息，爲前此研究者所未掌握。今付印在即，不能詳加讎校與分析，特識此以待後日。

梁光華

二〇一三年於黔南民族師範學院

目録

附録

邵亭外集

平越峰同守翰權篆仁懷廳，有鶴來止，以黔蜀間舊所未見，書來，詫爲别後第一快事，并有詩索和，次韻

斂翮寧培萬里風，遥心遽息九霄沖。符關蝸舍何妨陋，洛下雞羣舊許同。應笑蠢才如拙宦，偏令上瑞走村翁。使君若有腰纏具，早向揚州跨爾東。宋陳造《郡齋鶴飛來詩》有云："「不知蝸舍安卑陋，何似侯家效羽儀。」越峯左遷時，有蠢才之目，因作「蠢才」小印。

蕭秀才炳離招同李教諭蹇臣飲謫仙樓，用前韻，時李新自京以大挑二等歸

防邊大纛時時偃，索債樓船日日來。萬里還家隨處好，百年笑口幾回開。冷官入手真長策，世事逢人但舉杯。衮衮諸公臺省上，銜碑相視可勝哀。

無賴

無賴還教殘暑侵，非愁非病攪人心。坐來蠅陣收塵闃，漸覺蟲鳴俱好音。凉味雅宜青竹徑，弦光時漏碧松陰。逌然夢入無何去，喚起匆匆不可尋。

雨聲

雨聲一夜添秋色，風景前期白板橋。十五年中彈指頃，南明西望兩飄蕭。

董季直

採稆投閑尚挾書，諸生那得例三餘。徒因百遍教先讀，朱墨飄零自景初。

睡中聞邊將大破嘆夷，悉奪歸昔和議所斥予千萬以上，雖夢亦可喜也

大嶼山前海氣昏，防秋幾歲閉潮門。前軍夜報收洋舶，喜載金錢奉至尊。

雨中有懷

懸釜朝無所，翻牀夜屢移。頑雲推不去，寒鴉慣相欺。文字花生眼，衣裍粟上飢。有懷無馬遣，愁坐輒題詩。

舍八弟生芝親迎醮辭

醮我杯中醑，和君轡裏琴。即看任父事，可尚有童心。内則徵行道，前徽要嗣音。誤人唯暇日，努力愛分陰。

同研王子賁槐琛隱米市中，棄舉業二年矣，近乃刻意學詩，可尚也

相對休嗟老得衰，却于更事見新知。優緋不作登場夢，儒術應窺發冢時。青士半生剛賣米，達夫五十始吟詩。市廛多處秋華在，孤幹淩霜也自奇。

舍七弟瑶芝親迎醮辭

田廬吾未辦，家室爾先謀。黽勉丈夫事，扶持門内修。競勞休競逸，相好莫相猶。片寶歸翻手，岐行看轉頭。

經檬村值田父遮飲

隴麥帶平橋，石落溪水吼。擔肩隴頭歇，遮飲值田叟。亭午開大瓶，落日更呼酒。留客無多言，百反不去口。久厭虛禮贅，矯外飾中醜。安能嫌爾真，還留聽嗔肘。

疊龜字韻答柏容、子尹

君不見，知章飲客除金龜，往往落井無人知。酒狂聳去傲天子，六宫坐望僊風吹。糟邱侈欲變漢水，西上那知霜集髭。夜郎萬里餔不到，金宫銀島空冰絲。又不見，崔丞寄命嗟嵬嵬，犯嚴出口愁孤危。獻裴投籍乃恣横，文刀刻劃珠穿絲。嘻呵笑罵不收拾，言語漏落寃雠爲。一花頃刻幻開落，擁馬始覺衰難持。古今共此雪與酒，變態有如看面肌。何況紛紛世中事，好醜信手翻羣兒。陰陽將人弄傀儡，誰歟有覺能先時。黎生對雪復少飲，生憎上瑞輝簾幃。但要黄棉襖子裹殘臘，頓使萬國貧子無寒姿。鄭生無雪不斷飲，喜拉野老同淋漓。嗔來肘去醜愈好，醉倒不識當前墀。我乘風雪訪二子，絮帽忽訝晴雲披。到門隔宿興益壯，那肯不見輕歸馳。窮探極覽各稱願，我亦倒遍溪翁巵。安得人生萬事盡如此，人意所到天即隨。處處春風看社杜子美，日日時晴快雪王羲之。

同柏容、子尹、丁吉哉元勛遊禹門寺，歸就柏容宿，子尹復有窕韻詩。次日曉起，索鄭二莕珏理髮，聽鄭子行琿、黎壽農兆熙商消寒會法，三疊前韻

禹門一山檬獨窕，卷裏詩篇堪百討。柏容集中於禹門詩最多。經巢挾作今日遊，歸復挑燈出新草。丁生更欲畫作圖，吉哉新學畫。吾事自知猶未了。東來此日殊敗意，俗鬧喳喳溷殘稿。古苔蒼竹定相笑，笑不欵門歸去早。飢腸差覺香飯便，積悶難憑村酒掃。那知詩句墮何處，縮頸一眠生白曉。起來巾帽尚餘囂，笑覓阿莕理蓬葆。耳邊娓娓説消寒，九集便完嫌太少。安得九家皆有田，春功未及閑冬杪。子弟隨身解吟咏，鄰比開門共魚鳥。但知遊屐逐歡娛，更無人事生煩惱。酒規闊落憑淺深，詩令森嚴重約保。小隊還憑鼓自建，正軍不許旗偷倒。九夫歷録樹中權，八陣聯翩争捷巧。家周九會環無端，人日一詩斑可考。九九通乘八十一，未計餘夫更閑老。已都七百廿九篇，大帙裒然輝百寶。我聞此語大欣快，乍似飢牛飫茭稿。自從有集二千年，總集斷無如此好。豈真古人不解事，怕以愁吟自縈繞。問君此願待何償，休竟求仙望蓬島。不如還作禹門遊，今日應容臂雙掉。

再疊芥韻答柏容

化人披雲霞，照耀四天界。御氣鞭長鯨，極樂苦無械。聰明不自信，翻落盲與聵。忽嫌琳宇寬，來羨穹谷隘。烹炮龍鳳髓，滑口難意快。螺蛤供一餐，嘖嘖贊且嘬。神雀胡爲來，可笑次公廨。枇杷十年前，枇杷，街名，亦橋名。舊館記子屆。因緣鄭子恭，藉與直卿介。平生得驟面，片語契心疥。是時檬子詩，佳句已堪話。我方慚子固，風雅付菅蒯。古人恨多藝，觸目起長喟。甫田無深耕，過耒遍稊稗。羨君能專精，神遇森百怪。我時寡人事，膽怯每投拜。況今鮮民生，肝鬲成痌瘝。米鹽續婚嫁，尚得振荒憊。而君侍荷衣，密也大其派。朱十誠孤生，那見蠅蚋喝。膀餙豈素期，願與救崩壞。殘年不相饒，城去嗟意敗。上元幾時到，妙話續清瀣。手提囊中伴，燈餘就芟殺。安能接椰洲，百畝忽我邁。蓑笠兄弟從，薦祀妻孥戒。殘生歸墓廬，餘事眼不挂。良辰交杖屨，薄酒飣青薤。隨意南北垞，興到即當賣。輞川有裴王，崔九插微欵。焉復逐南山，桂露乞草芥。

舊逋

舊詩侍償逋，新債績未已。山妻商歲具，百喚百不理。笑持草稿去，拉雜洪爐裏。爾老獨無年，携抱需口觜。茫然無所應，出户看雲水。

鈔集詩文戲書

古今翰墨場，良楛不眩眼。異哉所自爲，瞀亂不可揀。豈真人我分，頓使明暗反。未信且未甘，自笑還自赧。頗嘗平生遴，加以忍愛剪。苛工起私憎，恕拙生狎孌。徒延完壁累，翻縱隱疴免。計唯平生製，盡予一編管。餉遺增歡欣，搜放累歎惋。蛟螻厠荒陂，榛蘭漫長阪。公然成部居，亦已費篇簡。摩挲矜敝帚，點勘遲强伴。三占斯二從，九失當一善。人家長兒子，美惡但吾産。不育還嗟欷，既在例衣飯。安知狂憨徒，入聖不可勉。安知康彊身，沴氣不復竄。舉拔聽有司，鍼灸付良扁。古來易子教，正坐自知舛。作詩書卷餘，聊用供一莞。

陳相廷教諭再和龜字韻，漫以詩道下詢，且索和甚急，六疊窕韻答之

司馬論兵避閑窕，勞倦可乘方擊討。陳君知我逋債急，更逼殘年尤草草。異軍再接不許遁，自我致戎安得了。此時那復敢言詩，句未出喉聲已槁。唯記初能解四聲，過庭浪欲傳家早。十指思循古調弄，雙眉苦落時妝掃。可憐眼不見根源，每使心常亂昏曉。乍驚百雉屹崇墉，復訝千車樹重葆。取心剛苦陳言溷，衝口又嫌常語少。幾放鯨牙碧海中，屢看鵬背青天杪。萬卷不破瓶觸藩，一事未更籠住鳥。洪纖華朴安可倪，前後高堅徒自惱。始知質厚根衆藝，低首涪翁劇擎保。君今聞見百勝我，復恥時流共顛倒。多錢作賈舞袖長，規矩既嫻生百巧。每嗟聲調幾人明，因園但解三平考。便能妙悟出宫商，落紙鏗訇契詩老。愈知此事君優爲，忍使隨珠匿鴻寶。明年待我三台陰，緑浪春風誦新稿。名家固性所近在，棄短取長翻見好。盪胸要脱古人械，放筆自有天機繞。但勿輕心視元白，還須降志求郊島。南中風雅在吾曹，螢弧未拔輕頭掉。

義倉行甲辰歲作

常平之糴遠莫將，村村率穀更脩倉。義倉完完羅四鄉，盡道有倉能備荒。那知豐歉兩無

補，飽死里豪肥若瓠。不怨里豪肥，但莫換縣官。倉中紓額穀，倉外損盤纏。自來遵義令，兩冬稱最久。尚有一年間，草草經兩手。可憐良法變門攤，往使纍纍益枷杵。吁嗟乎！潘桐城，觀爾爲政仁且精，胡此泥古今匪程。巔頂遺此無底坑，累爾鉏奸樹德之美名。爾名雖累何所傷，惜爾不見今日爲虐之義倉。若非高田低地五種絶，義倉之害那可滅。

後義倉行乙巳歲作

朝過景福門，縣官之出何闐闐。腰刀怒馬四百人，前呼後湧入遠村。借問城邊吏，此行何爲者？答云勘義倉，是向寶峰下。義倉行遍十三里，官差盤查有成例。盤倉之費亦無幾，寶峰之民何譊譊，一鬨空倉復空址。義倉雖爾爲，既毁當罪誰？君不見縣差捉人如捉雞，擇肥而割不容啼。完倉賠貯那即了，但看枷杻方纍纍。愚人顧首不顧尾，勝氣一往安可追。勿云奮牛欲杆虎，牛角争如虎牙武。亦聞健鶻理寃雛，斗入長烟何處呼。胡不見酒肉滿筵錢滿槖，刀杷水頭民氣樂。

溪上逢喻雲鉏拔貢經留餉午以下乙巳歲作

久與故人隔，欣成洲渚携。解飢便豆粥，適飲快松齏。欲去同無賴，那嫌坐日西。

二月十九夕大雷電雨雹，雷拔藥王廟屋欂，復折市中枯櫪，雹頗傷麥。意入春無雨，是乖龍偷惰，蟄欂櫪間，帝命搜捕致罰，而愆陽所鬱陰氣，乘雷以爲雹，於是乖龍之罪益大矣

春社亦已過，乖龍懶仍蟄。山田生黄埃，溪流益乾澀。鬱蒸似炎夏，單葛流汗汁。屯膏激天怒，雷電下搜執。穿簷拔枯櫪，小蠕行就縶。凝陰伏愆陽，一觸不可戢。風雹傾山來，浩如海潮入。東屋驚頽聲，起視難暫立。淩晨出前庭，澹日寒氣襲。叢蕉何披蕤，墮柳費掤拾。三農望春澤，一滴抵珠粒。那堪酲渴中，鴆酒恣傾挹。陟嶺刈黄茅，懸竿晾書笈。但聞麥隴上，盡抱枯苗泣。排雲叫天閽，龍罪斷宜急。唯天實仁閔，民籲感呼吸。冰沴皆鱗由，并坐當上級。割耳罰已輕，斬頸罪差給。稍令衆乖警，亦解羣怨集。頓首返吾廬，編茅坐於邑。

鄭二珫新卜居藻米溪口，集陶四首

茅茨已就治，再喜見友于。敝廬何必廣，慰情良勝無。户庭無塵雜，貧賤有交娱。披草共來往，慨然念黄虞。

良晨詎可待，常恐功愈微。開春理常業，白日掩荆扉。清風脱然至，衆鳥相與飛。既耕亦已種，待月荷鉏歸。

揮杯勸孤影，擁褐曝前軒。但道桑麻長，而無車馬喧。衰榮無定在，淳薄既異源。俯仰終宇宙，心在復何言。

衣食當須紀，歲月共相疎。一生能復幾，少許便有餘。命室携童弱，委懷在琴書。願留就君住，君情定何如。

寄舍弟生芝集陶

凄厲歲云暮，登高餞將歸。南圃無遺秀，懸車斂餘輝。關梁難虧替，風水互乖違。中宵竚遥念，每恨靡所揮。

向夕長風起，飄飄吹我衣。衆鳥欣有託，孤雲獨無依。瞻望邈難逮，慷慨思南歸。清謡結心曲，但使願無違。

青田山中集陶

于今甚可愛，稟氣寡所諧。抗言談在昔，疑我與時乖。此理將不勝，念之動中懷。正宜委運去，今日天氣佳。

詩書敦夙好，所樂非窮通。取足蔽牀席，何必升華嵩。汲汲魯中叟，區區諸老翁。幾人得其趣，鳥盡廢良弓。

矯矯雲間月，榮榮窗下蘭。佳人美清夜，清吹與鳴彈。結髮念善事，情欣知新歡。明日非今日，行止千萬端。

崎嶇歷榛曲，再喜見友于。試携子姪輩，浪莽林野娱。負杖肆遊從，春醪解飢劬。如何捨此去，深谷久應蕪。

提壺接賓侣，臨流别友生。趣舍乃異境，飢寒飽所更。咄咄俗中惡，人人惜其情。得歡當作樂，寒華徒自榮。

日月依晨至，園林獨餘情。養真衡茅下，空視時運傾。昭昭天宇闊，淡淡寒波生。羲農去我久，持此欲何成。

自青田沿溪至檬村集謝

晨積展遊眺，水涉盡洄沿。既及冷風善，還將静者便。白雲抱幽石，孤嶼媚中川。適已物可忽，尋異境不延。昏旦變氣候，空水共澄鮮。林壑斂暝色，靡迤趨下田。惟開蔣生逕，亦棲肥遯賢。對玩咸可憙，藴真誰爲傳。

集陶寄子尹古州兼示胡長新

俯仰終宇宙，江湖終賤貧。發言各不領，念我意中人。聖賢留餘蹟，漂流逮狂秦。前途漸就窄，舉世少復真。志意多所恥，偃息常所親。負痾茅簷下，薄作少時鄰。藥石有時閑，禮樂暫得新。驅役無停息，淹留忘宵晨。風雪送餘運，道路邈何因。仲理歸大澤，顔生稱爲仁。詩書寒座外，祖謝響然臻。天運苟如此，西靈爲我馴。老夫有所愛，行者無問津。介然安其業，此已非常身。載醪祛所惑，興言及兹春。坐止高蔭下，彌縫使其淳。

和柏容見題舊詩草韻

杜陵矗孔道，上與日月根。昌黎續孟業，引此繩繩孫。荀楊宋三宗，宋人謂老杜爲一祖，山谷、后山、簡齋爲三宗。遺響襲芳蓀。李蘇別莊老，旁敬難孤尊。少年妄持論，自笑皮毛捫。怪君三千載，遞徹騷雅源。毋將引之近，故謂言非冤。皇皇卅年過，立壁仍無門。少作豈不多，千篇縠音翻。重勞搜甄意，披榛剔荒原。殘秀匪植柢，瑣瑣焉議存。讀書既未多，遺忘苦更番。終然結轖病，槍枌謝搏鶱。未知十年後，此道可細論。看君狼山頂，飛珮齊昆侖。元作云：精思窺鴻濛，力抉天地根。大哉杜韓業，俎豆百世孫。若人生要荒，束髮歌蘭蓀。中道厭浮薄，冠佩從厥尊。鯨牙未能拔，此舌焉可捫。斬斬百番紙，滔滔江漢源。泅淵攬百怪，古鬼生煩冤。正苦太料理，結轖陳黃門。邇來格一變，海波掀日翻。截然提法律，萬馬騰中原。曩者人所寶，百不十一存。吾欲全其碎，披沙揀更番。嗒焉不自識，仰首鵾鵬鶱。知君獨神化，不與形色論。會看晞汝髮，長嘯登昆侖。

哀孫上學二首之一

老夫三歲授《毛詩》，信爾憨嬉較已遲。弱姊儘憐穿鼻苦，慈孃翻道管頭宜。俗謂小兒入學爲穿鼻豢，又謂之討管頭。披衣舊喜之無識，索飯休仍叫怒爲。明日怡軒盤餞裏，預愁解摘愧親知。

刺促行贈徐生①

刺促重刺促，栽花莫栽穀。今年高鳥去年雛，明日老牛今日犢。少時意氣淩九霄，眼底萬事輕鴻毛。一時擾擾萬餘子，横驅直驟同風飈。狂馳十載竟何有，衹有鬚鬢争飄蕭。僑居俯首溷塵迹，木柄長鑱老園客。招尋人海一徐生，舊日交歡眼皆白。徐生徐生，爾不能攘天盜地作白黄，坐鬻時貨騰輝光。又不能揚旗萬鶻雹起刷四溟，頭銜孔翠孔翠雙眼青。可憐覷天與時背，翻水文章恣奇快。傾家不改四立壁，抱璞年年淚空滴。君不見《三都》鍊成費十年，羣書卓犖貫柔翰。張劉未注世莫識，大笑傖父無人看。又不見劖錢餉鬼一張紙，老髯畫字亦偶爾。後來便有錦玉榮，素壁高堂觀者驚。龍無浮雲天莫階，人無中人動多乖。市瓜十大取十售，何必麒麟之楦非妙材。蒯火事須乞，曹門日當掃。天生筋力用不疲，羽翮風濤致須早。彦和負衒真自賢，正平那識屠沽妍。五窮弄人爾何力，瑣瑣青衫抛不得。徐生徐生，惜我不得與爾化作終南山，盡致天下寒俊栖其間，風雲唾手俱歡顔。何妨却來抑鬱老三徑，終日羊求共往還。

---

① 可與莫友芝初稿參讀，見附録。

董村早發

經雪斷人行，衝泥急曉程。晴雲偷暖意，流水學春聲。山店猶殘碣，蕪田即故城。舊來遺老盡，懷古若爲情。

貴陽府

羣山破西荒，萬馬軼天廐。争馳不相讓，孱出互騰蹂。九江勒其前，翻然盡回首。豈惟半黔青，只益七郡斗。大恐乾軸膠，始信坤維厚。貴陽據中權，開省握綱紐。楚越枕脽尻，滇蜀繫腋肘。重關雄四塞，但藉一夫守。彈丸苟不存，四方詎能有。自從承平來，我武偃已久。衣冠競豪華，材物萃淵藪。煌煌數都會，豈在名邦後。文治長宴然，高枕唯擊缶。

字任

字任欹斜作，杯從冷淡持。儉知貧有味，拙笑嬾難醫。漸覺無人識，居然欲自私。山禽窺且去，怪爾復何疑。

共外舅夏輔堂先生論黄理廷燮年丈獺笑集以下丙午年作

怪物徒自奇，不如學獱獺。每持理廷集，笑彼彊批抹。公言毋乃戲，憤世隱嗔喝。詞科果韓才，何妨聽乖剌。世人芥子眼，美服將氣奪。豈真金閨彦，一一勝韋褐。春明今幾回，事事桶底脱。列鼎秖謀生，買菜亦求活。俳優同一場，奇偶空爾聒。時命如在人，孔孟應早達。

影山草堂春晚和柏容元作云：「茆齋昨夜雨，一院落花多。芳樹靄然静，雛鶯時見過。别來春事晚，情話午風和。一掉柴門水，前村長緑蘿。」

草堂歸幾日，花事遽繽紛。過雨憐芳樹，長愁對白雲。故人憐我病，相訪坐宵分。久苦詩憐惡，成吟喜爲君。

初夏樂安道中

三月炎蒸疑六月，夏初寒意變冬初。即愁硬雨偏偏得，暫喜油雲每每虚。龜兆秧田低且坼，牛涔沙島迴還舒。桔槔龍骨疲何及，臼杵金壇意有餘。夏求雨，暴金于壇，臼杵于術，見《春秋繁露·求雨篇》。

讀《空同集》

憑淩宏德中興場，手掣風騷上漢唐。霸氣千人廢叱咤，秦聲終古作雷硠。詞多情寡真能下，振鐸揺鞞詎見傷。不廢揚雲工擬似，何曾虎士即中郎。

牛女篇

織女處漢東，牽牛在西旁。盈盈一水間，跂睆結離腸。七夕一暫詣，語始莫能詳。天孫系何尊，雲錦巧無方。牛郎賤且拙，下嫁詎相當。豈伊衣食本，上天同一綱。婦職何兢兢，終日守七襄。支機一片石，抵過千珩璜。金風戒西成，蠶畢農且場。抽閑謀一會，隔絶復蒼黄。政有琴瑟敦，不以衾枕荒。賢哉婺女貞，窕窈動爲坊。不然清淺水，朝夕葦可杭。奚爲動經年，定費雕鵲梁。黄姑秉禮意，與女亦頡頏。關梁實專司，豈真限紅牆。矧以孛妖輩，煽惑啓貳行。其餘閣道星，天門麗光芒。苟以帝命臨，所求即見償。可嘉守正士，益信女不爽。大哉耕織間，生事業其常。婦德尤所珍，貴富安可將。年年此雙星，垂象何煌煌。女子未有歸，婦道必有明。未可遽縷縷，焉能聽倀倀。惟兹渡河星，夫婦義所藏。戒爾瓜果盤，檢爾鍼線箱。勿以軋軋勞，苦彼脈脈望。但令忮求泯，會使百用臧。此事雖不經，此義誠足張。被驅殊非情，惰業或有創。謂古以教女，我聞寒松堂。

谷濛關竹枝歌

儂循平甕渡三梯，郎指偏橋向五溪。恰似谷濛關下水，一條東去一條西。

關前山色助郎吟，關裏鳴泉攪妾心。郎到江陵渡江水，爲郎遥寄淚痕深。

魚梁江

絶峽何從度，虹梁巧屬連。緪藤才入地，捫壁旋登天。午日霜猶積，中峯月暫圓。老僧常定觀，風水自安眠。

黄絲謡

朝上黄絲坡，暮下黄絲坡。坡前往往來來客，一似重重疊疊梭。梭裏黄絲滿别愁，坡前行客幾時休。願天長徧黄絲草，似我梭絲不斷頭。

大魚塘

五溪相糾下雲間，疊岫重雲不計灣。永夜急淙悲自和，滿船羈思積誰删。尚疑初月如殘月，已换黔山作楚山。多少麻陽船上客，一齊回首向蒲關。

釣滿天星

灘名，距便水驛□□里，江流爲魚梁所占，僅淺港容舟行。狠石鑿鑿，極難下，水稍涸，以纜係船尾，十餘人倒牽之，舟中善篙數人妨石礙徐徐放下，謂之釣灘。

鯨翻鼉作劇相求，一髮千鈞繫客愁。欲剗魚梁歸岸水，應能鳥翼送行舟。

銅頂阻風

銅灣銅頂一亭隔，清曉拏舟到日斜。上水百帆看縱馬，沿流千槳笑馳蛙。未必去留有天意，無端恩怨感年華。繞岸墟篷盡南向，北征書劍各長嗟。

銅頂風雪積日，用東坡韻

推篷訝此蓮千葉，幻出千峰萬峰雪。泰山何必小秋毫，起滅微塵信奇絶。東船欲移壓水重，西舫乍聞迴柁折。牂柯牢繫聽浮沈，斥堠才看旋漫滅。北風倒人晚愈甚，沅水駕天寒更掣。風筋水力定誰勇，迴雪跳波亂生纈。天意年來冬澤少，但仍藉豐猶不屑。潛虬涷殺九江平，應放晴曦暫窺瞥。藐姑仙人那可近，五穀精氣徒侈説。即愁朝饗對空尉，更奈單衾擁寒鐵。

守　容

白鶴神洲飛不度，黄魚冬笋頓堪羞。只無一日負此腹，未必澄江消客愁。

清浪灘頭守霧

壺頭紆折帶千灘，亂石嵯峨一線穿。霜霧冥冥看不見，計郎休放下江船。

祀竈日冒風至大龍驛

肩輿逆風行，有如上灘船。意謂去已遠，乃在咫尺間。石路何瑩瑩，泥濘何緜緜。我僕好脚眼，錯迕不得專。眩極舍我輿，倒行自蹣跚。僕也色然喜，謂得鬆其肩。那知持空輿，擺簸愈欲顛。踉蹡抵大龍，已見燈火然。家家醉司命，爆竹聲續連。好乞膠牙餳，膠我雙行纏。

篼行

車道不能駕，行人可自休。何妨六合轎，且與雙竿篼。黔計偕人所乘轎，欲便舟行安置，常爲六散塊，須乘乃合之，謂之折帖轎。至襄陽入車道，而驛不應車，仍轎至新野，妨歸時車難携轎，故減爲雙竿篼。入饌少秔稻，耕原雜馬牛。北來風景異，南望日悠悠。

襄城戲贈同行者

儂從汴梁來，郎來自何縣。可是去年時，與郎會識面。羨郎紅帶子，長得繫郎腰。願郎爲汝水，儂作水中橋。

報罷東莊將發，晤平越峰丈來謁選

高文我本輸時輩，美政人猶説此翁。何事别來今九載，不離故處竟相同。洞桃悔員三春月，溝柳愁縈十里風。無那黄金臺畔路，解鞍發軌兩怱怱。

秋葵

誰令東海麻姑爪，來把西池侍女杯。（下闕）

九月十日柏容招飲詩隖，菊花猶未開，而巖桂頗有重放者

九日落英不泛杯，十日菊花仍未開。東籬盡作木樨味，怪繞菊叢盈百回。平頭笑指牆東隈，兩株未花今作堆。西邊數株已開過，也問舊蒂懸新蕤。風前乍覺香聞寂，轉瞬復從溪外入。固知異氣非一山，説短論長百唇集。爲妖爲祥各有取，佐以古今仍縷縷。老夫唯唯意不然，此自因時但問天。君看三秋占殘熱，百卉不零翻暗茁。正與春寒困花草，極備極無同一轍。虎頭犀首何處用，粗俗漫山恣矜弄。可憐冷客避炎威，佳懷鬱鬱無人送。安得三日天嚴霜，滌盪俗物不敢芳。菊天菊地吹冷香，却持淵明飲酒章，重與菊花陶一觴。

十二日雨飲詩隝菊花畔，用柏容韻

常恐時序遷，晚節輕孤汝。我來殊未早，獨立尚無與。夜雨攪歸心，長途念重阻。去留成兩誤，展轉茫自處。開門驚差事，佳色遽如許。行吟冒溼往，孤興驕莫侶。風閒走童丱，火急送尊俎。還令明日意，更在望山墅。遥遥歎幽士，落落費勤佇。適願非有迎，乖違豈緣拒。人情各遄喜，私怨結微沮。悟此百慮遺，重觴忘晤語。

鄒叔勣漢勳用曾滌生韻，以庚韻同紐字易江韻七字見寄，和答余與叔勣兩會于貴陽行都司舊署，擬各紀以詩。叔勣必欲先得余詩就屬和，而余行，稿未定，亦欲先得叔勣詩，方重整寄往。尋叔勣爲致滌生、將侯兩柬，遂以此詩爲導，故有首六句。叔勣纂畢《貴陽志》，亟欲歸去，方苦點勘未竟，而黎柏容又相率爲送行詩，期其屬和，故有末四句。

責逋何所似，一似宛歸祊。許田漫成説，幾曾見秋秔。難能竟割舍，璧假議以生。前日奉君書，一逝愁異鄉。三函抵兩會，寶氣驚我堂。憶昨行都司，巧冶樹鑪坊。寠人拾甴鏷，拂拭寧有臧。笑君侈兼容，不復苛短長。萬里方在始，差持暖羈腸。終然昧所獻，衆彦難爲庚。翰林有曾公，頗異時温涼。一談契微尚，勖在歲晚芳。枉過欠一答，鎩羽急歸翔。贈詩勞魏野，嗣響和秋商。嗟余懶且拙，百事付聊浪。《羽獵賦》「聊浪乎宇内」，注：「聊浪，放蕩皃。」諸公太厚意，所懼非其行。起草喜不欺，無勞奮笞彭。《後漢書·戴就傳》「彭考」注：「彭即搒也。」渡延竟虚佇，後面不可詳。歸心攬殘局，點勘羅荒芒。《史記·三代世表》「帝芒」，《索隱》曰：「芒，一作荒。」《荀子·富國篇》「芒軔僈楛」注：「芒，或讀爲荒。」還防異軍起，非時更城郎。

欒溪三十二詠之以下戊申年作

柳葉洲

野篠抱洲田，斜斜出沙觜。昨夜春雨酣，驅牛渡烟水。

金雞山

金雞立晴暉，彩翠照日暮。時有賽蠶人，醉話金雞樹。

我山瀨

回溪長自閑，汜水何太劇。一道雪棱棱，飛流下青壁。

上水村

嫋嫋竹邊路，依依烟外村。山中夜來雨，新水到柴門。

水　崖

溪光翻日上，山樹破崖生。青壁疑無路，樵夫自在行。

斑竹林

滮滮水浩口，蒼蒼斑竹林。水花湔屐齒，竹色上衣襟。

楓香秤《通雅》：「青䬪飯，烏飯也。今釋家四月八作，或以烏桕，或以楓，一曰青精飯。《綱目》作䭀飯，乃『䬪』譌也。智謂因青精而造耳。吴曾云：《神仙·王褒傳》太極真人以太極青精飯方授之褒，煉服五年，色如少女。杜詩：『惜無青精飯，使我顔色好』是也。青精用南天燭葉染之，所謂烏飯樹也。林洪以南燭即旱蓮草，誤矣。沈括云：今人家所種之天竹，有紅子者。智按不然。《登真隱訣》『䬪飯方』始造䬪字。」

四月楓葉齊，平林坐來晚。忽憶影山中，采楓炊䬪飯。

石頭山

雪公初卓錫，即在石頭山。欲問西來意，孤雲自往還。

詩隝待主人歸，酒已熟矣，乃別道訪余，相差也，用前韻己酉

笑反客爲主，徒勞西復東。百年岐路雜，萬事一杯中。圃色攢花蝶，沙紋亂水蟲。青山斜照好，聊共舞雩風。青山有雩壇，詩隝即在其下。

聶松島會通過飲影山，用前韻

草木遞榮萃，奈此節候交。胸中貯佳處，寒暑不能凋。登山挹浮邱，入水期琴高。仙人果不死，久已無丹霄。用智窮所爲，馳情徒爾勞〔一〕。愚者但率分，一拙空諸焦。即此天氣佳，酌酒宜和陶。揮杯餞秋月，起舞達崇朝。

贈子何弟八首之六七　以下庚戌

昌黎軍司馬，舊觀改親賓。英雄老牖下，自是尋常人。憶子總角初，器子謂鮮倫。童軍適小挫，欺語到我嗔。上庠既莘莘，上科亦振振。羣然换前口，大有獎鑒真。復聞要勇退，笑言變

成犨。此來看人面，頃刻幾陳新。勝博豈關命，美官豈關身。君子求在中，世眼聽所珍。

荒荒四門山，寂寂三徑草。悠悠送白日，忽忽變時鳥。勤子千里來，幽疑更搜討。我舌卷欲僵，緣子時一掉。去者日已渺，來者那可道。當歡不盡意，事過空懊惱〔二〕。辭冬雨昏昏，破屋風浩浩。驪駒胡在門，遠思牽嶺表。

《黄花傲雪圖》爲袁竹隖德成明經作竹隖，昔館仁懷廳，時深冬大雪，芳菊猶存，而作此圖。

春棠聘梅吁已雪，可人擇對惟秋菊。霜英雪蕊不相知，判使年年抱幽獨。鰼城一夜雪皚皚，菊花未盡梅花開。袁安卧起得差事，行繞東籬一百回。菊花傲雪古無有，梅花破笑來窺牖。歲寒風味巧相親，梅邊細勸黄花酒〔三〕。梅開已早菊已遲，後時不見還淒其。圖成與汝長會合，獨立亦任東風吹〔四〕。

借米

雪中斷烟火，館穀待春暄。主者擁官廩，兹事或可言。啓口色不怡，少忽易而温。我豈出内吝，矧子謀饔飧。急帖廪人去，取任早與昏。欣然適所願，掃屋羅盎盆。寧知篋縛抽，早去百羽緷。欲返已不可，欲語且復吞。猶聞儕輩中，揚揚市其恩。

葺屋示諸弟第一首

儒有席上珍，時還米中稗。平生坐直質，往往受人賣。一畝何足言，逐事增歎味。茅茨一以就，拂拭且餘快。諸弟能渾渾，世故聽狙獪。相依到耆耉，漫鑿渾敦壞。

湘川講舍除夕

今歲學堂除歲日，何如荒署十年中。生徒手禮還舂磨，鄰曲心期更韭菘。頗覺去城稀俗擾，可能流水盪文窮。眼前子姪聊相慰，一任生涯似轉蓬。

庚戌冬讀邸抄二首

天筆煌煌揭大公，賢奸早達四門聰。堯仁自漏共驩網，舜斷方成稷禹功。從古安危關黜陟，一時歌泣奮英雄。小臣草莽無官事，願作康衢擊壤翁。

尚聞廷寄下温橋，烽火西甌竟未消。小醜詎當留譎諫，疆臣何計答清朝。鯨鯢白浪猶無恃，翡翠明珠自不遥。早晚捷音聽露布，將軍今已付嫖姚。

憶南園

飛花欲盡草斑斑，春去南園客未還。滿耳杜鵑啼竹裂，濛濛烟雨對鐘山。

莊蹻

宛若銛鉇速若風，國分三四欲何終。浪爲椓杙開邊計，竟與持飴取牡同。楚盜聲名歸莫滌，滇王富貴坐堪雄。果然還報誰能阻，休信巫黔路不通。

八月丁卯同宋鼊峰、李庚仙登湘山，時秋旱酷熱未退

甲子丙寅丙不驗，火雲八月未曾收。學堂無計消殘暑，僧徑相携問古秋。乍拂巾裾輕欲

旋，却看竹樹黯生愁。山前一寸湘江水，禁得斜陽幾度流。

閏中秋夜半，雨止，踏月至城南新橋

天公爲我吟思澀，故置好閏添中秋。更駈山靈役斤斧，虹梁五道亘上游。一笑真成兩奇絶，高興勃勃插斗牛。漫天晚雨爾何意，豈有狂態取罪尤。恨無長梯一萬丈，摘我銀丸還道周。雄風起舞弄豪俠，横逸之氣不可收。壞雲片片忽墮地，白光隱見如谿溝。嫦娥怯怯怨難似，往復自揩冰雪眸。翻然破涕見一粲，轉覺嫵媚增嬌柔。乃知風景天肯殺，洒塵先驅良有由。蟾光水氣踏清炯，一杖更引城南陬。石林崛起作天柱，石梁正挂林西頭。羣山萬壑盪雲海，倒影幻成千玉虬。霓裳曲罷衆仙下，隱有笙鶴穿巖幽。我亦不識周紫陽，我亦不煩董糟邱。天津橋南果何似，對此豈直輕王侯。咄嗟觸詠亦偶爾，得喪迴非人所謀。是時萬户共一枕，四譙朣鼓争觵觩。老夫得樂已意外，矧與俗物可浪求。樓頭太白定屬念，引滿杯酒遥相酬。

題嚴刺史《黔山策馬圖》

嚴侯策馬自杭來，一官遠著叢山隈。千峰萬峰望不極，回首時時憶鄉國。君看山勢連波濤，雄觀豈減之江湖。只有魚鹽大難似，使我賢侯策馬心煩勞。

和嚴刺史《菊花》二首

山城有菊便重陽，此日常年未綻黄。好是中秋添閏後，落英都趁繡糕香。

憶我南園屋數間，捉來講舍便成閑。不知簾捲西風裏，也向黄花一破顔。

豐樂橋落成，用坡公《兩橋》詩韻

誰驅四岸石，蜿蜒化虹霓。插尾斷山口，飛渡桃花溪。時雪應佳錫，玉山亂高低。行天踏虹背，穩過千金隄。落飲集賓僚，來觀競排擠。空城詫希有，讙舞過日西。歎息舊橋庳，小漲已得躋。年年愁暑潦，常常滯輿蹄。危闌幾銕索，輿替已莫稽。可憐萬游魂，渺渺隨鳧鷖。天開使君公，引此昇仙梯。長令自今後，免化魚腹泥。一簣望千尋，萬里方中閨。圖始豈不難，得人如取携。縣人張朝輔精算營造，以橋付之，省費而成速，且堅。我觀使君才，操刀何牛雞。一橋那足道，但費腰間犀。安得事事整，千村飽羹藜。朝作歌滿喉，暮息喜滿臍。

【校勘記】

〔一〕「勞」，原作「榮」，義韻皆不諧，據莫珠妹鈔本改。

〔二〕「過」字原脱，據臺北「國家圖書館」藏《郘亭詩稿》稿本補。

〔三〕「勸」字原脱，據臺北「國家圖書館」藏《郘亭詩集》稿本補。

〔四〕「亦」，臺北「國家圖書館」藏《郘亭詩集》稿本作「一」。

附録

刺促行贈徐大

刺促重刺促，栽花莫栽穀。今年高鳥去年雛，明日老牛今日犢。少年意氣淩九霄，唾手將相輕鴻毛。一時眼底萬餘子，横驅直驟因風飈。狂馳十載不稱意，壯心遂與功名遥。僑居白首溷塵迹，木柄長鑱老園客。招尋人海一徐生，舊日交歡眼皆白。徐生覷天與時背，萬卷盤盤盪元氣。興來翻水作文章，跋扈飛揚聊恣意。徐生徐生，爾不能攘天盜地作白黄，坐鬻時貨騰輝光。又不能揚旗萬鶻掣電掃四溟，頭銜孔翠雙眼青。傾家但有四立壁，抱璞年年淚空滴。携徒終日媚錢神，一字依然不堪喫。南郭多濫竽，葉公走真龍。無鹽翻自重，齊國昭君不能居漢宫。君不見《三都》賦成十二年，羣書卓犖貫柔翰。張劉未注世莫識，大笑傖父無人看。又不見剷錢餉鬼一張紙，老髯畫字亦偶爾。明朝已有繡贉榮，素壁高堂觀者驚。龍無浮雲天莫階，人無中人動多乖。市瓜十大取十售，何必麒麟之楦非妙才。有刺可家造，有門當日掃。天生筋力用不疲，羽翮風濤致須早。彦和貨鬻真自賢，正平那識屠沽妍。吾觀納言曾孫取，科論千載至今懸。不刊感君落拓謝我情，甲顔欲效飢彪鳴。五窮弄人爾何力，瑣瑣青衫抛不得。徐生徐生，爲我置酒臨高臺，酒酣拔劍爲爾歌莫哀。長風萬里拔海立，澄江一絲牽日回。徐生徐生，可惜我非虞侍講，斯文付與青雲上。可惜爾非蕭拾遺，一生江海明心期。彈冠結綬兩寂寞，醉逐元卿三徑歸。

道光乙巳九秋。郘亭友芝草。

（録自貴州省博物館藏莫友芝道光乙巳九秋手書詩稿）

郘亭詩鈔

梁光華
梁茜
饒文誼
點校

點校説明

《郘亭詩鈔》，清咸豐二年（壬子，一八五二）刻于遵義湘川講舍，詩品超凡，享譽大江南北。其後刊行之《郘亭遺詩》八卷，更助詩人名聲遠播。

《郘亭詩鈔》由郘亭好友、著名詩人鄭珍咸豐二年九月删定并作序，凡四百零一首詩，都爲六卷，此爲遵義原刻本。

同治元年（壬戌，一八六二）七月，爲避遵義戰亂，莫友芝子莫彝孫侍奉其母與孀妹，帶着《郘亭詩鈔》原刻板，前往乃父客居地安徽安慶。九月十六日經東湖縣時，不料風高浪急，船觸石斷裂，幸好家人無恙，而《郘亭詩鈔》刻板却散入水中，彝孫叩請船工善泅者入江鈎撈，僅獲三分之二板片。

同治五年（一八六六），莫友芝兩個兒子彝孫、繩孫請刻工補刻漂失之七十九塊《郘亭詩鈔》詩板，并欲續刻父親近十年之詩作。然而莫友芝不予贊同，曰：「徐之。《漢志》載詩賦百六家，東京始有别集。《七録》收七百六十八種，《隋志》通存亡計八百六十八部，唐以降著録且倍蓰焉，計能流傳到今不過十一之於千百。自餘衆家，豈不擅一世、有千載，而焚溺頻仍，蕩析消爛，不可收拾乃如此。吾儕才力鈍劣，了無以逐今人，復何敢望古人？俛仰十年間，亦連厄無情之

水火，茫昧乎若存而若亡。東南亂未定，曷姑聽諸適然不可知之數？兒輩胡此亟亟爲也？」（《郘亭詩鈔·莫彝孫識語》）

故而同治五年所刻江寧三山客舍修補本《郘亭詩鈔》，仍按遵義湘川講舍原刻本所收之四百零一首詩刊刻，但是修補調整了個別詞語，刊正了原刻本之錯訛（仍有個別疏誤之處），并未增補莫友芝新作。莫友芝在世之時，親自審定了此刻本。因此可以説江寧三山客舍修補本《郘亭詩鈔》是莫友芝親審認可之最佳刻本。

本次點校《郘亭詩鈔》，以同治五年江寧三山客舍修補本《郘亭詩鈔》爲底本（簡稱爲「江寧修補本」），以遵義湘川講舍刻本《郘亭詩鈔》（簡稱爲「遵義原刻本」）、國家圖書館藏《莫友芝詩文稿書跋》莫友芝手稿（簡稱「國圖手稿」）對校。原本祇有總目，僅列某卷古今詩若干首及作年，今補出細目，以利閲讀。

梁光華　梁　茜　饒文誼

二〇一三年十二月於黔南民族師範學院

序

昔人以子美爲一祖，以山谷、後山、簡齋爲三宗；謂子美不可學，學子美宜徑二陳、涪翁而泝上之。此其言本不足括唐宋詩家，後人學詩亦多不由此。然而扶質以樹敦厚之教，亦庶幾焉。

道光中，家大人守遵義，子偲尊甫猶人先生爲教授。大人修府志，子偲以同官子弟延郡署事編輯，器識閎偉，不肯隨時俗俛仰，大人甚重之。又於統爲鄉舉同歲生，交尤密。纂訂暇，縱言及詩，則曰：「品詩者謂杜聖李仙。是子美，詩孔子也；昌黎，當詩孟子；唐義山、宋山谷、二陳，其詩之孫卿、子雲乎？百年以來，有輕清派興，挹誠齋之餘波，冒廣大爲教主，無學人一哄仿效，海内風靡。計能皭然不染，蓋僅僅十數公。鄙性迂拙，不諧世，又無學仙才，何如降格焉守孫卿、子雲之義山，黄、陳之大醇？略其小疵，或藉蘄有見於杜孔、韓孟，未可知也。」子偲昔論如此，豈有取于三宗一祖之説歟？

顧子偲承庭教，專力經訓，曾爲致儀徵相國制粵所刊《皇清經解》，佐其菑畬。自以所籍獨山爲漢毋斂，有道真尹公，遠從汝南許君授五經，開南域學。本朝通儒説經，尊守許君文字書，幾聖作等，矧剛水淵源所在者。故既殫心求通會以治經，而朋友子弟講習問難，亦必以許君義彊聒焉。其弟莒升，尋以小學文字先後見賞丁虛園、翁祖庚兩前輩，貢成均。於是許君書貴州鄉僻悉有，皆子偲宣導以然也。

去年冬，統奉視黔學命，行至酉陽，逆子偲，破裘泥偪，隨計僕僕走風雪中。下輿相揖，於是與子偲別十三年矣。拉飲驛舍，暢談至午夜，樸學益湛邃，信乎其將繼道真、張剛水者。既讀留示上八年詩，則又刊落時艷，善道人意中語，而皆人人所不能道，信乎探義山、黄、陳之奥，而融去獷晦，以自造杜、韓之門庭者。吾子偲經術詞章之交進乃遂至此邪！

子偲自奉諱後，筆耕僑寄，久無意制舉，計偕之行，徒以兼大挑，欲博微禄資朝夕。才至荆江上，道阻遽返。比余今年夏畢試士遵義，訝其歸，訪之，猶喘息未定，已復聚徒湘川，拮据計鹽米。夫計偕人屬望，不過取甲科、邀一命，豈有得失足榮辱吾子偲？吾子偲亦豈有不優爲？何學富而身愈貧、藝工而遇益拙若是？然而道真北學，終顯荆州；去非佳句，馴至執政。吾子偲瓣香久，愈有進愈欿然。吾烏知今之靳之非，益以策未至；又烏知他日之遇之遂，不爲道真、去非者邪？他日之遇之遂爲道真、去非，吾固知所以重吾子偲，仍在此不在彼也。請與讀子偲詩者共質之。

咸豐三年秋八月，順德黄統序。

序

翁同書

凡爲詩不尚流美，非惡流美也。未至於流美，則蘄其流美；能流美矣，而專務以説世，不入於卑靡不止。是故貴有以矯厲之，然後風骨高而性情出。一切文章之事皆然。若獨山莫君子偲之詩，可謂不務流美者矣。

予初未知子偲。始至黔，試士都匀，得一卷曰莫庭芝，古光沉黝，灑然異之，取貢闕下。既而知爲猶人先生之子，子偲之弟，耳目濡染使然，而無由識子偲也。子偲僑遵義，今年歸省墓，過貴陽訪予，於是始得識子偲之面。及予受代將還，而《郘亭詩鈔》適刊成，於是始得讀子偲之詩。子偲之詩，其友鄭子尹序之詳矣。其曰似東野、後山，即吾不尚流美之説也。子偲天性淳樸，家多藏書，而又能善讀之，以藴蓄爲辭章，故能遠去塵俗，不失涪翁質厚爲本家法。予里中自絳雲、述古、汲古之後，多喜藏書。予未通籍前，流覽借鈔，常終日肘不離案，通昔膂不至席，誦讀之勤，略如子偲。每念讀書稍多，當一洗少作之陋；而十餘年來宦遊南北，所蓄秘册，百不一携，人事牽迫，并廢吟詠，其媿子偲多矣！既讀其詩，深知其得力所在，益羡且嫉焉，不能以自已也。

黔中不乏通才，如子偲之弟庭芝，及遵義張鑑、黎庶蕃兩孝廉，異日皆當以詩鳴。惟子偲與子尹，益導後進以讀書，俾知文章之事必繇能讀書始，黔學其自是可興乎！

咸豐二年十月，常熟翁同書序。

序

鄭　珍

段誠之云：詩非待序而傳也。余謂作者先非待詩以傳，杜、韓諸公苟無詩，其高風峻節，照耀百世自若也；而復有詩，有詩而復莫踰其美，非其人之爲邪？故竊以爲古人之詩非可學而能也，學其詩，當自學其人始。誠似其人之所學所志，則性情、抱負、才識、氣象、行事皆其人，所語言者獨奚爲而不似？即不似猶似也。獨山莫君子偲之爲詩，殆近余所云者歟。

當子偲侍貞定先生來吾郡校官，時年才十二，已岸然鄙夷俗學爲不足爲。甫弱冠，舉于鄉，連試春官皆罷，遂決意求通會漢、宋兩學。久之，貞定與太孺人先後卒。子偲以貧也，畢屯夕於郡，率諸弟讀書僦宅中，歲藉塾脩以相生養，粗衣淡齏，時時不繼。室人每閒壁交讁，乃方埋頭蘸朱墨，參考互校，或拄頰攤管，垂目以思，如不聞。及有捻書籍求售，則不問囊有無一錢，必不令他往。故入其室，陳編蠹簡，鱗鱗叢叢，幾無隙地。秘册之富，南中罕有其匹。而其讀書，謹守大師家法，不少越尺寸。余每舉形聲訓詁，或一二説異許、鄭處似之，遽雖無以臨詰，意顧不善也。以子偲爲人若此，則其制境之耿狷，求志之專精，用心之謹細，非似古人之苦行力學者歟？其形於聲、發於言而爲詩，即不學東野、後山，欲不似之不得也。雖然，孟於韓、陳於蘇，猶頳之去纁，僅一染耳。子偲方强仕，學日宏日邃靡底極，余惡知今之東野、後山者，不旋化爲退之、子瞻者邪？

自子偲來吾郡，即兄視余，今又姻也，交三十年，知獨深。其詩自道光甲辰以下八年者，余爲删次以存，故論其所已至者，以爲序。

咸豐壬子九日，遵義鄭珍。

郘亭詩鈔題識

莫彝孫

右古近體詩六卷，凡四百一首，咸豐壬子歲，大人主講湘川，及門諸子鈔集辛亥以上八年手稿，刊之講舍者也。

甲寅初冬，桐梓賊亟圍遵義城已再踰月，板猶在東郭外。火及屋山，得健兒應募，奪入城。圍解，幸無損。壬戌秋，大人客皖幕，彝孫奉母將板，避白號亂，來依侍。下三峽，及紅石灘，觸石舟斷，其半先沉，人所居半舟飄忽就岸，畢引而登，乃沉。板散惡浪中，善泅鈎撈，僅獲者三之一。既抵皖，即請補刊所亡，續以前後十年之作，以應索者。大人曰：「徐之。《漢志》載詩賦百六家，東京始有別集。《七録》收七百六十八種，《隋志》通存亡計八百六十八部，唐以降著録且倍蓰焉，計能流傳到今，不過十一之於千百。自餘衆家，豈不擅一世、有千載，而焚溺頻仍，蕩析消爛，不可收拾乃如此。吾儕才力鈍劣，了無以逐今人，復何敢望古人？俛仰十年間，亦連厄無情之水火，茫昧乎若存而若亡。東南亂未定，曷姑聽諸適然不可知之數？兒輩胡此亟亟爲也？」越二年甲子，江南平，移寓秣陵。明年冬，仲弟繩孫乃計峽舟漂失七十九板，以印本翻雕。丙寅春，將蕆功，復請前後十年鈔稿爲續。則曰：「昔刻本非我意，亦既顢頇問世，故從若輩行之，餘者欲且俟諸能中病痛譏彈吾文者，并此更汰定過，豈晚邪？」

夏四月辛卯，男彝孫謹識。

目録

郘亭詩鈔卷第一

郘亭詩鈔卷第二

古今詩六十二首，乙巳

郘亭詩鈔卷第三

古今詩七十首，丙午

郘亭詩鈔卷第四

古今詩八十六首，丁未、戊申

郘亭詩鈔卷第五

古今詩七十二首，己酉、庚戌

郘亭詩鈔卷第六

附録

郘亭詩鈔卷第一

甲辰生日，伯莖兄來遵義省先墓，述呈，兼示諸弟侄六首〔一〕

日月未云幾，縞練遽相陳。彈琴杳無味，復此生我辰。生我豈不苦〔二〕，庶逸老去身。政爾己未得，重泉齎長貧。傷哉三時間，相續背兩親〔三〕。高天無自呼〔四〕，此恨當何伸。誰言三年喪，要荅天地春。啞啞林間烏，銜魚奉其珍。烏也遂恩私，而我猶爲人。永痛良悠悠，徒爲歌鮮民。

我生親已衰，我長家益蹙。誰使垂老人，猶來就微禄。微禄元非羞，卑官亦非辱。道德挽頹波，煌煌照邦録。所傷首丘正，未是故山復。雖云治命然，豈不爲恩育。葱葱五英岡，鬱鬱青田麓。新生草木枝，枝枝向南簇〔五〕。安知地下恫，不斷天涯目。

白髮抱孫心，日夕望欲斷。哀哉呱呱時，遽已餘闍奠。弟妹兩三人，當婚復當倩。竟無忍須臾，稍副向平願。蒔花東牆陰，樹果西屋畔。鮮鮮各含姿，去去不遺盼。果實行自收，花發行自粲。花果豈不同，何如眼中見。

祖宗丘墓地，所賴伯氏守。傳聞哀瘦極，遠道懸一覯。忽已立我前，昂龐訝依舊。爲言昨暴下，係命在昏晝。無錢鬼不要，仍爾活世宙。猶勝當年健〔六〕，眠食抵童幼。吾家祖父來，周甲疾例遘。終然益康彊，耄耋躋上壽。兄今六十二，此兆喜堪又。歡言問大姊，老淚落如豆。豈惟諸孤癡，行且宿草茂。已矣可奈何，生存亦奚究。

遥遥剛水頭〔七〕，草草不狼㕹。合併既無計，終古長離憂。但願各健在，勿以道阻修。得閒互來往，相攜撫松楸。有飯即共飽，有酒即共篘。索此稀見歡，散彼窮年愁〔八〕。森森同根枝，遠植辭故丘。依依共山泉，各自東西流。異丘亦何欷，異流亦何尤。勿使沙礫湮，必也衆派收。勿縱斤斧尋，必也回萬牛。辛勤護原本，千里共詒謀。

亭亭學堂樹，青紫紛綏蕤。徒謂花實好，行令根本萎。此語猶在耳，此境那可追。槁木不再榮，逝波無還期。嬰兒在中路，彌懼潔白虧。讀書補行餘，力作安可辭。稱能以爲急，庶保裘與箕。維天遺惡命，所要窮骨支。一骨又支幾，正賴衆足持。弟侄儻念哉，爲爾進一卮〔九〕。

示啓秀諸生〔一〇〕

結廬青田下，將以此身老。城居擁皋比，生事固難拗。爲師古來患，矧我晚學道。恐孤朋來心，迂見每顛倒。歸求良有餘，獨此今益了。百歲只爲子，孝養苦不早。五鼎誠乃佳，半菽豈不好。窮達命所施，及時以爲寶。勖哉諸友朋，曾閔在所造。勿及老夫時，茫茫泣荒草。

飲謫仙樓有懷昔遊〔一一〕

相看近郭二里許，不上高樓三歲來。剔碣記曾當砌讀，款門驚換對江開〔一二〕。蒲闟蕩蕩空雲影，温水迢迢送酒杯。飲罷不堪仍極目，支離飄泊古今哀。

贈趙芝園商齡〔一三〕

三賢祠下分携處，中路茫茫共此晨。未面各除三載服〔一四〕，相看同負百年身。能來晝錦終過隙〔一五〕，更向窮途歎積薪〔一六〕。白水漁竿聞道蚤，擬從君後問滄津〔一七〕。

寄平越峰同守翰仁懷廳三首〔一八〕

偶值符人相問訊，山城佳事爲停杯。鰼魚小艇行春上，荔子炎天避暑回。乞脯偶將書擲去〔一九〕，伴琴新有鶴歸來。仕優如此可長賀，勝日老懷應好開。同守方刻所臨顔書，更一鶴自至，集賦詠，刻爲《來鶴帖》〔二〇〕。

不道書來怨索居，名場高興淡無餘。但令詩進從官退，須信民親即吏疏〔二一〕。陽羡買田仍未得〔二二〕，鑑湖歸棹定何如。莫嫌冰樣頭銜冷〔二三〕，十口今來政要渠。同守新號退翁。先是，温水之役，同守方知遵義府，議降知縣，今始以署台拱勞績加同知銜〔二四〕。

怪我年來絶寄詩，眼前生事可勝悲。循陔風物遽終古，快意交遊已昔時。天地無情空灑淚，關山有限共輖饑。不知禁鍵陳師道，果趁秋帆踐後期。

憩雷台寺

酷日不讓路，緑陰招上山。雷公好身手，何事伴僧閑。

送伯兄〔二五〕

好共今年住，田功免自任。大兒癡未極，垂老念何深。風雨雙愁鬢，關山一破衾。秋聲漸蕭瑟，客思若爲禁。

别兄獨返〔二六〕

伯兄今日别，向我倍銷魂。晚雨獨歸路，孤煙何處村。石田償債賸，愛日禦冬存。即有還家樂，生涯詎可論？

鄭子尹珍自京師歸，留飲影山草堂

草徑無人掃，茅樽待爾賒。一鞭風雪裹，開過紫薇花。

子尹鎮遠寄書，訝有「不料生見無陽江」語，既晤，乃悉其京塵劇病，慱一等官，九死歸來狀

生見無陽水，書來動我魂。畏途真有此，薄命復何言。尚及庭闈在，須知天地恩。微官終可喜，險阻更休論。

池上有懷

曲闌扶薄醉，徙倚度斜曛。酒意風前失，荷香月裏聞。叉魚尋故事，過雁感離群。寂寞他時興，孤吟送夜分。

意　行

意行意坐一枝筇，已過石橋東更東。勝日溪山皆畫裏，閒人天地是壺中。平田半熟迎秋稻，野圃新滋過雨菘。沮溺偶然煙語久，夕陽明滅度青楓。

驟寒憶莚升弟庭芝

驟覺茅苔酒力輕，禁寒只自閉柴荆。那堪今夜南明客，獨倚孤檠聽雨聲。

題蒯小崖關保參軍畫梅卷

髫年手種三千樹，茅屋蒼苔渺煙霧。眼明深雪幾枝開，冷香將夢還山去。

西齋二首

西齋終日閉，南國幾時歸。怖鴿喧聲雜，冥鴻過影稀。斜斜争路草，黯黯避階薇。早道須料理，秋棋未解圍。後山句。

奄奄憑硯匣，夢夢枕經函。午日魚開鑰，秋風馬脱銜。僕童茫進退，竹石飽雕劖。恨殺荷花水，長年不可帆。

樾峰同守招過仁懷廳，不果往，因寄

安樂江頭水，秋風夜夜心。城尖西上望，山色雨中深。白髮添身累，黄花笑獨吟。我知相遲意，遥此共蕭森。

過府學棠陰書屋，呈蔡茝溪兆馨教授

不以西山老，斯庭可更升。棠梨三畝宅，風雨廿年鐙。壁影明新雪，階紋坼舊冰。小來歌哭地，俯仰百憂增。

湘川上呈山長王夢湘玥觀察

西風滿意晴，吹我赤藤行。野徑將花轉，村籬就竹成。樹摶溪日影，雲逗石泉聲。爲問王摩詰，清游似孟城。

姜丹輪延桂處士移寓招飲，觀鄰舍穫，用山谷韻

老丹選寓愛農居，四面隴雲供讀書。興來喜拉酒人往，深杯百斛瀉真珠。我曹未緣問磽腴，檐下散襟良自如。何以餞歡諧下潠，候雞揚檝越平湖。

寄答王个峰介臣上舍

郎州閲歲鬬班衣，別去惟愁會面稀〔二七〕。我竟無天供菽水，君還有地奉庭闈。芸人萬里終何益，愛日千金要蚤歸。剛水孤兒殷鑒在，慎旃休使願相違。

莛升弟生日，余以館絆休歸，徐松階維棟過飲

人生得喪誰能見，覆雨翻雲競此場。未礙到臺遲谷儉〔二八〕，謂舍弟不得與秋試。轉愁操瑟怪陳商。松階方試畢歸。兼旬一雨老秔黑，十日未歸山柿黃。那可相辭無算爵，明朝零露欲成霜。

怡軒歌

湛湛良秋，煜煜佳樹。開我怡軒，兄弟既具。千里同心，吹蘭斷金。矧我連氣，後裾前襟。鴻飛自南，有肅其行。顧念徒侶，悲鳴彷徨。浮雲東西，頃刻萬態。脂車在門，莫知所屆。圖書四陳，短檠二尺。秋風相提，夜以繼日。雀鼠營營，風雨悽其。一隙不塗，摧傾繼之。虎豹墮

地，氣能食牛。松柏盈尺，歲寒不憂。來日大難，去日苦多。今日何日，勖哉短歌。

簡夢湘觀察兼致張楊園先生書

索莫荒江上，名流豈所居。要知行道意，不與奉祠如。栗尾勞清餉，鋒心謝妙書。觀察屬篆書其太恭人誌，蓋餉筆三品。楊園應有意，聊用報瓊琚。

簡趙曉峰旭

郘亭隔歲一杯酒，風雨狼山北望昏。憎命文章隨手是，破荒耆舊幾人存。曉峰方編《桐梓耆舊詩略》。青精可服難真訣，黃獨無情只閉門。何事向人將歲晚，不來重醉老楓根。

次子尹韻贈曉峰

鄭君銀潢胸，萬里瀉天界。趙子秋隼氣，萬仞不受械。各居萬山中，和光混盲聵。撑拓今古腸，擺落天地隘。來青開八窗，風夏記清快。斤斤顧文獻，共守雞肋嘬。時時賴珊鉤，數數慰嚣廨。麤觕就杼機，苴削遞丁屆。子尹同應遵義前守黄愛廬觀察招，撰《府志》，開局府署來青閣。時曉峰任採訪事。余背兩親，二君亦先後喪母。兩縣間百里，消息斷一介。誰憐中路軀，集此衆口疥。頓杖幾莫逃，輕薄可勝話。至今子午罭，細故留挐蒯。傳車辭首郡，攬嬲發餘喟。郡書切中丞，久遲判精稗。歸來寧立壁，誓免人鬼怪。安能緣鼎肉，賺使僕僕拜。子尹計偕歸道貴陽，適新撰《府志》稿具，賀耦耕撫軍留屬改勘，固以疾辭。君胡不茲懲，犯鬧猶自瘵。罝遺剔幽遐，寒餓不少憊。示我《筌》與《略》，一一導厥派。夜郎彈丸地，漢使早可喝。曉峰于《桐梓詩略》外，復撰《桐筌》，補正《新志》遺誤。人生即金石，安保長不壞。古來身後名，同時苦摧敗。殷勤平生詩，姑息重吾誡。故交誠寥寥，序集名當挂。我才于若人，束筍視垂薤。妄言輕妄聽，不爾恐子賣。此事饒鄭君，炙達出謦欬。瞰暇更視之，將以十罌芥。

黎柏容兆勳見過，招趙曉峰、王子覲槐琛同飲，用前韻

人居蒼球中，浩浩本無界。山河雜流峙，已若地所械。耳目成性命，異同遂明瞶。醯雞誇甕天，豈識著身隘。平生文字交，猛氣力横快。攬持八極餘，要併萬古嘬。深秋楓樹巢，落月海棠廨。酒藤時孤尋，詩袂或聯屆。唏哉群兒愚，飾此盛氣介。彊成終日儳，衹博滿身疥。携持泝澂流，湔洗付清話。人情各姬姜，吾道詎菅蒯。竭來幾何時，身世益可喟。自爲苦上瘠，愈作

米中稗。感深老黎檬，觸事略讒怪。兩番封樹助，念及淚且拜。胼胝無少辭，畢事有餘瘵。孤吟成連年，講學氣亦憊。謂余及茲閑，共勖理其派。寥空發鯨撞，蟬蛩罷嘶喝。昨日小尹來，亦歎末流壞。相看俱鑿枘，何術救偏敗。馳心思天瓢，稱意瀉靈瀣。蓀蘭徹天秀，榛棘帀地殺。斧柯在何許，日月信于邁。蕭條幾朋舊，利病尚箴誡。趙子杲堂侶，咫尺行囊挂。王子簹谷徒，東門隔園薤。相呼永今朝，差論不疑賣。明當子歸去，閉口懲妄欬。小寒吾欲東，重言對舟芥。柏容讀書處曰芥舟水榭。

寄答萬丙照全心表兄

鈎弦不同途，榮萃在所向。誰持道邊心，易此封侯相。平生坐惷愚，往往召非謗。自從出來青，齒舌最無妄。低心自懲艾，極力走風尚。厚顔難自如，乍合旋失樣。禮義苟不謈，胡爲過周防。孫言抱先訓，擇議安敢抗？和叔言先生，未信疑亦儻。敬謝德鄰箴，取友勿更浪。

王子覲米市牆根有棄菊自開，爲詩寄意，余約爲絶句云：「是菊無人識，深秋也自開。凌霜三兩朵，已有酒徒來。」復爲和之

黯淡欺荒草，蕭寥倚破臺。市塵埋不死，還傍早霜開。

張桓侯廟訪舊不值，遂看菊於孫臏祠

張侯廟前棲斷霞，孫子祠邊多菊花。弄霞高人向何處，菊花邀我過孫家。孫家碧檻臨溪水，菊花照影嬌羅綺。羅綺成行兩隊開，祖風却憶吴宫裏。吴宫魏竈已成塵，争似黄花歲歲新。老兵失却老兵在，可惜昨日茅苔春。茅苔昨日不須惜，急管繁弦動秋碧。隔岸方祠涿鹿侯，當軒又賽阿鄄客。花東歌罷花西舞，爲問兩君爾何取。鼓刀未必辱雄名，刑餘竟要成初祖。屠兒于桓侯，靴工于孫臏，皆以樂祖祀之。世間遇合真紛紛，屠子靴工休彊分。乞我菊花雙鬢滿，長謡搔首一思君。

撞音衝鑼行

撞鑼打鼓客滿堂，怪畫狰獰摇燭光。病豎横行要神治，老巫狎神解神意。彎彎叫徹陰風來〔二九〕，紙錢索颯靈旗開。左持巫童右巫女，俚曲千番互吞吐。低鬟屈足往復回，酹神一杯復一杯。椒檀氤氲燭花紫，神媪神公盡歡喜。主人拜起如桔槔，從心順珓非輕抛。茅君更進一杯酒，沈疴付爾陰山後。東鄰昨日痁病新，刲羊殺豕吾巫神。西鄰無錢疫未瘥，要唤神巫捉雞賣。神靈不靈巫口生，珓吉不吉巫手成。前巫出門病不利，後巫辥辥舞陽戲。

草堂雜詩三首

僦得城隅半畝園，茅檐小巷似深村。閑雲帶鳥常依樹，清月隨風直到門。便買溪山終作寄，得將妻子已稱尊。牀頭剩有重陽酒，判倒花前老瓦盆。

西窗讀書清無鄰，東間坐眠還絶倫。溪聲夜静或到枕，雨餘山色更宜人。朋來時有文字酌，秋過况絶蛙蠅嗔。誰能老去且少事，便此市中堪守真。

辛勤諸弟事芟培，一日荒蹊走百回。但有雲山落吾手，何妨桑竹替人栽。薔籬煮鶴增前感，蕉屋巢鳩喜舊開。小住漫思明日事，百年官舍亦蒿萊。

示子厚弟生芝

自從入世爲兄弟，已十二年生爾先。便令上壽各八十，止卌餘歲相周旋。中年哀樂還成路，遠道風波未繫船。算有幾多開口笑，可容鬱鬱取熬煎。

寒雪炭盡

天與晴冬福，饑寒半解攻。雪偏今日甚，炭更昨宵空。白幌疑堪曝，虚爐每誤烘。不禁愁只睡，飛夢過春風。

雪中用東坡韻

老農不用事契龜，曝背浪説天能知。謂余冬暄作雪骨，在此數日南風吹。北風轉肉雪當下，我首漫頷掀髯髭。五更忽訝冰底卧，起索茶盞鏗成澌。始思農語正有以，悔不備禦安忘危。

開門欲出兩脚硬，階影射鬢寒絲絲。嬌兒健絶已免脱，搓酥印餅紛施爲。指撝叫躍落凍鳥，來去倏忽不可持。鼻端咻咻汗渥赭，豈有冷暖干膚肌？忽思阿翁昔似爾，快此百劇呼群兒。欹杯楠杓不知數，聚及課經抽暇時。風陶雲鑄幻奇偉，五色炫晃環書幃。老人扶過罵且莞，亦詫窗户回春姿。風燈轉眼竟隔世，萊衣有興空淋漓。人生快意貴少壯，頃刻茅舍生瑶墀。老來身手百無用，只此破褐還慵披。炎天買炭笑早計，取暖苦逐前庭馳。尚誇几案絶塵氣，欲酒時復窺空卮。詩翁斸棘壯士卧，驊騮驕踏無人隨。心之紛亂何處解，愁望一歌韓退之。

青蛇囤

懸囤塞東崦，出若自天下。回尋石級望，欲度似無罅。洪江走其跟，峽石亂峰射。危橋著峰巔，股栗過先怕。播州數險要，烏婁南北跨。欲固東西藩，置守此其亞。緬懷偏橋師，三囤收叱咤。謂長坎、瑪瑙、保子，并在青蛇東。仰攻還失利，購死出奇詐。炮聲轟葛背，腹裏始惶嚇。海龍共乘勝，一炬掃中夜。當時東路功，豈讓吴劉霸。祇今承平久，武備安弛罷？區區山縣地，矧已遍耕稼。守官無久任，能到事尤乍。暫在得安居，備禦反增詫。徒令殘壘痕，迂生過嗟訝。

近寺

近寺羅幽陰，長柏森廣路。石瑟弄溪聲，泠泠太音度。冬暄招不來，清寒難久駐。

溪人

溪人漁作糧，冒冷刺溪水。魚鷹不受遺，曝翅蹲石觜。貪鳥詎不貪，知還笑漁子。

自青田沿溪過垚灣、檬村，呈柏容、子尹，兼似丁吉哉元勳

東里溪山喜深窕，夙約鄰居事幽討。四年何止百回來，每有經過俱草草。辛勤良友助新阡，封樹粗完苴蒯了。閉門三月養餘生，人事不營還意槁。邇來漸欲趁蕭散，幾費期招當及早。意中寧許過黄花，到已丹楓寂如掃。青田山廬厭枯坐，乘興沿流踏清曉。雪晴轉益山態嬌，錯落松雲習羽葆。經巢甥舅松東西，歲晚適逢公事少。丁生還在溪上源，一杖翩然落松杪。桐枝玉蘭白杲杲，忽下平沙化漚鳥。石斑藤酒真及時，剩喜未被梅花惱。似今良并算有幾，眼前聚

散㓪難保。子尹明春當有校官之行。徑須一步一傾杯，十里溪山千瓮倒。昔遊如夢久不省，溪翁尚說方舟巧。拍手兒童渾長大，停橈沙溆難徵考。當時豪翰各少年，今對攢眉俱醜老。古來抱才要用處，暗裏連城誰見寶？區區石縫蟻叩頭，苦逼長吟湊新稿。柏容索詩甚急。韓蘇李杜固千秋，詩縱能佳終命好。君不見，椰洲突出盤螺小，牛山屈曲清波繞。稍添樓觀襯煙花，何異雙尖插蓬島。可憐無幸落窮荒，指似漁樵頭不掉。

晚歸青田

高林天風長，曲澗溪路永。削壁摇孤光，澄流寫疏影。日落沙溆殷，雲度松杉冷。吾與鳥同歸，昏鐘閣前嶺。

曉過望山堂

屐痕齧草一寸霜，溪東溪西白茫茫。倚天一杖拄龍尾，咫尺不辨黄茅岡。朦朧野徑無來往，隔竹幽泉佩環響。高人欲起雲出門，百道金毫射松牓。

贈王敦園德厚

我愛敦園叟，烏巾錦里同。詩書能不累，芋栗頗時豐。丙舍三年住，西鄰一徑通。時來松竹裏，把酒話田功。

子尹、柏容并見和「窕」韻，叠韻奉答

珠井蘿村縱娟窕，不因彼美無人討。浣溪雪堂漫遊宿，千古蓬蒿盡瑶草。當時何事非偶然，付與後來成不了。樂安只計百年前，徒擲緇流伴枯槁。可惜劉郎易未到，更歎青蓮赦尤早。長山父子真崛奇，榛蔓力藉詩書掃。泂溪瑟瑟度弦歌，荒箐陰陰回白曉。至今文采在諸孫，直可中原樹旗葆。我家剛水隔重關，色養嬌嬈愁力少。老親累作爲貧仕，一官永棄家山杪。反哺徒存誰屋烏，銜枝只羨馴廬鳥。道真不嫌鬻水葬，仲卿詎斷廬江惱。十年前豈計今日，浪約諸君共鄰保。青田一兆定天爲，豈有筠松能杖倒。頗聞鄉閭失表正，醇風去盡餘機巧〔三〇〕。倘教綫路尚容歸，銘旌度嶺還先考。長子誰爲近學遷，索居應共餘干老。眼中博識范元平，名理過江逾見寶。謂子尹移居依外家。敬沖攬筆足千金，山水膏腴供削稿。謂柏容。家學慚無北海益，素心

自幸南村好。安知咫尺非峴山，漢水襄陽心自繞。何時有錢絶浪走，争與閑漚占洲島。牛山之木美可憐，斤斧無情但心掉。水牛山在樂安江中，長可一里許，水石糾繆，木林森秀，主者不自愛，日尋斧斤，可惜也。

集柏容姑園，子尹復有「窕」韻詩，時盆蘭花忽開，感叠前韻

盲人不解嫿與窕，草木風聲説誅討。古來賢哲在當時，身世何人非草草。勢方得爲從爾爲，事如可了行自了。炎歊何處覓松杉，霜雪終難潤枯槁。吾儕學古才力鈍，于道謏聞還不早。未能鄉愿除舉刺，自把靈臺精灑掃。入門不免妻室摧，涉世焉求家户曉。男兒自作一生事，一息尚存仍緇葆。檢身正藉多口憎，顧影只憐將伯少。日來一聚殊偶然，怪絶靈葩茁冬杪。三花五箭定何意，喜氣排温快魚鳥。乃知臭味成德鄰，人自欲窮天未惱。我思先王學校意，正似都民樹城保。不明信義即烏合，譙堞儼然城已倒。眼中豈乏高才生，習門師心窮俗巧。犍爲毋斂更何説，湜之山甫已難考。争看繹繹上青雲，豈計悠悠成白老。恨我不見諸老翁，猶淑餘光窺至寶。敢因嗔駡變心性，浪擲粢糧换芻稾。蚯蚓方談草根樂，蟾蜍更道蓺林好。貧兒出語那中聽，賤士撫懷空白繞。只應子弟遲傳人，望道免令風引島。題詩自大效經巢，未到終篇屢頭掉。

青田山中三首

山紫墮人衣，罷飲日已暮。娟娟松際月，白入松下路。微詠獨歸來，宵漁踏沙去。

路轉山徑昏，静觀生白影。潺流響深澗，小步不敢逞。何處未歸人，石苔話清冷。

孤眠不成寐，往往中夜起。泠泠石泉響，稍稍風竹裏。月落暗香來，梅花隔溪水。

溪　上

朝朝溪南行，暮暮溪北坐。耽此野人居，茅檐花竹裏。酒熟不須肴，信意摘紅果。溪鳥忽飛來，自向尊前墮。

用「窕」韻送子厚弟歸都匀應童子試，兼示大猷、遠猷兩猶子

入小無偪大無窕，方許提師講征討。詞章小技壯夫嗤，能整一軍殊不草。科舉文尤小之小，聖處畢生仍未了。自從鄉選變鎖試，抱才但不甘枯槁。便令孔孟落今朝，亦望科名致身早。

爾今歸去固吾願，況喜先塋得親掃。顢頇一决人盡然，利鈍所存君自曉。憶昔初從校官署，我未成童君綴葆。二十年間幾大故，我忽就衰君豈少。親存手不舉雞豚，喪祭何曾答纖杪。失群徒羨北歸鴻，安巢未作南枝鳥。矧此平生毋斂學，一綫將湮尤可惱。幸我猶能道麤粗，爾曹正賴恭持保。要憑一髮轉千鈞，小縱即隨流俗倒。飛黄騰踔上亨衢，此中由命非由巧。秀孝争營鄉會場，童冠不離科歲考。五經四子付俳優，一事未通俄已老。須知大道只切身，逐處支離徒喪寶。寒天遠道增我晞，凍雪嵬嵬排箭稾。鄉人謂茅徑直者箭稾草，亦曰箭杆。勉撑腰腿當肩輿，百事那如親在好。習勞是分亦是貧，寧似身安心不擾。將詩更勖兩猶子，近已牂柯冷雙島。《水經注》：「牂柯亦江中兩山名。」引左思《吴都賦》：「吐浪牂柯。」道真茂理要薪傳，祖訓書紳莫輕掉。

陳相廷際同、趙曉峰并見和蘇韻，叠韻答之

男兒恥作曳尾龜，浪逐犧綉求人知。何異操舟不安舵，美惡顛倒從風吹。君不見民部尚書拜李緯，玄齡但説稱其髭。仲宣有才獨寢貌，荆州兩眼生凌澌。又不見清忠强介嫌衆疵，建中非相由天危。奥援一决進皇甫，更以朋黨汙冰絲。人間何者定美好，濁世擾擾方争爲。富貴無聊想仙去，鶴背萬貫誰手持。一生吃著尚無幾，外此豈有關膚肌。試問雞鳴踏漏候三殿，何如破衾裹裂任嬌兒。萬錢費盡無一箸，何如藜羹當餓時。樓臺百頃蔽雲日，何如天地一重幃。錯

文列采充篋以自朽，何如羊裘自適山野姿。文如杜房武褒鄂，圖寫麟閣神淋漓。濟時未了青史債，盡瘁不許辭丹墀。何如桃花流水放船去，鱖魚入手青蓑披。陳相廷，閑官可樂休言卑，邵亭輸爾還饑馳。官田稻熟公事了，繫馬便傾三兩卮。趙曉峰，邵亭與爾同孤羈，一方破硯常相隨。但願淬妃有靈更不老，㯳散何妨劉獻之。

平越峰丈書來，道已引退得請，束裝甚急，率寄數句，不能盡懷

退翁掉頭被官誤，清氣逼人留不住。一身之外復何須，詩卷纏腰便歸去。賀監湖頭佳月生，右軍亭上白雲行。蒲闗東望知何處，雲月蒼茫萬里情。

書子尹詩卷後

經巢小尹珍，道古卓聖域。狂狷四十年，頭頷無人識。鬢絲得㯳散，投老校官席。作詩乃餘事，已闖韓杜壁。連山挾溟漲，萬里動海色。才多不自愛，抵鵲賤瓊璧。平生千萬篇，羅萃才十百。但論所唾棄，猶足一代特。烏紗無媸容，後氣等啜炙。連城出和氏，按劍終眼白。飄零已可哀，薄相更遭劇。雕劌何苦天，要把眸子匿。暫去雖見還，細字未歷歷。家傳陽里方，修敖

得常喫。來者可如今，脱手輕浪擲。自慚瘦生苦，餘子亦能役。眼中天下士，唯爾妒且惕。筆硯未忍燒，几案欲常得。已呼寫官去，早晚留副墨。生涯雞餘肋，歲月駒過隙。生世不行道，文書動遐覿。茫茫古賢哲，千春同淚滴。

寄胡子何長新〔三〕

鮮民徒在百非初，蕭瑟城隅學隱居。奇字何人將酒問，荒園時自帶經鉏。風窗箬影還思爾，露砌棠陰數起予。近假金壇向南閣，九千名義可爬梳。

【校勘記】

〔一〕此詩國家圖書館藏《莫友芝詩文稿書跋》手稿題目爲「《甲辰生日，時新禫徙月，伯兄適至，述呈，兼示諸弟及啓秀同學八首》」，多兩首，一首爲：「鈎弦非一途，榮華在所向。誰持道邊心，易此封侯相。平生坐惷愚，往往召誹謗。自從出來青，齒舌最無妄。低心自懲艾，極力走風尚。厚顔難自如，乍合旋失樣。寧守黑與雌，此道要醞釀。禮義尚不㥸，胡爲過周防。孫言抱先訓，擇議早除抗。瞀瞀門下蠅，此事復誰量？和叔言先生，未信疑亦儻。敬佩德鄰箴，取友勿更浪。」另一首同下篇《示啓秀諸生》（結廬青田下）。

〔二〕「彈琴」三句：國圖手稿作「纖纓飾黄素，乃復生我辰。人生百年内，瞥若風中塵。育子豈不苦」。

〔三〕相續：國圖手稿本同，遵義原刻本作「繼」。

〔四〕「高天」句：國圖手稿作「同懷八人中，矧我偏所仁。九原即可作」。

〔五〕簇：國圖手稿作「逐」。

〔六〕猶勝當年健：國圖手稿作「猶逾曩時健」。

〔七〕遥遥：國圖手稿作「迢迢」。

〔八〕散彼：國圖手稿作「庶解」。

〔九〕「一骨」四句：國圖手稿作「人生苟無業，顛沛當何持？三復傷心言，期責詎有涯。慎勿以詞泥，僅付瓶罍悲」。

〔一〇〕此詩在國圖手稿中爲《甲辰生日，時新禫徙月，伯兄適至，述呈，兼示諸弟及啓秀同學八首》之第八首，唯「勿及老夫時」作「勿到老夫時」。

〔一一〕國圖手稿此詩題無「有懷昔遊」四字。

〔一二〕國圖手稿此聯作「子竹記曾邀客醉，孫榴已解向人開」。

〔一三〕國圖手稿題無「商齡」二字。

〔一四〕三載：國圖手稿作「三歲」。

〔一五〕能來：國圖手稿作「便來」。

〔一六〕更向：國圖手稿作「漫向」。

〔一七〕「擬從」句：國圖手稿作「從君乾豆問滄津」，下有注：「趙新善釣。」

〔一八〕此詩題，國圖手稿作「寄平越峰假司馬仁懷三首」。

〔一九〕偶：國圖手稿作「便」。

〔二〇〕國圖手稿此注語爲：「司馬新刻所臨顔書，更致一鶴。」

〔二一〕國圖手稿此句作「解念民親即吏疏」。

〔二二〕仍：國圖手稿作「剛」。

〔二三〕冰樣：國圖手稿作「司馬」。

〔二四〕國圖手稿此注語僅爲一句：「司馬新號退翁。」

〔二五〕國圖手稿此詩題爲「伯兄不住，賦送五律二首」，多一首，第一首詩，頸聯、尾聯則作：「落日千行淚，浮雲兩地心。蒼茫爲客意，行止不能禁。」第二首詩録如下：「喜我齏鹽味，能貧即勝才。勿爲身後計，屢放掌中杯。過雨秋燈灺，疏星草閣開。明朝江上别，知更幾時來。」

〔二六〕國書手稿此詩題作「别兄獨返更得一律」，頸聯下句作「菜色有年存」；尾聯出句作「縱有還家樂」。

〔二七〕國圖手稿本首聯作「落梅風裏换征衣，但惜前途會面稀」。

〔二八〕遵義原刻本此句作「且免考功呵李昂」。

〔二九〕彎彎：遵義原刻本作「海螺」。

〔三〇〕醇風：遵義原刻本作「淳風」。

〔三一〕遵義原刻本題作「寄胡子何長新六弟」。

郘亭詩鈔卷第二

正月四日東行抵姑園宿，用子尹韻答柏容

梅花林邊犬迎吠，長鬚啓門延客至。滿堂銀燭爛烘烘，呼笑團欒好兄弟。相看共詑何處來，如此嫩年各羈滯。公然上客僭華筵，百里佳饕豈天意。看君不是泥塗人，采芑和平亦能濟。後堂芳蘭多孿放，眼見牽連舉孳孖。宋人貴賤元未公，齊人附益乃前戲。犢車麈尾知不來，説有談空儘無悸。剛言嗜好殊豹人，煮魚更索明朝醉。是日適柏容納姬。孫豹人詩云：「本是彈筝手，貧來學煮魚。」

送子尹權古州廳訓導

早算開燈虛舊約，逢春送客果愁顔。老虔才譽應初館，小尹師承得好還。廳學新立，其地當漢毋斂縣東南陬。毋斂鶯花下剛水，鐔城煙月待王山。《説文》：「潭水出武陵鐔成王山。」山在黎平府界。瓜期盼汝青田舍，酈注桑經細檢删。

人日莹灣聯句次韓韻

散坐京兆阡，鄭珍。林鳥變晴弄。融風蘇水木，友芝。煦氣殺冰凍。士農疲放閑，珍。飲食習奢用。手禮親姻交，友芝。尾隨婿侄從。精粗盡器同，珍。老小裹餘共。紛吾樂淳樸，友芝。從俗有迎送。依依話行李，珍。絮絮雜芰葑。霞餘孤旆飛，友芝。月度一梭縱。即事期優遊，珍。遠涉憐倥偬。七日古所敦，友芝。惜光倍增重。珍。

十一日姑園夜坐，前韻再送鄭大

深宵酒闌犬驚吠，歌呼偃仰無不至。老僕齁齁僵觸屏，伴人尚有梅花弟。謂水仙。只今選人何所擬，一似塵蘱肆中滯。屠龍之技亦可沽，雖復冷官聊快意。但期不負平生心，儒者於人豈無濟。直道能消行路難，奚用荒崎歎溶孖。昔年看爾平彝作，手闢蠶叢等遊戲。此行百事詩是師，莫但長哦取人悸。龍標左右足樹雞，爲割千頭佐饞醉。

過張霽嵐雲藻、白高雲標昆季鹿鳴村作，再宿，呈二君兼勖其子侄其詔、其謙、其均四首

鹿鳴溪北村，五里望城垣。我來廿年上，丱髮奉家尊。村中好昆季，堂背春温温。良辰得招邀，襆被梅花根。百憂不上面，期在色養敦。君衰著且脱，我經加又原。相看但引涕，銜恤難具言。古誼感良友，百里助扶輴。慚余積倉皇，經舍忘款門。湊閑成今過，梅花幾經繁。尚記白高兄，送學銀花翻。驥子復嗣鳴，更及纏紅樽。携抱半已翁，忽忽如朝昏。

久客惜人情，嗔肘聽援止。況此兩世交，令德續鄰比。既來判留宿，維縶翻近市。深宵談益縱，更酌雞唱起。深佩夙昔言，瑣事求至是。輕心嫌細碎，艱大終莫理。空言侈王陸，肆意益骳骫。我無三尺喙，從爾千副觜。

徑竹弄微響，一犬驚狺狺。千犬競相答，呼警徹四鄰。風吹度前溪，連村吠相因。但覺聲漲天，起處乃無人。昔賢昧俗檢，憎口誰識真。更師誠乃巧，翻得緣料甄。此意果如矢，此道焉緇磷。值者勿復較，較亦奚足伸。

執役喜諸郎，歇手即傾耳。幾回送難義，頗或契根柢。俗學錮難醫，經傳禄徑視。能持矯矯意，泥處不甘滓。即此具道資，敏鈍詎殊軌。所貴制其偏，唯敏愈難恃。顛蹶多龍駼，往往免

駑騅。終須十程奮，只勿憚千里。傳家不易得，但看蠹餘紙。時有故家子寄存殘書二簏。當時焉計今，斷散不堪理。盛衰固常然，人至天且靡。努力及少年，時還念諸此。

二哀詩并序

清鎮縣戴粟珍、黔西州史勝書，并蘭雪吴先生能詩高弟，已而留意樸學，相與研精文字故訓以治經，從善若流，改過若讎，未見其有止也。勝書字藹洲，道光乙未舉人，屢躓禮部，歲庚子，客死奉天。粟珍字禾莊，貴筑籍，己亥舉人，禮闈亦再罷。持勝書喪以歸，顑頷數歲，復以甲辰秋死於家，年才四十，勝書年才三十五，撫今追昔，黯然成篇。

此時何卒卒，此道誠茫茫。前年喪藹洲，去年喪禾莊。辛卯昔秋比，僦舍珠橋旁。二子始相見，有詩各盈囊。沽尊互吟哦，天風助雷硠。爾時觀場人，來往何穰穰。探門不敢入，瑟縮盡走藏。貴陽十萬家，口遍狂生狂。珠玉乃按劍，拾我甆與甍。揮手就驛傳，恨不同頡頏。垂翅却歸來，南明發珍裝。林林許鄭徒，一一攤滿牀。戴子闖然入，笑詫多錢商。挑燈述師法，倒廩傾我筐。惜慳史子緣，遠未共此商。那知寄聲聞，上途互蹡蹡。躡影逐飛鳥，氣欲無崐崀。乙未始長道，携持更城隍。分書壯萍蓬，商歌助行觴。時晤禾莊子會城北門橋，相將過其寓，爲作「萍蓬詩舫」榜書，而以九言長歌送余行。菼也雖未逢，金台喜同裳。心塵豁舊雨，快勝渴飲漿。萬里憶老禾，贈卷翻囊箱。妄謂浩浩才，尚被先入轠。幾見中條吴，定襲王漁洋。見面顧我揖，改弦謝遥匡。勇哉喜過心，進德安有疆。春明復戊戌，逐隊顔如牆。翩翩後來秀，裘馬何揚揚。老醜介其間，亟唾逾不祥。謗盛誼乃見，老藹真古腸。時携予亭孫，慰我西間房。跫音犯衆口，厭物生珪璋。予亭，辛卯同年，畢節人，名懷思，有才華，亦屢躓春官，客死。禾猶客南明，念之道阻長。旺睩抵皇華，貴筑驛名。繫馬十字枊。秋風快執手，有話苦不詳。誰知草草别，再會無復望。圖經來嬲人，鴛軒曲荷塘。藹也適來遊，羽檄交不狼。過余夢初覺，影窗見躴軆。稻粱既齟齬，尖叉乃撞搪。戊戌冬，或以書記薦藹洲于遵義平太守，適温水賊擾，往剿，不相值。余與鄭子尹方以《遵志》絆郡署聽鶯軒，唱和「江」韻長篇，藹洲亦叠和再四，乃行。禾也妒未諧，郵筒走琳琅。風雪老藹去，黯送延江航。遂聞復報罷，饑馳遼海陽。禾也已公車，兩鳥或待翔。終然崔立之，所乏勢力將。萬里得空手，歸已愁資糧。千辛鴨緑水，更持史君喪。呱呱兒方繃，孑孑母在孀。殷勤事畜計，懼使良朋亡。遂令年來心，劍端半摧鋩。負米仰童蒙，徽羹守高堂。嗟余失兩親，羡彼得具慶。貧賤那足道，菽水逾膻薌。有親奪其事，撒手趨北邙。有事翻奪親，中路號倀倀。莫識鬼伯意，施爲曷髬鬤。昔耳史子耗，苦塊切所當。雖嫌往哭虚，含淚時滂滂。今也更戴子，盛年窮愁戕。仰視夢夢間，但覺日氣荒〔一〕。愴神已無淚，逐事皆冰涼。默思昔時游，中年各頽唐。四海小尹珍，病來勝眈眈。經生不三四，苦爲饑所殃。有力不暇施，俳優老秕糠。其餘風雅侣，牽蘿謝華妝。莫窺椒宫深，敢覬織女襄。而我苴削餘，鬙鬚換前蒼。明明鏤心腎，忽忽成遺忘。自於英俊疏，益中泉石肓。揚揚紛蓬蒿，蘭茝乃不芳。二子既宜爾，生存益惶惶。辛苦欲奚爲，百歲風燈揚。何如把鉏犁，立得收囷倉。何如結網罟，日飽鯉與鱨。不爾挾大旗，横海擒其王。銘勳鑿碣石，絶島皆輝光。人生但快意，章句安足劈？懸懸顧吾後，荆榛尚衢康。大恐龍驤姿，歧蹷萬里驤。寧爲二子痛，實爲吾道傷。謂彼蒼蒼天，未欲文揵牂。天意定不爾，我懷安所償。悲歌不能休，拉雜書此章。

悼張孝廉醇一兼懷亡友孫予亭

孫郎小楷日一萬，張子時文還卅篇。日下何人能比捷，眼中於我獨相憐。窮愁竟爲公車積，痼疾還從解主傳。果否修文知苦樂，孤兒窺突每無煙。

悼楊生承德

瘦骨秋風裏，詩囊藥灶邊。孟郊還失子，李賀豈長年。扶病《古音考》，禁寒《急就篇》。向來隨手物，欲乞蠹魚穿。二書是所助寫。

古劍篇

雷光煜煜赬虬尾，曉躡晴雷曳天紫。寒芒上逼牛斗愁，鏗然斥墜雙吴鈎。列仙之文太乙寶，豪士拾之笑絶倒。陸剸水試何意氣，眼底妖氛不愁掃。十載誰知一片心，鯨鯢已荷海恩深。苔生鏽澀懶開匣，風雨從渠龍虎吟。

小飲子覯家

茅茨雖不廣，高勝俯山城。遠岫牆頭立，閑雲屋角生。就花移酒盞，隔竹度鶯聲。不覺碧天暮，長歌月下明。

過丁右衡世選山長湘川講舍

近郭春將半，平林緑漸齊。雲光山隱見，花氣水東西。細草縈沙軟，攲篁拂帽低。何緣丁敬禮，終日苦吟批。

宦子蕃必晉山莊

野瀑亂林壑，長疑風雨來。崖緣白波轉，户對青霞開。石徑扶藤上，行沽帶月回。山中無主客，煙語共莓苔。

舒衡峰其鏴秀才觀我軒望桃源山

山翠迎窗掃不開，百花深處見樓臺。明朝不共花中醉，如此春光更幾回。

社日值喻雲鉏經拉野飲

社日山尊好，濃春引興遥。萬家晴翠裏，千嶂夕陽嬌。月上衣如濕，風前酒未消。岸花三十樹，扶著過溪橋。

喻言如綸招飲桃源山，冒雷雨夜歸二首

萬瓦刮風鳴，南來雨勢横。雲垂千障夕，雷掣半川明。檻底青春遠，尊前白髮生。相看無限意，更惜阻重城。

喻皃憐路滑，酒過免重傾。笠屐呼鄰借，波濤趁步生。燭經簷溜滅，人躡電光行。可念山田暇，呼牛徹夜耕。

得子厚弟都勻來信

來年衝雪去，未定幾時回。更事憐渠少，貪狂不自裁。鶯花千樹晚，風雨一書來。故國今成客，離憂豈暫開。

青田遲黎大不至集謝

近澗涓密石，援蘿聆青崖。春心自相屬，美人竟不來。圓影早已滿，苦此夜難頽。

送春飲溪上集謝

心迹雙寂寞，懷抱歡古今。索居易永久，褰開暫窺臨。乘流玩迴轉，舉目眺嶇嶔。春晚緑野秀，夕曛嵐氣陰。芳塵凝瑶席，迷鳥懷故林。節往戚不淺，萋萋感楚吟。

登樓集陶

少時壯且厲，顧瞻無匹疇。投耒去學仕，張掖至幽州。掖，借言兩掖。棲棲世中事，冉冉星氣流。重雲蔽白日，素標插人頭。檢素不獲展，吾生行歸休。茅茨已就治，弊服仍不周。量力守故轍，及晨爲兹遊。虚舟縱逸棹，閑谷矯鳴鷗。亭亭明玕照，迢迢百尺樓。擁懷累代下，惟見古時丘。未知明日事，當復如此不？得歡當作樂，知命復何憂？

坪　上

朝從坪上來，衆色浄如沐。時有早耕人，林陰飯黄犢。

洄中

溶溶洄潭春，蒲藻堪把玩。潭面簇飛花，游魚吹復散。

殘雨

殘雨弄溪煙，青林明滅間。迴風雲破碎，日氣漏山前。

老樹

盤盤蒼崖顛，萬古一偃仰。人間無路通，天風自來往。

寄上外舅夏輔堂先生鴻時

醇厚日已遐，老成彌繫念。寥寥先友行，矧以舅甥兼。締姻年逾廿，摳覯緣未三。記猶遂初賦，迂我北歸轓。藉依道德光，用慫淺深撢。爾時矜壯盛，侈口出華焰。百憂無干懷，百好一鉛槧。挫軍雖屢罷，含笑自看劍。人事安可知，惡命并苴苦。藐諸寄他鄉，飄如失船纜。前歡緣蒼茫，八歲過磯磹。頻頻勞伻誨，懇懇無倦厭。猶將轉地蓬，屬望藻天掞。知持父母心，肯釋蠢頑砭。秋華縱敷舒，暮色寧壓黶。解帶不及親，干榮亦徒僭。作家羌首試，觸手取疵嗑。俯心就磨礱，畢力拔冥闇。會緣見過多，稍補更事欠。乍看衢通驤，旋訝棘纏蹈。驍騰少年氣，冰雪只爭淡。安得陳后山，不爲知人忝。較免妻子別，衣袴勸補篸。詎云家貧良，差共苦食啖。最小惟偏憐，千里阻江塹。寧親羨群姊，南望淚雙灩。諸孫語音成，學客解窺覘。阿舅銜遠命，多品拜珍鹽。鼎沸算棗親，外氏不離詹。撫茲殊怦怦，隱几默惟瞻。計當遂遣來，内顧誰與擔。喜聞賓宴場，牙齒潔且齺。視聽到微茫，腰腳利崖磡。全具漢老更，餘樂方醰醰。瑣屑得我完，待過秋霜噞。應能乘早梅，治莊拜鮐者。

次韻答柏容，時挾詞草相視

官舍忽榛蕪，漫乞野人主。獨寐成連年，閉荆常過午。跫音喜良覿，陳事洗靈府。刷炎開東軒，佐具問前圃。深杯倚竹瀉，遠岫映花數。契高出雲門，搜快洞風户。時雨助清涼，空山謝塵土。雍雍望秦晁，雅雅斷今古。晶晶提五要，斬斬嚴四部。虛寂永中聲，微茫引深睹。形求迹皆陳，神得境無腐。趨燈鳥已息，窺林月初吐。清光如有情，拂席君可取。

桃溪石壁，同遊者芝園、柏容及黎氏叔吉兆祺、筱亭庶燾、菽園庶蕃諸弟

颼颼林風換，斬斬石氣鮮。絶壁界白日，修蘿纏蒼天。溪隨松根斷，徑與石角旋。柔芳集低秀，軟翠摇高妍。引新神逾奮，惜勝頸屢延。薄游笑曩者，于道尚茫然。幽庭失咫尺，淺涉漫洄沿。此來喜彊侶，極境争所喧。憑虚鳥共集，度險猿相連。抱履花漠漠，拂袂雲娟娟。微看隔溪路，横絶西崖顛。隱見遞茅屋，迤邐開上田。機輪轉洑港，雲碓翻餘涓。雜樹春易永，高蹤俗難緣。安得避世士，與之巢飛煙。

天池留似尹雲帆良稷、順帆良遇、琴堂良經兄弟

衆山環蒼池，九里蓄清境。呀然峥嶸間，趣與江湖永。分源導雙壑，積氣孕九井。汪茫浸空翠，裹窕陷雲影。來遊例經宿，隨候有佳騁。殘炎東洞豁，澂慮西龕静。攬要失新疲，鈎遺補前領。斜風淺深皺，落月參差冏。過雨續圓紋，浮煙冒長璟。山人足蝦蜆，盤飣錯菱荇。早稻撲初香，遲荷駐餘靚。灌輪啓駢門，唐宋此封埂。盜田惜舊葑，壞磡冀新整。來情約群鷗，别緒

綰諸嶺。回首謝主人，乘閑復來省。

海風井

興極多窘步，徑回喜蕭亭。趾泉弄奇怪，細響傳清泠。尺韓抵海眼，寸竇持風扃。横穿鐔城嶺，直洞祝融庭。每于狼角動，似有龍涎鯹。山縣濯鋒鏑，浩劫付渺冥。居人戒輕侮，震説張精靈。闃然信其信，焉問經不經。挾伴值秋虎，眩目生宵螢。冷趣接幽異，炎魂乍蘇醒。掬漩石犖确，玩瀆珠晶熒。潤益甃苔古，澹泳巖花馨。何緣近茅屋，隨意汲沙缾。永洗塵市耳，浩然遊八溟。

送柏容

子雲山水興，就我得開眉。接勝遥相語，憑高下獨遲。黄花秋浦路，紅樹夕陽時。别後無公事，還來共索詩。

次柏容《桃溪》詩韻送芝園

幽篁窈窕不見日，含睇仿佛靈均魂。飛龍翩翩石瀨淺，青壁上與天爲根。《九歌》草罷百神下，辛夷桂旗皆倒吞。我攀桂枝賦招隱，青莎雜樹回仙源。桃花流水隔雞犬，咫尺更訝秦人村。蹇裳欲往無道路，迷花倚石窮崖垠。此間許住早忘世，何暇轉計閒朝昏。清江漁長笑不顧，掉首竟作飛鴻軒。三江好處但如此，十年蓑笠當誰論。逌逌引我釣竿興，歸路嗒然銜暮猿。芝園居清江塘，自號清江漁長。

補屋詠

一瓦失其覆，一椽受其病。浸淫及榱棟，傾壞生欬謦。補苴乘忽微，費省功易竟。古來大德傷，孰不輕細行。賃居非吾廬，亦蔽風雨横。但吾一日住，完繕可旁聽。蒼茫身世間，補屋聊自詠。

子厚弟舉子繼孫，示之

内人戒香綳，闃闃攬朝睡。阿哀去復來，躍叫叔添弟。故鄉空南雲，涕淚判長寄。痛念昔先人，舊德恐失墜。不藉來者多，焉爲孤生慰？飛騰冀什一，亦足張同隊。生兒誠堪欣，作父亦不易。君乎仍悠悠，將毋笑阿繼。

中秋怡軒對月聯句

閑軒久不開，幽意亦未歇。新芰簷前樹，滿放中秋月。友芝。拂席延素光，傍砌寫清樾。酒味共芳柔，吟情遞摇兀。庭芝。糊口有羈扳，層城間秦越。勿云一夕歡，已白數莖髮。友芝。前途暗如漆，壯歲焉可忽？氣節良易過，努力戒明發。庭芝。

繼殤，慰子厚弟

吾家本單族，一祖尚百承。百年天下人，何止十倍增。有生即長年，天地將不勝。壽夭自稟賦，即具除與乘。莊生齊彭殤，卮言固難憑。人生有知識，終壞百感蒸。混沌返大化，轉免愁風燈。此語恐太遠，俗説姑近徵。非兒貴早死，亦省鞠育𤺋。俗謂恩憐曰𤺋。欠淚知未多，毋庸浪沾膺。

九日偕相廷登謫仙樓，右衡遮飲，有懷樾峰舊守

手把茱萸枝，遥指菊芳洲。山風吹客輿，縹緲上高樓。高樓宛轉淩煙起，水色山光亂雲綺。山水于人無世情，有酒爲我深淺傾。憑虚唤起謫仙夢，文章劍術將何用？嬌兒嬌女苦相思，西上迢迢不能共。浮煙徒棄五百金，白日不照忠誠心。隨風直到豈前定，至今談者浪沾襟。君不見長垣李，銅標照耀三千里；又不見劉大刀，幽巖持作燕然高。二君後爾尚千載，英姿猛烈今何在？金銷石爛荒祠頽，歲時伏臘無人來。年年詩客此重九，登高望古還增哀。功亦奚以喜，罪亦奚以吁。手中魚目睛，競握靈蛇珠。黄金用盡失交道，貝錦蒼蠅起談笑。才人秉志那用明，市虎三言人自驚。誰憶滋州廢司馬，十年曾是登樓者。蛟龍浪闊江水深，扁舟冷月瞿塘下。樓頭酒盡雙玉瓶，松風吹面酒欲醒。東山已銜半邊月，夕陽鱗甲千峰生。大呼丁生倚蒼石，憐君舊是滋州客。不須懷往更感今，再沽拚盡銅三百。

影山草堂會飲，右衡忽止酒，歌以解之

請君看此十畝萊，如何鬱鬱令心哀。將來誰買復誰住，今日黄花明日苔。天生手口亦大巧，解把金樽傾緑醅。逕須百年三萬五千九百九十九日醉，安能一年三百五十九日齋。衛公作戒耄益騃，屈生獨醒真蠢才。五經三雅萬萬古，大道一綫平三階。滄溟日落天倒開，勸君杯行到手莫更推。長風動地拔老屋，喜未吹倒杜康壘麯之高臺，與君醉鄉歸去來。

送柏容之大姚省覲

鳥道千盤雪，憐君獨遠行。北風吹馬尾，直到武侯城。歲晚趨庭意，天涯倚幌情。還將索居處，念取白鷗盟。

和答子尹古州見寄

讀書何所用，仕進出籤架。仕進何所用，黼黼抵耕稼。市儈逐蠅頭，不惜出人胯。一朝持

萬金，公然肆呼嚇。人情彊分別，異級遂殊價。何嘗卑散才，不必卿相亞。淵明束帶辱，政以三徑藉。君家廣文賤，當亦餓死怕。焉復論吾曹，眉摧氣逾下。此風尤不料，浸漬延講舍。山長豈利鵠，一座來百射。有門無不干，靦觸閽吏罵。散要視符牋，予奪用王霸。慲拳唏空張，捷足喜雙跨。乾俸積虛糜，行修剔微罅。真成揖任婦，讀子當我迓。校官師猶官，蘭鮑舊已化。哀哉道德場，似爾能勿咁。科考散諸生，三秋足閒暇。東籬鞠有華，重陽酒堪醡。涉江牽遥思，度嶺數歸駕。幾時青田廬，一笑過我詫。刬除磊塊胸，永付清流瀉。

哀孫上學

威怒難馴李袞師，居然斂手杜阿宜。忽思墮地能啼日，正值呼天欲絶時。白髮眼穿終不見，青箱業在亦何爲。咳名好作杯棬看，念我千秋萬歲悲。

烏江渡

烏道各千盤，鑿翠屹相向。晴雷翻九地，草木皆震盪。峽東湍已豪，水落勢益壯。飛鳥不敢前，潛魚那能傍。渡師争逆流，百泝待一放。亂雨浪花飛，垂雲石根亮。中流聊意快，就岸翻膽喪。山鄉無深流，此水已鮮抗。蜀舟阻重門，黔路但疊嶂。徒將黚漢挾，尚覺無沅讓。天如憫窮鄉，鏟去或宜當。

霸王坡

舍舟日初跌，半嶺晝已昏。夾路叢小樹，望如萬軍屯。急行益窘步，結氣生煩冤。螭魅含睇窺，虎豹磨牙蹲。暝觸怪石倒，白踏蹄涔翻。絶頂知幾盤，荒店不可捫。衆星繞足出，始訝所據尊。信有行路難，惻愴可具論。張燈誰剪紙，嚑黑爲招魂。

南望山

南望高如何，山叢露孤脊。氣吞黔楚外，勢逼烏盤窄。陰藏太古雪，腹斷摩霄翮。日浴千嶂青，雲纏一峰白。朝行指南望，暮宿在咫尺。前途更朝暮，南望仍不隔。遲回泥淖中，多情謝山石。

熄烽至日

後徑落雲根，前徑垂木杪。狠石接輿生，勁風逼人倒。自來南行客，愁絶熄烽道。健步怪僕夫，度險若飛鳥。未晡得常程，命宿訝已早。至日那遽增，酣歌對晴昊。

札佐

袖手踏霜行，呼吸作雲霧。翻翻千里光，瑩瑩一溪曙。苦遭犖确礙，喜與平衍遇。隱見初日暉，微茫遠村樹。潭魚寒不上，山鳥止還去。冒飯玉英滑，團餈雪脂沍。負手卸鹽歌，傕肩趁墟步。年花漸市紅，忽覺歲云暮。千里光，草名，喜緣澗路生，冬綴白花如鳥毳。

貴陽别李儀軒蹇臣，即送其之婺川教諭

貴陽城南行客稀，貴陽城北故人違。故人便向安夷道，行客難憑度歲歸。遥計老君看緑漲，早應無黨倚斜暉。老君，遵義關名；無黨，婺川山名。雁塘祜慶今蕭瑟，好激清風張講幃。

芳杜洲寄柏容

趨林歸鳥急，客子暮何之。短景催殘臘，南行忽幾時。雪明銅鼓嶺，雲暗武鄉祠。芳杜空洲渚，何將寄所思。

雲頂關東關前故人

白雲方在天，忽在脚跟邊。石磴千尋外，關門一線穿。珠霏衣上雨，琴響竹根泉。不見山中客，雲棲又幾年。

東　山貴定縣東上下二十里

東山百盤路，半壞山中雨。緣延亂石間，咫尺歎重阻。隆冬但疲登，行徑差有取。霧淞結珠花，璀光遍林莽。玉振八風聲，鷺植千山羽。沉沉桑田館，渺渺蘭雪譜。雕飯冷香甌，雲裘易黄土。瀑柱亙千尋，吹寒下煙浦。

大箐小箐自麻哈州西六十里連延而西，凡十五里

線路縈兩崖，曲曲東西轉。溪聲隨步緊，石氣塞天滿。前行忽無門，來徑訝已斷。峽角擁蒼官，林腰引紅繖。裂石矗危標，層纍百丸卵。我行出其跟，疾過不敢喘。山亭話村蕘，定息還悚慸。謂余百年前，此道行已罕。盜賊覗戈矛，豺虎怖牙眼。只今沐皇仁，出入常坦坦。猶嫌箐道惡，可笑經歷淺。

下沙平

冰花鋪軟草，一徑下雲中。低樹能藏雨，懸流自帶風。峽山千里近，湘月幾年同。愁絶陸橋去，深泥滿竹叢。

高梘歸期不果，寄家

師子林邊散客襟，梅花無賴白雲沈。誰憐一片青田月，中有南來夜夜心。

寄子尹

我過經巢弄清樾，望君遥在王山月。山月隨君返故林，又我迢迢向南發。南望山前不見君，南明江上雪紛紛。寒天萬里無飛鳥，欲寄相思那可聞。

姊妹井

姊妹盈盈雙碧瑠，姊妹花開紅覆牀。嫩寒薄曉啓妝鏡，韈塵欲度春波香。年年花發仍金井，解佩無人風月冷。朝華汲得不忍煎，爲有當時可憐影。

金盆山

南風吹野心，古寺抱幽翠。軟徑無崎行，嫩日啓新態。開門黄雀引，拂檻蒼鼯墜。雲度半山陰，香縈一龕膩。作客鮮佳懷，登樓益愁思。百里徒故園，皇皇歎生事。

師山

連山迤欲斷，斗起何蒼雄。盤回度絶壁，縹渺乘高風。幽石媚密篠，長雲守孤松。五嶺西極來，蜿蜒界天東。中原盡桑麻，萬里青濛濛。未知北户外，焉用南車通。落日淡霜堡，衰蕪倚殘烽。倘非際承平，可許長從容。得興恣遊眺，且勿悲轉蓬。

十八夜月

十五十六不見月，十七八見又不圓。路長路短且由路，天濕天乾休問天。

雪晴[二]

雪色晴光共碧闌，徘徊欲别暫相歡。分明一片西家月，持向吴王夢裏看。

高梘除夕

歲除盡勞人，作客翻苦逸。散策梅花林，熏香薝蔔室。揮杯勸羈鴻，隱几送落日。怡軒忽在眼，年色照蓬蓽。呼燈話兒女，餞歲環弟侄。爆竹翻震雷，對面遽相失〔三〕。昂昂家園松，矬矬官亭橘。人情難强同，客思焉得說。

【校勘記】

〔一〕但：原作「世」，據遵義原刻本改。

〔二〕雪晴：遵義原刻本題作「雪晴書事」。

〔三〕遵義原刻本此句之下多「猶疑師山影，正傍湘流峷」兩句。

郘亭詩鈔卷第三

留别外舅夏輔堂先生五首

長貧將遠客，積歲環相守。婚媾邈參辰，思來但回首。脱身嘗一見，撫事嗟歎久。向來提抱中，次弟各迎婦。諸孫解揖讓，半出昔别後。歲月不相饒，那不驚老醜。翁姑還番番，齯齒粲盈口。屢嗔辦飯遲，乾蓄爲我取。童心忽猶昔，縱嗽不住手。相看且慰意，覊恨亦何有？

遠嫁闕歸寧，見婿如見女。情話元宵晨，拉雜信傾吐。雞鳴不許睡，恐我遂却去。翁姑誠康彊，自今幾回聚。殘年尚無鉅，命住忍相迕。避債有偷嬉，度歲安所苦。出門克歸日，始計真乃鹵。

先君平生交，臭味皆古氣。老輩已晨星，況是夙所畏。憶從絆姻初，耳熟平生事。歲科續鄉會，偕若邛岠恃。談笑出箴規，瑣屑見經濟。往師久吾心，翁倩益爾憙。豈知校官來，兩翁各遥滯。公還秦中令，相望惟一字。我竟異鄉孤，公亦宿草淚。曩雖再得覲，匆匆并途次。此來積兩月，稍領身所示。仍惜生事牽，夙願未終遂。先訓猶耳中，因詩一歔欷。

人老忽如客，百事主兒孫。曾元亦賢者，口體啓議論。兄侄克家手，色養喜相敦。皆於逸樂境，不易勤勞根。我觀官子弟，得此已可尊。人生千歲憂，暮年總虛痕。唯兹鞠育念，尚若春泉翻。既斑視猶孩，百了愁一昏。耽劬與耐粗，豈必心所温。願公但放意，逐樂從渾渾。

度歲亦云淹，春工催已速。來愁道路長，去惜句留促。小孫抱輒啼，糕果日相熟。俱含不捨意，黯然視輿僕。東揖峽江清，北送南明渌。相見自有期，終然費春目。但願舅姑健，百歲視今卜。春明得資纏，往返可常宿。更願二等官，黎峨踐吾祝。有暇好頻來，陪歡永相屬。

贈艾茶村嗣宗〔一〕

愛汝名場十四年，早能拋却未華顛。兒堪傳業天容懶，婦解持門命已仙。剛水故鄉歸未得，犍山客舍夢相牽。何緣即到茶村老，茗盞風爐稱意眠。

葛鏡橋

夾立兩崖如削成，俯窺江水暗無情。浮梁喜踏鼋鼉出，絶岸仍穿虎豹行。雲貴即今添小驛，偏沅自昔苦南征。獨憐仗節題橋客，翻讓區區葛鏡名。康熙間巡撫佟鳳彩疏請增貴州楊老等六腰站所，數險阻，葛橋坡其一也。橋西刻明總督張鶴鳴詩，東有其題橋碑。

甕安立春柬趙子

一塔如鍼指甕城，漫隨春杖看郊迎。前山隱隱月欲上，野店荒荒人獨行。已遣菜盤驚客思，更堪茶鼓鬨年聲。故人想在燈深處，肯共鄰雞下五更。

孫家渡

花平一聲雞，細繞千崖頂。落月引微光，懸蘿下高嶺。霧前失重危，風際隱層礬。石湧若蟠林，天窺乍覼井。奔江何抑揚，激浪碎光冏。上日浴將晞，長年喚初醒。開頭故挐險，急溜信孤艇。客錢輸未饜，渡楫坐慵整。登岸及日中，愁思令人癭。

羊崖關

温黚逐延東，忽作西南枉。回崖逼之會，削立插深泱。太古無寸土，萬仞矗銀榜。但容風雲度，未許草木長。通道者誰子，初意亦魯莽。降傳踵壓肩，登説磴拄顙。夙聞兹斗絶，未至積惝恍。俯闞難自由，放膽拚一往。渡江茫何來，共指白壁朗。暮投北闞宿，陟嶺稍平敞。夜潮春客魂，夢醒猶惘惘。

飛越峰歌

黔荒奇氣無洩處，往往精靈散騏彝。不疑東晉滇海呈，即道西京渥窪遇。明升得者尤驍騰，肉鱗壘碨纏州膺。龍儀俶儻豈凡馭，媵以九騋歸孝陵。天閑奚官猛貔虎，人立長鳴皆喪沮。固知神物佐興國，龍性等閑馴不得。册文亟敕馬祖祠，始許沙囊就銜勒。時常緩控閑步驟，萬騎狂追顛莫即。清涼夕月趨齋宫，纖塵不動如登空。雲驅電轉獨當御，匹練亘天飛白虹。飛越峰名出宸翰，臣晉圖形濂作贊。丹鉛易落文字存，猶覺雄姿矯天半。只今遺窟仍𢿫渟，煙霧杳然虛降精。我思山川貴人傑，豈藉異物留光晶。清時治文二百載，天荒豪俊争驤鳴。不知江水延南北，多少騏驎地上行。

烏江懷李忠宣公，分得「江」字

即馳三道止麾幢，百萬羅施盡受降。武惠威名能不殺，文淵勳業舊難雙。空山遺廟今蕭瑟，東峽春濤自激撞。萬壑松聲悽落月，尚疑星影墜蠻江。

巢經巢夜話呈主人

鴻來燕去不相尋，正我南行爾故林。送臘杯盤千里夢，剪燈風雨隔年心。家常立壁看差勝，别裏華顛訝漸侵。江上菟裘吾早計，幾時投老共煙潯。

丙午生日李庚仙鍾白、相廷、子覲、松階諸友相過

衡泥有客叩衡茅，竹笋青青欲解苞。軟翠隔城通日氣，斷虹收雨過林梢。但能無事常相見，安用輕言廣絶交。朝請頭顱堪早隱，尚書下試免詒嘲。陶弘景以奉朝請退稱隱居，杜甫試尚書省被下，皆年三十六。

端　午

緑箬烏秔方角枕，五年今日乍堆盤。吾鄉粽有角形者，或以烏米裹，尤先子所嗜。永感五年，家人始復作之。

南陔節物成長悔，北户光陰有獨看。瑶芝弟客南海。老去只添人事感，悲來虚説醉鄉寬。登高行藥期蕭散，煙雨冥蒙獨倚闌。

了月

了月何曾離草堂，人間炎夏迴相忘。遥山愛客時時入，深樹吟風葉葉涼。喚婦幾鳩同嬾散，弄雛雙燕莫周防。科頭解帶還終日，茗椀書籤亂一牀。

登碧雲峰二首

孤峰削起青蓮萏，疊嶂周圍碧玉環。八道旌旗殘壁壘，百年亭榭管雲山。平時不尚鷹鸇擊，斗絶終虞虎豹頑。見説井狼摇禮國，側身南望益愁顔。

峰頭雲氣能爲雨，一月風吹更不興。望裏極天乾索索，晚來孤日焰騰騰。備荒倉庾愁將恃，值閏官私計且增。辛苦清齋賢守令，肯燒猳尾問崚嶒。日來方請雨峰半舊壇，昔禱輒應。

小　竹

小竹春前手乞栽，佇添疏蔭補牆隈。夏來喜長纖纖筍，一日巡簷數幾回。

月下雨

風起雲翻木葉香，芭蕉聲裏泛珠光。五分明月千絲雨，併作中庭一夜涼。

桃源洞

散髮坐莓苔，仰視天垂井。乳溜時一聞，蒼崖墮秋影。

湘　山

石色緣雲轉，溪光抱日流。湘川蕭爽處，攀桂一淹留。

喜雨

黑雲斗壓山城傾，日午更訝天未明。電光水影恣吞吐，千門萬户江河聲。火兵散伍壇拔植，時方嚴火備，禱雨再更壇。接溜開渠競倉卒。山農水犢同一忙，晚豆遲秧未爲失。故人會客翻愁倒，樂事難并嗟數巧。解嘲吾亦老東坡，笠屐正宜沾濕好。是日右衡有約，冒雨過之。

苦雨

日月供淫雨，乾坤勝草堂。徑兼朱果爛，垣枕緑苔荒。卓午饑仍卧，新秋凍欲僵。何須愁歲晚，文字抵衣糧。

小晴出遊

官舍思幽訪，新晴愜散遊。溪光南墅夕，村色大田秋。石竹迂通徑，巖花淡拂樓。黄冠偏愛客，雞黍有句留。

書吴蘭雪師《香蘇山館詩鈔》後二首

粲花舌運湧泉思，想見乘酣下筆時〔二〕。蘇陸之間争壁壘，蔣袁以後此宗師。幸成傳業非偏女，未礙通官不似詩〔三〕。九曲武夷聽艷説，早愁歸去一凄其。

瓣香才擬向涪翁，沆瀣真教一氣通。即謂成編須内外，欲憑删定啓愚蒙。友芝始謁先生，即自謂刻集時不能割愛，擬自爲去取，分内外集，付友芝輩編之，惜未果。部居竟未分洪玉，去取誰能問李彤。五十餘篇留贋鼎，諸君傳述太悤悤。先生京師自刻集，古體止十四卷，近體止十六卷，其古體十五、近體十七兩卷，則先生在黔西所手定。先生殁後，諸從學復收拾貴州詩爲古體十六、十七，近體十八、十九四卷，并續京刻後。不知先生自入貴州，吟詠即不如曩時暇，續編四卷中有出門生子弟代筆應酬，悉未審汰，讀者不可不知也。〔四〕

送九莖弟祥芝就婚開泰

吾家最少弟，遂喜及婚時。醮酒遣之往，含涕各無辭。念及兩親存，予季劇所慈。端循見孩丱，解摘助歡頤。自從大故來，凡百非昔期。慚愧身作兄，力劣徒彊支。喫著藜布歉，文籍蒿萊滋。尚何不草草，賴汝能怡怡。汝雖如我長，百里足未知。此行千里外，遠在王山陲。熊哥有同伴，差慰風雨思。荒荒嶺快道，露戈伺行貲。書囊固非招，保不妄意窺。嶺快在黎平府西九十里，自古州往所必經，深林密箐，二十里無人煙，群盜嘯聚，露刃劫行客貲，有敢誰者，且遭毒手，貴東之畏途也。忽聞竟坦蕩，來往無拾遺。翻似省南近，劫奪增愁咨。定想乃夢境，顛倒還自嗤。男兒志桑蓬，豈得擇所之。去去好自愛，親姻豈瑕疵。飛鴻響離音，征馬帶別嘶。鬱紆乃無謂，倉卒誰能持？

和東坡《起伏龍行》并序

南中久旱，以長繩繫虎頭骨，投有龍處，入水，即數人牽掣不定。俄傾雲起，潭雨亦隨下。龍虎敵也，雖枯骨，能動之如此。李綽述《張尚書故實》、韋絢録《劉賓客嘉話》，并載斯語，即坡詩所本也。道光丙午夏，貴陽旱甚且火，當事者依法試諸城北龍潭而效，倡和蘇詩，蒙亦成此。

威骨墮地走發弩，狗馬當之若生虎。潛龍胡亦避殘顱，死葛信能奔晉祖。歲神上焮天井枯，漏天九夏餘焦土。南明吼牛作災怪，祝誦揮鵶肆欺侮。祠壇四出走徧氓，圭璧罔聽愁大府。南中故事記韋李，俄頃雷霆上繩縷。公然起伏繼髯蘇，未用步吹費胝禹。氣類相招固物理，修德端應誠神吐。縱陰閉陽法具在，但見思州致甘雨。康熙乙巳，貴陽旱，思州守王明暐以《春秋繁露·求雨篇》法爲田山薑先生撫黔時祈雨而應，因刻爲《祈雨書》，田公爲之序。何妨有事無不爲，可恃雄威能激怒。

草堂風雪喜李葆齋元誠同年見過

蕭蕭散散三間屋，冷冷清清四壁書。兒女富于披徑日，稻粱貧過定巢初。圍爐剩足今朝炭，入饌頻賒隔圃蔬。却喜故人同臭味，遠乘風雪慰窮居。

述別五首

逢人勸我行，亦復勸我住。歸來問妻孥，同一茫所據。親存不及禄，縱得復何趣。噭噭念哺麋，蹙蹙感將暮。採柏雖少妍，投博尚成注。奇偶豈用知，鹵莽拚一赴。征衣從舊紉，行篋聽新寠。誰爲問遠莊，祇益愁内顧。前度曾幾何，出處百不慮。逞驕還恃愛，奢索必期副。罔極徒爾哀，當時詎能悟。

兩兄別我歸，斗首遞回斡。關河無情甚，阻莫共饑渴。昨聞訃偕信，替我屢愁切。貧家已難理，矧乃諸弟拙。當來視行役，亦爲料瑣屑。臨發終成虛，此境焉得説。阿祥尚乳氣，深秋復遠别。新姻固多歡，作客非所閲。今歲天較寒，薄絮禁凜冽。安能遂執手，一一語我徹。憂端攢人腸，對案空鬱噎。

北人不住山，南人無乘車。信口浪評說，近似終模糊。一朝歷其境，乃出意計初。凡事不實踐，勿云見非虛。仲尼謝農圃，豈在聖與愚。諸弟各成人，性天尚爲雛。我行雖不久，亦在三時餘。作家憐未經，付與心鬱紆。終當試其手，曲折藉爬梳。早晚取觸悟，亦勝徒讀書。

阿繩恐耶去，彊坐翻已眠。紹也來解語，濃笑豈耶歡。阿哀眠更興，倚守襟懷間。喃喃續娘話，雞鳴未曾閑。上言買餅歸，下言耶得官。更要千卷書，峨峨配華冠。耶官如汝祝，汝餅定有餐。汝冠亦有著，汝書可無觀。耶書四十篋，篋篋親鉛丹。一字不可喫，一紙不能穿。墨卷與講章，當世懸不刊。兒長持此祕，飛騰諒無難。慎勿似耶誤，荒津老漫漫。

僕夫既整駕，檬子忽而至。經營從閣置，戚密見君意。巢經亦續來，百里同一醉。悠悠話前軨，燈昏各無睡。城居遠墳墓，所杖有鄰衛。松楸未成林，尚待添一二。竃中一片石，五載闕文字。當路徒近腴，豈若仰吾輩。二事唯兩君，鐫銘直肝肺。破除無窮心，所務獨進士。贈言令人訝，曷與平生異。此懷安用明，臨分一長喟。

歲晏行，贈鄒叔勣漢勳秀才于貴陽城

歲云晏矣霜雪狰，計車逼我萬里行。昔游同輩散略盡，尚與時好爭逢迎。傍人揶揄不自解，對鏡重使秋顏赬。鄒陽守經齊魯客，面雖未謀心莫逆。秋風曾得貴陽書，常恐萍蹤竟乖隔。

豈知出門即相見，快語濤瀾傾不斷。會城三日坐重冰，翻覺凍皸輕欲旋。鄒夫子，真豪材。世家《春秋》書，少年絶學早爾推。叔勣著作《春秋穀梁傳注》成最早。道山延閣何魁嵬，一一判以腸胃該。文書一掃盡百紙，爛嚼六藝驅三才。我行萬里半天下，所值勝流無子儕。碔砆魚目各善價，夜光和璧翻見猜。誦子《巫山》篇，使我難爲懷。人生飲啄亦何幾，胡爲鬱鬱坐使雙眉摧。吁嗟乎！鄒夫子，天意茫茫竟何是。世間好醜隨轉蓬，今日青雲昨泥滓。我欲引手開天關，送爾三台五雲間。有時鞭笞鸞鳳攬八極，定使下界抑塞磊落俱歡顔。仰天失笑復何有，四顧斧柯徒兩手。侯芭昨日來問奇，空剩郫筒數升酒。數升酒，聊可斟；一日歡，聊可尋。歲中開口豈能計，取足見在無人争。千秋萬歲不到眼，何論悠悠世上名。吁嗟乎！鄒夫子，休歎息，郘亭與爾還今夕。天明策馬柱蒲關，把詩空得遥相憶。

風雪就驛至龍里

馬尾鳴風羈不住，勢欲騰天驀煙霧。嵬嵬凍雪起前關，四蹄滑澾遲難度。十載鴻泥爪印荒，風情雪意兩茫茫。東西南北知何處，初驛愁先萬里長。

題沈石田《折枝枇杷》

雪中那得承炎果，病渴相如欲把疑。却憶草堂消夏處，曉雲纖露折來時。

雪走施秉

轎簾不捲如新婦，亭卒重逢抵故交。賺得三杯遮面酒，亂山扶雪過偏橋。

諸葛洞

潕、沅水道，石港窄急處謂之洞，洞之言猶洪也。

斗落長洪裏，方愁雪浪埋。片言留上洞，孤艇過千崖。憶昔江行此，虛舟寸步乖。幾年疏鑿利，縱棹亦開懷。

自施秉泛舟至鎮遠

眼謝飛電激，耳續怒雷鬨。前山戢首揖，後嶺折腰送。隆冬江益清，妙轉勢逾縱。石門重百闔，天影割一縫。去來訝無路，大笑落深甕。幽奇幻神怪，鞭棰雜麟鳳。高巖削仍皺，清籟斷還弄。經雪萬松花，懸泉一川雺。昨來困泥淖，竟日積愁恐。舟行如釋負，快意詫難共。同儕競歌賞，登岸惜倥偬。追逋失已多，回首如一夢。

中元洞

過橋通小口，螺徑引空曲。白瑊散玲瓏，天光斷還續。飛甍架崖广，青壁絶聯屬。紆回方壓頂，眩晃已在足。低城卧青霓，複嶺明紫玉。平林菀已枯，上谷草猶緑。山僧如麕麚，來往何閃倏。見客殊不迎，黄精自鉏斸。時聞巖端花，疏疏墮寒馥。

青龍洞

北徑出地户，南徑啓天闑。嶄疑鬼神度，閟想風雷抉。咄哉一崖間，得此兩奇絶。古蒼懸妙幀，靈皺踏波纈。穹然芝蓋湧，麗若藻井設。蜂房密排擠，細竇互通徹。璘琅群玉碎，玓礫萬珠綴。我舟逼開頭，暫爲兩洞輟。漫書拂苔斑，拾碎愧語拙。

别李价人維寯教諭

黯黯東橋路，人家未啓扉。上船纖月在，發棹亂山飛。鬅鬙慚時傑，江湖老客衣。暫憐江上酒，未與故人違。

焦溪舟行

鳧鷖逐我船，懸蘿裊初旭。水影上西崖，瀲波瀉寒玉。林巒隱深秀，回惜經過速。沿迂更相遭，妙得江流曲。漠漠沙上煙，依依數家屋。隨意一停橈，舟人飯初熟。

清溪舟中

碎石金碧光，絢爛送雙槳。人語隔藤蘿，煙林抱疏爽。江花没更起，壁色闇還朗。颯颯萬蓬語，閑閑數鷗上。岸轉樹交馳，洲來水分響。洞天遞呀豁，絶境互雄長。屢過闕登臨，悠悠積遐想。

舟過玉屏，值門人鍾伯原憲章生日，示之

出門無幾時，斗建倏已换。去家無幾驛，省界遽將判。水程方入手，前路正邈漫。何能不思家，推篷各長歎。秀也生此辰，遣此愈難慣。念我隨計初，成人亦孩丱。雛心乍離母，翮健飛自悷。晶晶漢皋佩，經眼不知璨。醰醰宜城酤，百盞不上面。癸巳生日，泛漢水，至宜城。懸懸定何益，鬱鬱只難按。爾今縱作達，於我諒無閑。相將還共濟，比較已差善。男兒入世中，桑蓬導其先。江山拓襟抱，正復賴遊觀。我今老無能，百事付來彦。勳名憑盛年，一意莫牽絆。

龍溪口夜泛

水氣拍天黄，千山過夕陽。人聲趨市大，燈影入江長。軟槳摇初月，疏星帶遠檣。征篷遲未下，露坐不禁霜。

舟閣三門灘

曉刺三門到暮休，猶從灘尾認灘頭。平沙細棱看難見，熟路輕船過亦愁。

榆樹灣東岸人家，舊有老梅合抱，今亡矣

小徑柴門半不遮，市喧斷處兩三家。試尋天上白榆種，争似江頭緑蕚華。古石幽泉雙盞小，淡煙疏雨一篷斜。舊時明月今蕭瑟，愁倚黄昏送宿鴉。

芙蓉樓別黃虎癡本驥教諭

漵溪千里下沅州，直并旁溝溝水流。北去舟船皆上柁，南來朋酒例登樓。天涯詞客如相識，歲晚梅花可自由。明日芙蓉東畔路，青山明月兩悠悠。下水船發自鎮遠不用柁，以船尾爲首，至黔陽沅、漵水會，乃易船首，向前安柁焉。

黃師行黃師灘，當沅流極糾叠處，舟行波中，群槳舞雪而下，舟色多杏黃，故舟人謂黃師滚洞，在沅江中尤險于横石三浪也。

黃師在漯，舞雪摶風。出没眩轉，不知西東。當東而西，謂南而北。千鼉萬蛟，磨牙伺側。江流所折，必有凶湍。矧彼黃師，累累百盤。一湍百尺，十湍百丈。黃師灘頭，來自天上。灘頭看尾，下見檣顛。伸手而攬，豈知中艱。上纜下招，千手洶洶。招，橈屬也，制在橈櫓之間，沅江、麻陽諸船，凡下水必于諸槳前爲二招，繫船首以撥灘〔五〕。驚飆落葉，戞與爾同。沅有名灘，横石三浪。不若黃師，險巇莫狀。羊腸九折，猶可力謀。黃師叠阪，惟有白頭。

銅灣雨泊

坐覺耽奇興亦闌，一從喧耳過風湍。連朝知負幾山好，長夜更禁疏雨寒。小驛孤篷愁自倚，空尊獨客悵誰寬。未應錦帶花開處，解向長安直北看。

銅頂阻風，酒盡，同人登岸買薄醪共飲

今暮北風仍未休，沅江之水竟南流。片帆若背辰陽道，一日應登甲港洲。船角數峰爭俯仰，浪頭孤石盡沉浮。村醪可買何能擇，弱女非男宜散愁。

舟中晏起，戲呈同載諸君

冬來擾擾虛睡眠，轎頭馬上尤難填。入舟百事謝料理，縮頸即到羲皇前。船人飯罷我未起，驚湍聳夢升三天。鞭笞百靈散雨雹，雷椎電轂相迴旋。雲中撫掌快奇絶，忽訝噉影棲船舷。同人一眼送急浪，危坐不許輕譁諠。訶余懶漫太無檢，頑氣恐觸江神鐫。自嗟窮薄厭饑走，瞰

此隙處聊安便。生老病死久不擇，此亦見怪寧非顛。鍾生齁齁尚擁被，爾勇過我賢乎賢。

神洲灘謡二首

神洲石容仄，并船行不得。上船銜尾多，下船愁奈何。

浪是横石高，灘是神洲淺。雪釋水冒洲，放溜一眨眼。

鐵樹潭夜泊

一水清無賴，孤舟欲逼春。遥知武陵道，即是隔年人。鐵樹花誰見，寒潭月自親。迢迢看北極，歸夢未須頻。

仙人崖下寄檬村

碧瓦丹梯隱見間，白波青嶂隔登攀。靈砂未必空辰水，石室何緣叩酉山。進處苦遭風鷁退，忙來那得日烏閑。時蒼深處梅花發，羡爾優遊駐好顏。

辰陽晚泊

打鼓開頭日未明，雪晴江漲喜船輕。落帆遠趁辰陽宿，倚棹争爲楚些聲。霜氣迴連山郭暗，星芒低浸浦潮生。空臺歲晚佳人去，秀菊芳蘭萬古情。

辰州立春

綵勝雲翹暎碧汀，春聲殘歲訝先聽。風縈臘雪披仍怯，山抹晴霞睡漸醒。獨老容顔渾自厭，前途花鳥莫相形。伏波營畔揚舲晚，愁對生盤細菜青。

横　石

横石劃不開，生憎梗江路。白浪蓋船來，洶洶上天去。

清浪灘神鴉詞

伏波廟前祀神畢，廟下千鴉萬鴉出。東船西舫亂飛鳴，爭向手中來攫食。船人對鴉如對神，客人打鴉投自陳。船頭設素尾腥葷，渠本無知鴉莫嗔。神鴉見食更來止，果腹送灘三十里。

桃源舟中

一片琉璃境，時聞欸乃聲。舟辭清浪穩，山過緑蘿平。遠樹浮天去，澂江抱日行。花源何處問，桑竹繞春城。

却寄虎癡教諭黔陽

本朝經史學，事事尊獨造。文書積斷譌，金石啓先覺。亭林開厥步，繼踵益騰趠。鬼神不自秘，樵牧相競告。九州無人區，一一動光耀。極盛稱乾嘉，有製各雄驁。尋常抽一義，歐趙不能傲。我生諸老後，慵嗇享成漕。斤斤抱遺文，驟未通閫奥。詎知寧鄉黄，欲領首還掉。時地既有封，吉樂偏所羃。訪録及萃編，云備才稍稍。筠清一生力，搜括空四墺。猶然意未厭，謂十五遺照。七年客其幕，補綴就精到。南海吴荷屋丈開藩湖南，虎癡爲編《筠清堂金石記》。澒如江河匯，衆派皆野澇。辯殱雲在機，貫穿酒引酵。區分百徑交，錯布列星遶。國門更誰易，今古可陵暴。才多不稱世，寂寞老荒校。南海欻古人，福墨隔嶺嶠。未知尚無恙，來者定珉瑁。龍標瀕水驛，走訪檥予櫂。因緣問前蹤，回首重嗟懊。近書叢四部，鈎記悉要妙。逸志抽古華，斷集檢沈璙。所編《古誌石華》方付刻，重編《顔魯公文集》附《顔書編年録》已刻成。一斑乍窺覘，愈令想全豹。謂余置之去，豈直螢與爝。昔者誤眈此，汲汲矜壯少。不信有力彊，能聚端在好。編摩豈關命，顯晦竟難料。長蘆失昆田，餘望尚孫稻。棲霞傳郭學，舉案得同調。只今兩無冀，老影自悽吊。虎癡舊有二子，一以繼其兄花耘并失之。繼室陳梅仙善小篆，亦早死。詩書聊遣日，結習久空掃。長物猶一身，餘者復何鬧。時儒誦千名，漫浪守津要。相循更推援，臭味同一窖。揚揚各殊尤，飽死未容笑。固知先生心，寒餓甘所蹈。身事亦何蹙，天地豈忌媢。遺我孟郊書，隱隱寄深悼。茫然激旁憤，筆硯真可燒。還思元夫言，禍福固無較。未聞崑山業，授受必翼菢。未聞平津書，采薇定能校。人生患無稱，稱者安用膠。沅潕雖細流，荇藻亦可覞。西齋開敬學，廣廈增覆燾。禮樂還孔物，喪祭守周教。何殊文高風，石室即祠廟。我家二水頭，索處生瞶眊。每聞天下士，結思攪風纛。追思廿年游，老輩日雕耗。荒途喜良覿，寒冱變春燠。長年迫程期，趣別餘戀嫪。願君蠲夙悲，頤養待來斆。歸來仍此途，旬日擬吟嘯。還期羅未聞，徐徐飽清犒。

泊鄒溪，贈同舟何玉山瑞堂、趙伯庸廷銘、王子正錫楷、楊深之金湛諸孝廉

兄弟同一家，一日有暫離。匝月萃良友，相守過連枝。同舟雖偶爾，疑亦天所私。坐恐登陸去，前後遂參差。相對各戀惜，何時復如兹。菘筍猶飣盤，高歌助清醨。勉盡今昔歡，晨雞以爲期。諸君方駸駸，在驟不可羈。顧我老難策，優容略瑕疵。人生固有命，努力亦有時。令名好携取，家尊得歸詒。我行已爲贅，念此空悽其。

鄒莊簡墓名文盛，正德中曾官貴州巡撫。

後岡前道倚高墳，衰柳長蕪襯薄曛。長者競談鄒閣老，史載莊簡官至户部尚書，今其鄉人則皆呼鄒閣老。爐山曾下李將軍。龜趺野爨侵殘燒，馬迹荒原亂晚群。我是部甿增悵惘，不堪回首密西雲。

公安縣

頻年虚井税，結網當春耕。天地此洼縣，江湖非吕營。北風吹野水，寒日下孤城。莽莽無

人徑，蕭蕭蘆荻聲。

李家口

輿過蘆林合，路回沙岸傾。霜花散襟袂，煙草涵空明。率略兩三户，荒涼前後程。無從尋舊驛，迷望一心驚。

江陵除日

去歲旁溝分歲遠，今年更在郢城隈。男兒豈傍長途老，江水猶連故國來。晚角數聲迷楚澤，寒梅一徑繞章臺。何堪西鄉溪頭橘，却對荊人利市杯。

【校勘記】

〔一〕遵義原刻本題作「贈艾茶村嗣宗三兄」。

〔二〕首聯遵義原刻本作「盤盤逸氣動鬚眉，自有千秋更勿疑」。

〔三〕頸聯遵義原刻本作「那堪傳業偏憐女，未礙能官不似詩」。

〔四〕遵義原刻本之注，文字小有出入，兹録于下：「先生京師自刻集，古體止十四卷，近體止十六卷；其古體十五，近體十七兩卷，則先生在黔西所手定。先生殁後，諸從學復收拾先生貴州詩爲古體十六、十七，近體十八、十九四卷，并續京刻之後。不知先生自入貴州，吟咏即不如曩時之暇，續編四卷中，出門生子弟代筆應酬者不少，悉未審汰，近見江西重刻本，即合先後刻傳鈔，亦漫不分别，讀者不可不知也。」

〔五〕撥灘：原作「撥難」，據遵義原刻本改。按，「撥」或爲「拔」之誤。宋方岳有《拔灘》詩，詩云：「大灘嶅嶅，小灘嘈嘈。……并船欲上牽繂牢，浪頭捲過船頭劉。篙工翻身齊刺篙，蹈桅倒挂如飞猱。躋攀分寸相呼號，一落百尺争秋毫。」與郘亭此詩同爲描摹行船之難。

郘亭詩鈔卷第四

出荆州

龍山寺北少城西，年鼓村村送馬蹄。上冢幾家携玉照，饋春隨手必金題。香燈節物憐諸弟，盤盞家風憶老妻。滿樹斜陽荒驛遠，安能一飲醉如泥？

荆門道中

譙燈未落催出城，西崖隱隱幽泉鳴。形容欲付塵土葬，耳目乍緣山水清。纖檀老覊過相話，古柳數牛閑未耕。破裘挾策者誰子，僕僕道途非世情。

漢　上

亂洲侵浪滿煙莎，膠殺行舟不敢過。莫怪襄陽人物渺，只今漢水已無多。

人日夜抵樊城

羊叔祠前見月升，樊侯城裏亂春燈。隔江簫鼓鳴相屬，夾水魚龍變幾層。長驛兩頭侵夜分，疲輿一覺下山棱。那知今日爲人日，官渡昏昏喚不譍。

樊城喜胡長新至

聞爾書賢貢上京，吾軍亦覺氣峥嶸。荒山忽入春明夢，老馬聊爲識路行。萬里東風吹漢水，十年夜雨話平生。長安要路多年少，好及今時取令名。

新野道中

眼中乍覺空餘障，霽雪晴沙動遠暉。隔水樹疑天上種，人邨車點麥頭飛。高壺瀉露珠珠澀，大餅翻荷葉葉肥。謀醉不成聊一飽，淯陽新月送驂騑。

葉縣鐙詞

紫貝銀裾各自誇，太平車子坐全家。歸來一路閑商略，好是城南九子花。

風走襄城

日腳斜通一線齊，風頭橫截半天低。驚沙疊浪翻鼉背，亂石長雷散馬蹄。汝水不來愁去住，具茨應在失東西。曾聞自昔襄城野，訪道還令七聖迷。

襄城鐙詞

漫隨女伴逐鐙嬉，問著鐙名總不知。忽見望嵩樓上月，占無鐙處立多時。

大河北百里間自去秋至今無雨雪

河上驅車儼大荒，平沙四野接蒼茫。驚風颯颯飄哀雁，落日蕭蕭黯太行。二月桑榆無信息，三時雲漢劇輝光。何當手挽崑崙水，遍灑中原作歲康。

沙河縣

莽莽雪沙同，湡河十里中。澀輪鳴細水，碎夢繞疏風。健服頻頻息，荒城望望通。解鞍須頓歇，一叩廣平公。

正定同羅心澂榮光孝廉登天寧閣

高閣軋霄峥，登臨一鳥輕。雲來井陘暗，日上直沽明。野燒光和碣，蕪田道武城。經過搜訪闕，望古各含情。

上巳日作

歲歲年年三月三，如雲春服照春潭。殷其盈矣左溪左，欲往從之南浦南。雙蝶送人過曲水，雜花扶路入虛嵐。燕臺萬里空相憶，土銼蘆簾對一龕。

澄懷園，呈座師賈筠堂先生二首

副相新持憲，崇賢舊闢門。紀綱風自肅，輔翼道彌尊。傳簡鳴珂入，桓經數漏論。御園櫻熟早，頒賜已承恩。

樹接蓂階翠，花分藥省香。開軒朝雨歇，下直午熏長。書仿星雲迹，詩賡喜起章。室中恭懸御書及御製詩。先生消夏處，真欲到羲皇。

春官報罷，國子學正劉茮雲傳瑩招同曾滌生學士國藩小飲虎坊寓宅，歌以爲别

劉子之腸粲若萬花谷，曾子之度汪如千頃波。長安城中有二子，使我鄙吝俱消磨。虎坊橋東一尊酒，雲泥參差閧人口。只應勒帛錯劉郎，坦率如予復何有。茮雲亦同下第。翰林勘罷千佛文，學士奉命磨勘進士卷方畢。擲杯起坐倚半醺。此中由命不須歎，古來得喪元紛紛。南風吹沙北溟闊，滿目緇塵漲華髮。歸心萬里入延江，重爲兩君遲不發。曾翰林，眉間黄氣何清深。眼前卿相恐不免，政要休休一片心。劉博士，講席紛綸誰得似。好憑經術作南車，長養周楨待甄庀。郘亭本乏經世才，分當棄置窮山隈。明朝策蹇歸去來，息鞅定及荷花開。知君走馬昆明立，我亦天池放棹回。池在遵義郡治南三十里。

定州道中

雨餘塵土歇，日出草木香。雙輪碾空翠，撲撲生清涼。滱水曉益澂，常山青欲翔。平沙眠鷗鷺，叢薄散牛羊。在昔誅郭勝，論封無曲陽。著鞭笑越石，舍此空奔忙。

荆門雨後，謁陸子静祠，觀蒙泉

劇暑暫以收，晴鳩唤猶澀。人侵野潦去，樹抱殘雲濕。幽幽叩藤蘿，踽踽愜閑寂。山光落户牖，空翠若可摘。我行發隆冬，徂夏不遑息。寧知静翁静，適與勞者適。溪流何渾渾，山泉自清激。遥遥宇宙内，心理儼可識。當時牛刀手，游刃乃餘力。物情各懷新，猶疑奉顔色。

澧州阻水，城上遇楊性農彝珍孝廉

順林驛南倒盆雨，送我淋漓過澧浦。明朝晴霽不得前，曝被攤衣滿窗户。出店入店苦死愁，不如與客城上游。涔屯澹口渺何處，赤沙湖水皆西流。湖水西流勢泱漭，安能徑截壺頭上。雲帆五兩挂東風，頃刻沅延落吾掌。近客何如遠客難，我行愁結萬重山。武陵楊侯爾何事，向我亦復雙眉攢。楊侯楊侯，爾家此去不及三百里〔一〕，杜渚可消摇，霞山亦清美。胡爲邑鬱久居此？男兒飄泊真可憐，眼底滔滔難問天。記取城頭相識處，歌行留與話他年。

題畫二首

松根千歲苓，百掘不可得。日晚風蕭蕭，沉吟意何極？

初陽散菰蘆，野水金鱗鱗。但見鴨觜船，不見蘆中人。

同劉上帆必達登沅州城

暮天初放碧嶙峋，挈伴登高俯繡闉。沅水通波空北走，峽山當户自西鄰。離憂終古思公子，芳草何緣寄美人。最是浮雲如客感，暫時驅遣又相親。

鎮遠

不見桑麻地，争誇水陸闤。兩行排萬室，向背各溪山。市語宵仍雜，橋門夜不關。陽侯曾念否？生聚十年還。

晨出貴陽城，訪叔勳于府志局，晚飯始行二首

迂省謀小留，晨起茫所適。餘途三百里，循例理殘策。寧知老鄒陽，圖經尚羈客。過門快一訪，見面轉慚蹐。南中常志後，前載苦荒惑。居然二千年，秩秩歸典核。汗青君且竟，塵緇我徒積。補牢未嫌遲，那復償棄擲。

僕夫促我行，日馭亦西趾。待商無窮事，只不竟端委。又惜從此去，來會未容擬。出門語難休，佇立更移晷。楚黔北通道，即在延江髀。草堂直其腹，桑竹頗料理。倘君取此歸，知我一倒屣。可作三日留，重緣泝涯涘。

初歸

初歸事事都如客，抱裹嬌兒且未親。補睡光陰迷早晚，洗塵尊俎累比鄰。書囊乍解誇新富，磬室徐窺益舊貧。慚愧草堂花竹子，野雲時鳥自冬春。

以泰山石刻十殘字拓本寄柏容二首

歐陽子録泰山刻，四十餘字空浮雲。碧霞殘迹廿有九，百歲前還野火焚。漫思劉譜稽完拓，聊把金摹證闕文〔二〕。小具形模無意思，後來傳刻益紛紛。此刻全文縮本在崇慶別本《絳帖》中，王宷《汝帖》亦載之〔三〕。

頗聞昔者齊河令，二石搜從玉女池。脱紙計都存十字，繪圖徵且近千詩。春明落手驚神物，秋雨思君鑄偉詞。把似葑亭醉吟暇，琅邪殘與究秦斯。

送陳相廷之仁懷廳訓導

客居共蓬轉，一笑副心期。五年對衡宇，小别亦相思。聞君校官行，便向巖門道。萬里在京華，離愁亂春草。君行無我送，歸定少君迎。誰料荷花裏，傾杯共月明。君來迫程期，我歸非定處。執手悵晨熹，踟躇沙上語。想君到横舍，秋浄鰼江虚。罷講如相憶，遥能寄鰼魚。

九月八日訂柏容、子尹明日青田登高

自有斯廬過六春，只饒饑走逐風塵。頻來小住非佳節，今見登臨屬主人。萬里猶殘孤旅夢，百年誰是後彫身？山茶野菜無供給，聊欲相從寫我真。

青田九日柏容、子尹携弟侄相過

去日重陽酒正香，歸來仍喜趁重陽。登高有興呼鄰曲，倚醉成吟信短長。政使菊花全待雨，劇憐楓葉半經霜。青田況是松楸地，送老何時滿意償。

訪舊題刻于禹門山

禹門佳竹柏，盡是百年栽。隨意堪亭榭，何時闢草萊。溪聲雲際答，天影樹根開。每到題名處，摩挲未擬回。

巢經巢觀李少温篆書元次山《浯溪銘》拓本，用皇甫持正《題浯溪石》韻

道州山水篇，刻劃固瑣碎。疏花透凝寒，落落自真態。名流必好事，矧以生聚外。隱于柳諸記，舉幟作先隊。少温六書學，醇駁難互蓋。平生斯翁後，筆迹負精裁。居然參《中興》，千載兩無對。斯銘在乾嘉，譚者莫能概。眼明經巢生，剜剔功實大。雙胼飽群蛒，萬本匃流輩。晴窗檢奇蹤，幽夢入秋瀨。巉巉雙石門，向我寧有待。少温此書就江岸石窊曲刻之，下距《中興》摩崖十丈許，半没泥沙，半封苔蘚，嘉慶以前皆謂已逸，故金石家悉未著録。道光戊子，子尹在程春海侍郎視學湖南時幕中，經此遊觀，始搜剔出之。手爲群蛒所毒，腫兩月餘乃愈。

柏容、子尹檢《甲辰消寒唱和》諸篇，命吉哉會録爲册，疊卷中「窕」字韻，書其後

天機非横亦非窕，付與詩人隨手討。不看山水與雲煙，萬變何時非妙草。經巢餘事亦絶倫，對客揮毫不知了。嘘呵元氣走風霆，彈指春暄换陳槁。檬村豪才等捷敏，名譽與之同得早。

興酣廣坐懾千夫，逸氣縱横恣傾掃。郘亭寓公百事鈍，最是哦詩猶未曉。自從生廁二君間，五藏紛然失其葆。閉門彊説陳履常，漫浪睎膏擲多少。惟應一事差自功，能引鯨鏗出莛杪。噫吁嘻，人生無事苦自擾，百歲飛光看過鳥。馬遲枚速俱等閑，穿喫不差除百惱。檬村有田可著力，急把犁鋤聚鄰保。經巢薄禄行代耕，苜蓿闌干堪潦倒。郘亭謀生輸二子，一硯一鑱還自巧。從來韜養可盡年，幾見詩人能壽考？動誇造化出心胸，稊米未成身已老。流傳妄意五百年，既五百年安足寶？詩仙詩史今在無，寧識今人重其稿。旁睨丁生固大智，著眼獨知程墨好。萬鍾千駟出三場，外此紛紛徒自繞。高文大册總蕭瑟，何論號寒萃郊島。嗚呼，丁生袖手真吾師，休笑逃難舌空掉！

前日與柏容步椰洲北岸，喜其地可卜築，柏容有詩，次韻

于時自通滯，成事在黽勉。身訾境不會，心往足常舛。一邱若命分，千載費天鍵。攘剔誰爲謀，幽奇頓令轉。佳節成遨遊，信意歷原巘。回林通逸蹤，确徑换良踐。水石何糾繆，雲霞坐舒卷。誰窮新機引，盡味舊觀辨。撫化誠不厭，謀棲信爲善。經營計日月，突兀罷誅剪。東扉愉偃仰，南舍答雞犬。耕稼一以閑，晨夕自難免。方舟恣招尋，洄沿共清淺。天游物無薄，迹晦道斯顯。掬椒勞善頌，握粟占大衍。持兹悠悠懷，奚緣遂能展。

次韻，答曾滌生閣學見寄

群材趨輦下，磊落争施邦。大有楨榦姿，細亦蘼與茳。村甿介其際，俯仰迷隻雙。自然例放斥，耕牧還窮鄉。昨日魏侯至，清詩傳玉堂。旁嗟重推挹，驚怪難自坊。識面記書肆，片語心已臧。重緣博士酒，深情引彌長。修謁剛未能，翻熱趨士腸。拳拳話我榻，灝若湖奔江。尤嗟學術弊，門户生炎涼。摭瑕不求是，暫異焉久芳？小心積穩步，盈氣多浮翔。薄得自賢聖，吾道將何商？平生避勢要，懶散愛滄浪。自持斯語歸，倔彊漸以降。惜哉老無用，日短心徒龐。公今據華資，道故何周詳。但願持此度，無遺善豪芒。致主堯舜上，聽余中索郎。

魏將侯承柷大令爲致滌生閣學詩，并用其韻見寄和答

黔風元自鄶，瑣細不成邦。豈知大楚國，被塗糅蘼茳。叩門詫非投，累貫明珠雙。上言辭京初，曾公別吾鄉。語多但説子，屬稿寄草堂。下言秋到黔，鄒生指君坊。嗣音訂遥契，或不我否臧。君真道聽誤，如我定何長。珍意豈不懷，亦以覘子腸。子腸夫何如，好善渴思江。又知異俗吏，承頤視温涼。披榛蘭叢出，百里看新芳。牂柯泝吏迹，陳張寔高翔。少遷元修。威邊藉猛

政，當罪寧庸商？後來寖無恩，竭澤恣泙浪。南中遂多故，群怨不可降。民情誠乃頑，亦未失敦龐。科條細如髮，焉使家户詳？睚眦苟得理，鉅釁歸豪芒。漫言笑多事，君其爲漫郎。

用前韻寄劉茮雲

劉侯鋭本學，翕受無封邦。四部在欬唾，古味霏蘭茳。試席乍相見，孤羆難等雙。千人瞠策目，一一條其鄉。封侯幾妄尉，世事足哄堂。憐予有同病，拉飲西城坊。酒闌互抵掌，益得窺所臧。皇家六藝學，前修遜專長。區區諸老翁，辛勤鬭羊腸。中間見通滙，萬派趨河江。豈無斷潢港，亦有乖暖涼。後生用其短，插棘冒叢芳。安能羅群言，通儒得相翔。編摩括義要，折衷化參商。索居抱虛警，淚襟徒浪浪。石經在講席，名理受我降。秋風定好在，遠憶通眉龐。茮雲通眉，又自號通龐生。茲事政要渠，紛綸付推詳。無令穿經老，發例竟渺茫。阮芸臺先生序《漢學師承記》謂：欲集國朝諸儒説經之書及文集、説部可采者，剪截精要，條系群經章句之下，勒爲一書，名曰《大清經解》。逮其總督兩廣，所刊《經解》特聚諸儒經説爲叢書，非其本意。茮雲富年裕學，能因而成之，亦藝林盛事也。重論費年歲，附詩因侍郎。

寄送鄒叔勣歸新化，并呈鄧湘皋顯鶴學博

鄒生忽然厭客縻，別書抵我長嗟咨。掉頭勢若馬脱羈，便欲莫稅濱江湄。伊我萬里計吏隨，公車啓冬秋解綏。尚爾念歸增歎戲，矧子出門已再期。我欲維縶將何辭，只今德星聚衡嶷。湘虎二老建前旗，子兮樸學方紹之。參魏何問競驤馳，默深大令、子貞編修。冰銜雷封各有施。獨子顑頷念薄糜，遠向諸侯忍瑕玼。雖然讀書非市資，肯以世見生盈虧。然止得此能勿噫，貴陽記訪行都司。貴陽府學奎光閣，明行都司署舊址。酒盡欲起語稽遲，亟歸轉益別後思。悔不小住聊娛嬉，尋聞取道延辰歧。喜且執手映冬曦，茅苔竟負三日卮。合併渺渺當何時，沅西南支湘南支。相隨洞庭赴海涯，但期進德各取斯。望聖處日惟孜孜，殊途一歸謝差池。何異白首同衾椸，高平之濱首望陲。夙以勝處安茅茨，躬耕有田漁有坻。琴書四壁花竹攲，弟兄戢戢相友師。此中之樂誰能貲，何物腐鼠從夥頤。千山凍雪阻嶔巇，荒荒瑟瑟念歸騎。雖爾苦身心則飴，湘皋老人況鄰比。緣子遠出少所怡，歐陽文書彪鼎鼒。要子固與相然疑，晨星耆宿逼初熹。靈光尚巋天南維，我曾黔陽逢虎癡。是翁未識心企而，翻勞遠存定子欺。猶聞鏗鏗健不衰，五經文字方手治。遥知見子展龐眉，爲我問訊今曷其，成編并乞南邨詩。

繩孫上學

十授才經曉二三，每於闇處記諵諵。寧知騰踼能人敏，應解編摩似我貪。老客光陰聊藉遣，長貧風味有回甘。禦寒可念成襦力，憐爾須褌亦未諳。

黔西州郭外東山，昔吴蘭雪師知州時建陽明祠，旋去。經十年丁未，新昌俞秋農汝本知州以文成公生日，率州人士始舉祀事，賦四詩紀之，寄示索和，次韻

龍場雙札輕談笑，叛長驕酋與自新。豈必雷霆驚處女，始看肝膽耀鈎陳。良知所到還壇坫，異代何人不藻蘋。況是水西開手處，可容無地肅冠巾？

澈翁詩化走荒崖，即倚陽明作教階。舊喜家書有成刻，尚嗟圖像未渠偕。吴先生官中書時，曾以所藏《文成家書》真迹付許滇生。先生視學貴州，摹刻貴陽陽明祠。吴先生又言曾于文成諸孫某所見文成遺像，惜未能假以來并刻祠中。東山土木新如昨，北面生徒士盡佳。獨愧追遊年最少，老蒼無計脱優俳。

祠下年年霜葉紅，始聞樽俎張儒風。鄉賢有合寧私敬，前事堪師妙尚同。累歎殊勳多掣

抑，即看新廟亦窮通。安能總似今生日，長覩斯文日在中。

末流狂肆到西來，歧路還憑快馬催。妄説晚年傳《定論》，何傷蓋代作雄才。《朱子晚年定論》等書，疑非陽明手筆，蓋門人依託以便其私，後人因之集矢于陽明，固無傷也。聖賢不是冥搜得，勳業端能至道該？爲語高明諸後秀，漫沿空旨誤滋培。

人日送庭、生兩弟歸都勻歲試

七日年猶嫩，雙縢遂遠征。易爲貧賤别，空復急難情。得失寧相補，馳驅老我生。詞場須少壯，看爾氣縱横。

送内之麻哈歸寧二首

尚有雙親在，寧辭道路難。收燈無幾日，春事只餘寒。落月烏江渡，侵霜雲頂餐。未應愁寂寞，兒女破憂端。

遠行非日月，先事遍齏鹽。那復前番别，重令老淚沾。一身千瘁劇，中路八年淹。即恐登堂處，群驚菻髮添。

得祥芝弟黎平來書

匹馬金臺路，王江鴻雁稀。三年渠尚客，萬里我仍歸。遲日供連雨，深春對揜扉。相思那即見，書到欲翻飛。

贈從孫大章二首

我生爲糊口，彊半寄他域。與汝隔牆居，相逢驟難識。吾宗何蕭條，望祖念弱植。久乏消息詳，時時挂胸臆。孫來得覶縷，即事增歎息。人生但衣食，所願亦已仄。十室八磬如，歧途那無惑。勤根久終償，苟末暫空得。回首十年間，天心豈難測。

恭惟崇級公，農衣老荒村。奉持一卷書，辛勤付兒孫。終然吉士贈，邀及身後恩。人家何所恃，興廢視其根。矧汝屬冢嗣，世業係以存。惜哉老無及，耕賈自當門。但常抱斯警，勿復聽昏昏。來者方未艾，早遲安足論。

出郭

出郭衝泥信馬鞍，晴雲半壓濕雲端。雙溪薄漲鳴殘雨，獨樹疏花倚暮寒。南去星霜兒女小，北來消息雁鴻難。田家有酒那成醉，手把芹芽細細看。

二月二十八夜大雨雹

屋山軋軋如欲傾，譙樓大鼓搥不鳴。長雷繞庭肆擺簸，細雹漏瓦争敲鏗。披衣待曉不敢息，電轉風回勢尤偪。仰天三歎可奈何，此際桃花已無益。

樂安溪，即《元和志》夷牢水，經遵義治東八十里，巖壑幽曲，林木蒼蔚。自鎖江橋泝而北至楠坪可十餘里，尤據其勝，中間距橋三里爲黎柏容秀才藏詩隝，循隝上三里度藻米溪，會爲鄭子尹學博望山堂，又三里爲吾青田墓廬，皆瀕岸東，良辰素心，杖笠交錯，揀常所遊憩得二十六題

楠坪

雙楠一百圍，曾見番陽筰。挽著無萬牛，閑閑占雲壑。

崖音潭

蒼崖臨空潭，草樹光漉漉。盡日不逢人，清音無斷續。

老人泉

昔扶老人來，山下得泉脈。一勺可忘饑，甘作青田客。

青田山

青田高處望，南見巴江浦。江外嶺雲重，家山復何許？

椰葉洲

小洲横墓南，隔水望耶墓。寄語洲主人，休種北邊樹。

烏柏村

門前烏柏樹，繚繞過東岑。霜後看紅葉，遥遥淺復深。

西柏塥

石濟直如弦，蒼柏横作嶺。溪路夕陽時，滿地虯龍影。

水牛山

牛山如渴牛，浮鼻濕兩耳。百箠驅不前，欲盡牢溪水。

我山瀨

溪流方折處，溢作一枝分。溜雪穿青壁，跳珠濺白雲。

龍尾潭

春潭貯鮮碧，小石浸明瑰。絶憐龍尾水，欲下更遲徊。

松　崖

道人崖間松，種時不滿尺。十年長過人，群群媚泉石。

梅　屺

歲時虚墓廬，行役方未已。年年梅花開，憶爾梅花屺。

東柏堧

西堧柏覆堤，東堧柏蔭蹊。蹊深無客到，終日子規啼。

七　泉

幽幽崖下泉，七脈相鈎帶。泠泠松竹間，同聲瀉春靄。

藻米溪

百轉益清深，稍涉可終日。山人幽意多，一往何時出。

磨子塪

溪山如轉磨，花竹相參差。偶問東西處，居人已不知。

垚　灣

垚灣復何有，落落餘喬木。憶我昔來時，剪燈常此宿。

雙魚洲

魚洲落日時，照水金炫炫。回望青田山，遥遥但空蒨。

琴　洲

我有太古琴，無人解其趣。風水入平沙，泠然與之遇。

大車口

溪水日夜流，機輪幾曾歇。飛雨時有無，隨風灑林樾。

桂　岡

團團桂岡桂，高下相參差。去年增差事，開過菊花時。

青　山

青山千樹柏，凜凜石壇端。白日墮雨色，炎天長自寒。

禹門山

禹門多古木，俯仰一翠氣。從來溪上人，不見山中寺。

月　浦

疏疏寺林月，白下東溪浦。何處夜歸人，依依沙上語。

采卷潭

東風吹石潭，白日花氣永。隨意下漁舟，摇摇度春影。

鎖江橋

記泝東溪路，幽庭自此開。前山蒼翠色，欲過石橋來。

五月三日作

伊鴉小兒女，久作千里隔。昨定念今朝，使我眠不適。好在客中家，笑我家中客。瑣屑到瓶罍，一飯有餘迫。阿彝差解意，識字了聲畫。弄筆無不爲，朱墨亂牆壁。憐渠初遠母，把卷亦未索。安能盡嗔呵，半課從爾劇。

九日同子覲攜兒子冒雨登桃源山二首

重陽終日在重陰，秋水秋山惱客心。風雨閉門難自賴，兒童引興復登臨。飛泉亂逐芒鞋下，落葉遥緣鳥路深。何事黄花開故晚，彊持紅蓼伴萸簪。

來遊二十五年徂，尚記童心膽氣麤。掃墨但知矜手爪，哦詩不要苦髭鬚。寥寥朋舊還鷗散，續續孩提解鯉趨。一笑相看空老大，得逢歡賞更踟躕。

秋葵，用元遺山韻

空山破曉秋痕濕，紉佩無緣芳思積。定應阿母念孤清，却遣飛瓊下仙籍。疑愁似笑側金冠，醉倚斜曛欲度難。眼前那得趙昌手，爲我細貌中心檀。十年遠憶江南陌，淺黛嬌黄工惱客。老懷胡爲傍渠側，長嘯出門山月白。

公孫橘二首并序

遵義人家園亭有公孫橘，種自蜀來，枝葉花實皆橘類，惟實小，花實不間四時，其第一番子熟，第三番子方綴細珠，青黄相望，若祖孫也。戊申九秋，過望山堂，誇此新植，要余賦詩，因略爲考核。蓋即古「盧橘」，一名「給客橙」，一名「甘櫨」，一名「金橙」。長卿《上林賦》「盧橘夏熟」，郭璞注：「蜀中有給客橙。」即此。冬夏華實相繼，見《御覽》引。劉淵林注太冲《蜀都》，亦與郭同。《齊民要術》又引郭璞云：「蜀中有給客橙，似橘而非，若柚而芳香，夏秋花實相繼，或如彈丸，或如手指，通歲食之。」疑是《上林》注全文。魏王《花木志》并襲其語，見《御覽》引。即此果爲盧橘、給客橙之證。《漢書・相如傳》應劭注引《伊尹書》：「箕山之東，青鳥之所，有盧橘，夏熟。」《説文》引「盧」作「櫨」，而《吕覽・本味》載伊尹語，盧橘又作「甘櫨」。《御覽》引《博物志》載成都等六縣生金橙説，其形、性亦與景純、魏王説「給客」無異，是此橘又可稱「甘櫨」，稱「金橙」。盧、櫨，古今字耳。

舊聞橙給客，今道橘攜孫。數典無專字，爲珍亦趣園。遠思青鳥所，移種蜀山根。難起耕莘叟，形模與細論。《華陽國・巴志》：「其果實之珍者，園有給客橙。」

好實時堪落，佳花歲且盈。詎唯能夏熟，正不改冬榮。我始識盧老，君宜問郭生。枇杷將榛子，今古幾虛聲。《初學記》引李尤《七歎》：「梁土青麗，盧橘是生。白華緑葉，扶疏冬榮。」榮，并指華葉，不但謂榮枯也。《上林賦》「黄甘橙榛」，郭璞曰：「榛亦橘之類，音湊。」張揖曰：「榛，小橘也，出武陵。」《涪翁雜説》謂即今之金橘，後人以枇杷爲盧橘，不足辨。即以江湖間金橘當盧橘，亦未確。

子尹于望山堂下爲桃湖，同柏容效次山《招孟武昌》體，并用韻落之

側身琉璃境，倚杖高秋時。望山抱突兀，桃湖弄明漪。昔堂據要嶺，今勝挹階墀。湖中有何好，好此絶頂水。如從小宛堂，却泛法螺裏。望山又何好，十步一流泉。洗耳在枕上，鳴琴當座邊。郘亭與檬邨，日日來不厭。湖光與山色，處處深杯泛。我歌桃湖深，湖鳥相和鳴。我歌望山幽，山雲停不行。護爾雲與鳥，勿使世塵驚。

爲巢經巢釋跋《漢人記右扶風丞武陽李君永壽末完褒斜大臺刻字》而系以詩

漢桓永壽之季歲，武陽李事丞扶風。褒斜大臺圮復奠，少長歡喜銘其功。《石門》元功自高帝，嘉念高帝之開石門，元功不朽。見《鄐閣頌》。永平有詔重開通。西夷虐殘舊迹廢，孟文翹翹承厥庸。王

升勒頌著休麗，基造石積還參蹤。李君正與楊王鄉，寧念桑梓增敬恭。建和相距未滿紀，縱有阤壞無難攻。乃知治病不在小，一節失理將罷癃。完臺題記并能事，想見明法盛心胸。歷官本末系諸後，詞若簡質理則隆。楗斜事士證形詁，扶武褒漢稽提封。楗爲字從木，與《石門頌》同，是正字。名事，字季士，訓詁相應。書士作木，與《唐公房碑陰》同。褒斜不借用余，與《鄐君》、《石門》兩刻異，亦見漸變。褒斜谷亘扶風、武功、漢中、褒中間，故扶風丞亦得治漢中道。宜禾都尉見尤罕，屯田罷復闢西戎。明帝永平十六年，攻北匈奴，取伊吾盧地，置宜禾都尉以屯田。章帝建初二年，罷伊吾屯兵。順帝永建六年，復伊吾屯田。見《後漢·西域傳》及《帝紀》。事以永壽後爲此官，在復屯後將三十年。經巢春明共買此，箝口擲去愁怱怱。此來發篋遂十載，始與推繹令文從。武陽諸李盛典午，矯矯令伯產六龍。扶風名字無可見，我欲聳置高曾中。千八百歲頓隱顯，益歎金石人難同。惜哉南鄭少釋跋，宋南鄭令臨淄晏袤于《鄐君開褒余題記》及《魏泰和六年潘宗伯等造石橋》、《景元四年李苞通閣道》兩題字俱有釋、跋磨崖。費我十日忘冬烘。一生讀書倘盡爾，但畢《語》《孟》應頭童。

【校勘記】

〔一〕三百里：遵義原刻本作「二百里」。

〔二〕金：遵義原刻本作「曹」。

〔三〕遵義原刻本注語作：「此刻全文縮本見《星鳳樓絳帖》。陳繹曾云：帖，曹士冕摹刻。」

郘亭詩鈔卷第五

燈節過紹兒墓

妄思長大速蘭芽，隨我松楸送歲華。豈料香燈還到汝，似聞梨棗尚呼耶。魂依大母應長慣，伴有庚兄可當家。獨苦老來雙淚眼，不緣春望已昏花。

哭第五妹妹聘何氏，以病愆期未歸，今且愈，議請期矣。

子平未了存時願，累歲愆期百慨并。鴻案且看歸德耀，烏荆誰意痛陽城。貧家缺食寧論藥，病骨長眠或勝生。慚愧同懷喪奠薄，鍼餘搜盡藉經營。

青田山中喜故人相過

春色平分春雨才，山中風物競相催。東鄰烏過西鄰語，下番花連上番開。無事漫隨孤興往，隔林遥喜素心來。蒸藜炊黍逢田餉，野老沙温共一杯。

青田山廬憶諸弟四首

半畝青田舍，棲棲共此廬。松楸中路恨，歌哭一編書。人事從分散，山花笑索居。幾年寒食淚，應滿客邊裾。

拔萃無貧士，開科漫爾隨。蠅頭利名下，雞肋古今嗤。稍得旁觀美，難論身事疲。天荒汝南學，或者更前旗。庭弟歲科試，領諸生，登拔萃，并以小學。庭芝。

棄書今不惜，更事當傳經。學賈何時善，持家漸有型。旁溝去我遠，永夜一鐙醒。瑣碎看晨晚，歸來得汝令。瑶芝。

三載鐔城贅，全家已北歸。一簦留半道，計日復周圍。小隊傳新勝，童觀悟昨非。寄書堪把玩，未惜久相違。祥芝。

青田夜坐

壯熱非春意，單衣汗不消。雷威轢高枕，雹勢走驚潮。補屋懲前事，新田且稚苗。空山一愁懣，行坐徹深宵。

青田雨後

殘雲留屋角，暮潦亂籬根。月色通山路，林光漾水痕。田歸賸剪韭，客到自攜樽。促坐忘酬答，澂觀得化源。

過詩隖，主人已出

言從北山下，遠訪東家東。徑繞水聲出，人行花氣中。到門窺野鳥，倚樹落青蟲。寂寂藏詩隖，孤吟和晚風。

鶴洲聯句

稍稍南洲路，友芝。春流好放船。夕陽銜遠塔，黎兆勳。溪竹養疏煙。一棹觀身世，友芝。微吟寄水天。沙鷗勤看客，黎兆勳。翻覺汝能賢。友芝。

飯山家

紅豆陰中分斷栖，黑達樹畔煮山藜。日暮途遥客飢渴，方知飲水勝重醍。

送楊雲浦兆奎同守歸東萊

昔我騎驢走京國，選人如麻不能識。但聞一口艷州縣，唾手林泉在銅墨。揭來作客諸侯間，眼看宦態如雲煙。東贏西絀幾時補，何人敢問南山田。楊侯拂衣意倔彊，向我說歸何坦蕩。謂侯勿躁且少安，漫詡三山落吾掌。况侯衢路方騄驔，治譜揄試天西南。有才可用不盡用，苟以自便寧非貪。侯言鳥飛倦思息，紛紛奢願何終極。身謀藉口說蒼生，貌似忠賢心莫測。人生七十古來少，我今已逼桑榆杪。尚看眉睫作喜怒，顧此頭顱真絶倒。憶觀海市鄉里中，彈指變滅隨飄風。十年肉食竟何補，每覺寒士齏鹽豐。無官一身即從容，飴孫命子堪長終。勞君清詩更湔洗，勿使漚鳥嫌塵蹤。楊侯楊侯善知足，世上功名真碌碌。富貴天輕重清福，乃知楊侯不流俗。此去到及霜葉飛，海雲滄月照蘿衣。他時若有丹崖興，叩爾新荷晚菊扉。同守有書屋曰新荷晚菊。

客有之中州者，屬訪潁上叟

失道昔潁谷，一叟方鉏田。手足極胼胝，意態殊爾閒。謂余牛犁作，久味艱食艱。世情貴捷得，競取身所便。老夫欲返本，頗覺至味全。别去苦倉卒，至今憶其言。恍如漢陰人，抱甕在我前。子去記一訪，勿但干時賢。

尋溪上野老

昨日南溪溪上過，白雲欲度半溪陰。近城魚鳥自囂氣，夾水松杉見古心。草徑重尋穿野靄，風花斜舞下孤岑。主人荷蓧春田外，一笑相迎夕照深。

寄叔勳二首

爾更西南占得朋，昔來書札怪難憑。千金入手忽復盡，累歲言歸何處能。且有談資誇益部，定應匾刻待楊升。解嘲漫引休官例，争似奚囊得未曾。叔勳撰畢《貴陽志》，又及《大定》，今又應興義守之聘。其《水鳥世系通考》，自濟火以前二十餘代，下至安、禄二氏之滅，具有世次，足補正史之缺。叔勳又謂當作《黔考》，必非何宇度《談資》等所及也。永寧州紅崖刻字皆古籀，不可識。相傳謂之諸葛碑，叔勳釋之曰「惟踣秋尊齒刑威虓王乃還卣方卣旅竭踊東蹈儀皤南田由方」，凡二十五字，以爲高宗伐鬼方所刻。

萬里歸來斷世情，閉門終歲不冠纓。養閑自傍緑陰坐，對酒忽聞黄鳥聲。猶與文書作疏隔，可堪官府更逢迎。敬鄉那敢辭先酌，總是年來懶性成。

送張子佩琚歸黔西

播州于水西，近在三百里。相知二十年，識面自今始。影山久塵垢，花竹回清姿。得酒即相覓，百醉亦不辭。君來才幾日，草草説西去。暑雨斷人行，渭水那可渡。笑言逼端午，蒲醪香滿壺。此時向官裏，何似對妻帑。莫云行路難，我自還家樂。秋風亦未遠，徐來踐幽約。吾曹但奔走，老大欲何成。得適且自遂，送子感我情。行過老薖門，謂亡友史薖洲。寄聲問黄口。但願速長成，勿問似翁否。

同子何、子覲尋栗溪大覺蘭若，遍歷碧玻潭、朱萼巖、天橋、西洞諸勝四首

雨餘薄漲溪色清，老樨吹香過溪迎。兩邊山木夾蕭寺，日午不聞鐘磬聲。山僧食力自耕獲，下首高尻側青箬。客來久立忘應門，稻秉横斜上籬落。

城中招提轟轟開，苦無丘壑可展眉。消閒一杖栗溪去，往往竟日忘歸來。閔生誅茅頗有眼，程生榜書亦清婉。寺建于資中人閔相，中有遵人程副使生雲書榜聯最佳。程、閔并明末人，入國朝而隱。頳金賸碧良復佳，正與溪山稱蕭散。

碧潭窈窕隱石扉，青玻瓈盆貯清暉。游魚十百來自去，如綴空際無因依。忘機貪得一晌樂，清寒逼人難久著。回看紫翠滿西亭，手把斜陽上朱萼。

石橋天生垂碧虹，洞天小有微蹊通。白波滔滔阻去路，嗒然坐弄雙芙蓉。古蒼一壁挂橋側，恍自浯溪淡山得。涪翁漫叟不待人，鄉壁摩挲意無極。

西來寺在遵郡治西三十二里皋陶山側，唐末南詔陷播州，命楊端討之，自瀘州、合江徑入白錦，軍高遥山，即此也。寺舊名松丘禪院，康熙初蜀僧真從建，其行書有「緑天風」。康熙末奉頒佛藏北本貯寺樓。曾假玄應、慧遠兩《音義》過録。

皋陶西路遠，初地數安衾。求野抽經目，臨池見道心。秋風八里水，朝日九蒼林。欲問邊屯迹，蕭蕭祇樹陰。

送柏容權石阡教授

黎生乍捧檄，向我色不懌。誰言馬長卿，例就資郎格。斯文如好女，窈窕在疇昔。偃蹇二十年，奇偶不自策。祇今得官由，心迹固難白。終然梲豆畔，齗齗守遺籍。七經更東來，爲師豈無益。君言自祖父，科目衍書澤。兹事墮自余，言之氣先塞。矧乎此途中，未上早計直。嗟余厠其間，惝怳失南北。旁人定齊觀，故我那更識。平生無窮意，到此空默默。謂君毋卮言，取戲已偪仄。人生看自樹，成就安所擇。令名苟不慚，前修自無隔。何曾科第手，遂了堂構責。行矣慎勉旃，勿負葵花石。

同子何登迴龍山，別取南徑下，尋湘川盤石二首

迴崖逼溪斷，草木壁上生。微磴不容趾，笑作壁上行。高隨烏鳶盤，捷與猿猱争。心夷險亦盡，興往身亦輕。溪煙上爲雲，泛與崖弦平。天風一揮掃，衆壑增光瑩。斗覺衣袂薄，凜凜不可停。

登山猛乘興，欲下畏崎路。南徑喜逶迤，復引川上趣。曠蕩雲稻收，玲瓏風湍鶩。山川貯清氣，齗齗不可污。波心一片石，念昔枕流處。三年不曾來，蹤迹訝非故。雙鳧殊意閑，乘流信來去。

同子何、宋鼇峰魁廷孝廉過湘山、桃源山，二君遂登謫仙樓，余倦未諧也

溪山非自勝，樹石使之好。如人美衣屋，望者争請造。諸山何童童，斤斧變灰槁。僧家殊有尚，蒼鬱能自保。吹香供坐卧，生緑墮衣襖。余情豈違俗，亦喜契幽討。過此非我知，山僧勿相擾。

高樓俯群岫，爽氣横古今。欻唾户牖間，雲霞與清森。平昔少年意，萬里無高深。爾來學自守，不揀尺與尋。宋子老不降，胡子壯以駸。振衣呼謫仙，憑虚蕩秋心。笑我鈍難策，偃蹇桃花潯。

芙衣四十生日

歲華如水去無痕，往事悲歡那可論。縱我彊年難學仕，勞君弱骨且持門。秋心共倚中庭月，遠目徒懸西崦村。政恐嫦娥笑岑寂，亟呼兒女更開樽。

八月十七日，子何、子覲草堂夜坐，蕭吉堂光遠乘月過，時沈陰者三夕矣

天氣殢人生遠愁，短檠相對冷颼颼。叩門復有舊雨至，開徑喜看清月流。已遣沈陰孤好節，何妨今夕當中秋。憑高夙約如須補，蓑餅茅樽過石樓。

一葉

柴門盡日關，藤杯向誰把？一葉蘸秋煙，遲遲飛不下。

和陶《己酉歲九月九日》二首，一寄子尹、子何，一柬子佩。子何在望山，子尹有約作重九，未得往。子佩在令客，亦未出也

老去惜秋節，慨然念窮交。百里望秦越，朱顏爲之凋。巢燕忽言歸，賓鴻亦已高。倦情惜林壑，猛氣疲煙霄。有生孰無營，賢愚同一勞。感此欲何是，徒使肝肺焦。遥遥義熙年，濁酒今復陶。撫化緬千載，偶影聊此朝。

晴鳩驅雨去，乾鵲鳴相交。松菊耀林藪，秋容殊未凋。彝子馳我前，步步引我高。指點城上山，謂可通曾霄。爾言豈不然，我行亦已勞。前途各量力，勿彊心所焦。爲問水西叟，定爾思鬱陶。野心樊籠裏，何以永今朝。

書同人《九日和陶詩卷》後，寄柏容石阡

平居撫時運，獨往欣慨交。紛紛競新好，節易誰不凋。陶公愛重九，斯名與之高。二十五己酉，瞥若風過霄。行雲爾何求，出岫亦已勞。平路邈難接，曠望心目焦。因風寄連篇，把卷且自陶。爾我要滿百，方重理今朝。

同白高、松階、楊容光明昭午飲，因散步城尖

各有尊中困，登臨散宿醺。溪光隱遥岫，堞勢出重雯。去鳥殊未息，流雲如可聞。秋暄怕風雨，解帶戀斜曛。

過牟直軒明達山居

茅屋四圍桑竹，疏籬一帶雞豚。客來不用几席，共坐千年樹根。

過周燮堂理同年

泠泠竹外泉響，艷艷楓邊日斜。犬吠主人開徑，到門無數黄花。

同徐小皋廷颺、徐松階、方旭初國昭登紅花岡

城人盡日溷通闤，慚對花岡縹緲間。共展重陽欹醉帽，未曾吾輩尚孱顔。鳴湍急處晴沙闊，倦鳥歸來落照閑。天際樓臺如畫裏，昔游愁憶水東山。

桃湖上，題《桃源山圖》

沿溪不復辨西東，桕葉楓林相映紅。坐向秋湖對圖畫，忽疑身在此山中。

寄石阡訓導丁敬堂光釗同年

尚書同下出春明，流水桃花滿別情。試問夷州新苜蓿，可勝潭首舊蕪菁。温泉倚郭冬應暖，湘竹臨窗夏益清。聞道神羊能化石，人間或者有初平。

送莒升弟選貢北上三首

萬里不易行，此行詎能已。日日愁出門，出門從此始。家貧容易别，草草視行李。長風吹山雲，去意一何駛。此道我舊經，逐驛算停止。羈愁縈大道，輾轉復相似。此裘吾舊著，尚帶春明滓。外耀且勿論，風雪聊足恃。

名場如博戲，自古懸一投。遂令誇浮子，懷刺競趨掘。得失本自然，衆情易悔尤。挾策去鄉里，誰云一無求。平情入世變，險易皆休休。故人在要津，想復苦衆咻。作書更置去，持此恐爾羞。相逢倘見怪，道我懶未瘳。

直道忽已遠，人情喜言尊。我生既疏節，學媚終有痕。爾口已訥訥，爾顔亦温温。似此亦召鬧，世故真難論。新鮮貴自求，不貴衆所奔。硜硜守此度，好醜從渠翻。考德固有閑，存身亦有門。君看棱棱圭，何如璧渾渾。

寄朱小梧鳳翔大令

玉關作令歸來日，豈有虛名誑老成。一卷清詩勞送似，幾行狂草共縱横。牽思苦恨溪山複，行樂猶聞杖履輕。屈指西南耆舊少，何時相見慰平生。

送子何歸黎平六首

棠陰春風時，花氣不可鍵。相將花中住，把卷忘寢飯。自子舍我去，偶影賸悽惋。花老樹亦空，荆榛動盈苑。計車催遊子，漢水照行幰。喜子頭角成，惜我鬢須晚。攘攘京塵中，聊得同息偃。

我歸劇如箭，我馬去如電。揮手不得語，黯然緇塵面。子方事廷對，聞遂宰江縣。春明門外路，真作天涯判。復聞子歸來，尚覺疑信半。寧知潭首客，已渡夷牢岸。喚婦陳老齏，青黄雜堆案。笑問宰官身，此味今尚貫。

俚兒畢四子，或以驕父兄。何况儕輩間，高第方琤琤。子也吾所弟，本異常師生。竟作同等觀，坦坦誰與争。欿然抱前撝，過禮慚我丁。大道豈有涯，求之亦無衡。基以廣而固，器以隆而盛。持此學與仕，遇物增光晶。延江三十年，即事感我情。在子夫奚言，庶與後者型。

時人重州縣，常倍萬金易。爾得不即往，歸矣欲何適。上言北堂老，倚病念行役。下言斯未信，那遂稱繁劇。鄉來籍博士，官事頗明白。又同行省内，承養在咫尺。若循夫子牆，或免素餐責。官場看時運，才地豈容擇。卿相落吾手，誰云我非格。迂哉爾之談，所出真下策。

下策尟後艱，迂談乃深味。試從鄉里間，美仕數前輩。當時何烜華，童稚盡官氣。豈知一身後，富貴難再世。驕惰詒子孫，那不敗塗地。恭惟兩先君，名德豈中次。老來傍横牆，恬退若無試。吾爾解向學，即食校官利。此口莫遽開，人情各賢智。

方同思畢世，轍異畏携手。爾來猶遲荷，爾去忽初柳。殷勤遠存意，一遂悵遺九。人生孰無訾，同室各奔走。與子隔嶺嶠，安能永相守。平生苟不易，秦越共扃牖。行矣勿計他，晨昏好將母。寸草滿春暉，嗟余永成負。

人日送子何出城，遂同宿桃源山下晉虚谷自昭家

一春酒肉開花候，千里壺瓜起蒂時。人日風光愁送客，桃源雨意惜臨岐。譙聲不隔湘江水，鐙影猶懸供奉祠。相對各拚今夕醉，後來休問幾年期。

舒舒覺羅芝齡太守佛爾國春小葺聽鶯軒成，飲以落之

方池盤折抱林隈，早是軒窗絶點埃。彴略幾時更舊徑，空明一片訝新開。頻移稚柳添鶯住，盡換虛廊放月來。即事願推敷政美，訟庭無事好銜杯。

湘川講舍四十生日二首

皋比日日坐相羊，慚對遺經竊稻粱。外論早知顏已抗，高招誰遣臂加長。成童記侍先君子，受學曾居舊講堂。雨化至今思有斂，奉持遺訓益彷徨。獨山州漢毋斂縣地。《漢志》毋斂，莽曰有斂。

少小離鄉到老邊，此身飄泊尚依然。百年未滿正多事，四十無聞安望前。北道孤懷禁冷暖，南山極望塞雲煙。渾渾過雨前溪水，作弄波濤亦可憐。

五月十五日子尹携其子知同過余講舍，袁竹隖德成、卞子丹天柱兩明經，張子佩、趙曉峰、王子覲亦不期而會，因舉展端陽之飲

榴花尚未倒青苔，角粽猶堪緑箬裁。端節何妨教展去，可人剛是不期來。尊前藻句隨心得，卷裏蘭亭照眼開。把似山陰春禊飲，問誰甘讓古人才。適佛太守見示龍眠《白描蘭亭圖》。

懷遠

悠悠還汲汲，瑣瑣復紛紛。身得輕于鳥，心應逸似雲。亂山當極目，孤思繞斜曛。五月無南雁，羈愁那可聞。

李持夫少尉將歸重慶，以《桂香煮茗圖》乞題

李侯能吏手，小隱市廛中。冷眼看時態，披心見古風。石泉清有味，山月正當空。明日渝州去，相思倚桂叢。

延江吟，送李根石夢松教諭歸思南

君居延江尾，我客延江腹。與君生小不相知，同飲江光弄江淥。去年江落泝江來，江上梅花照客開。與君相見梅花裏，風味泠泠對江水。江水江花滿眼春，喜君意氣劇無倫。笑談只覺驚流俗，觴詠時看到古人。古人遥遥不可見，今人擾擾常對面。若使今人盡古人，快意逢迎歡亦倦。君不見，延水西來東北流，幾人歡喜幾人愁。岸深不借農家利，浪穩還通估客舟。農家估客紛如此，江水年年只相似。不妨江色竟成河，休道清流真見底。江行萬嶺復千山，揚清激濁幾時閑。江山合沓尋源遠，江嶺盤回到海灘。尋源到海何窮極，四顧蒼茫百端集。燕里峰前愛月升，忠宣宅畔愁風急。風月條條江上路，君心一夜思鄉樹。鄉樹連緜下石城，江流未住君當住。君住君行未可期，聊憑江水送君歸。君歸把卷江頭坐，應道延江是我師。

呈叔莖兄，用杜《狂歌行贈四兄》韻

青田一别動十歲，吁矣貧家作兄弟。延江北屈剛水南，來往艱辛固其勢。群雞叫晴啄雪泥，叩門有客兒驅雞。鄉音認是我兄至，喜極翻成雙淚齊。自從辛丑背耶膝，兩處荒荒不成日。

恠兄半百又過四，穿吃縱差筋骨實。與兄昔者初此州，酒酣放言凴大樓。此來人事各催老，渺渺舊願何時酬。吾兄妙得意中禮，對此不愁還笑弟。男婚女嫁亦等閒，何妨今日貧如洗。乃知我兄天爲倫，信天一任人嫌真。歲晏風霜歸意懶，且須同作播州人。

歲晏行，用杜韻

誅茅草創未蔽風，依山尚是城當中。天寒夜永不得卧，林下往往鳴驚弓。去年農民賞不竊，今年惡少多于農。玉川儲蓄定有幾，亦與席捲雲煙空。吾廬獨破那足道，可念四野多哀鴻。樂輸急火走截票，條編鉅等齊租庸。惜哉權力不在手，爲爾乞取銅山銅。臘月雷聲竟何作，仰視白日雲蔽蒙。横目易求亦易得，赫赫看汝如何終。

寄子尹鎮遠春末，子尹權威寧學正，三日而卸。秋末，復奉委署鎮遠府訓導

貴西遠卸三日官，奚囊賸貯朱提山。歸鞍未解檄東去，去傍潕溪溪上路。校官如此那可説，笑爾此時真木舌。代耕得似上農無，殘秋定補春登缺。歲暮風光不可親，還愁白髮對青春。遥知一老荒江上，滿目寒雲憶故人。

寄王个峰正安州幕，即書其《詩草》後二首

尊酒偏橋別，歸來厭苦吟。怪君公牘裏，詩味與年深。寂寞珍山路，空明靜者心。唐都問前迹，勤爲剔幽沈。

秋風湘水上，相訪竟差池。一面猶如此，他求已可知。折梅生遠憶，對雪咽清詩。愁絶成翁句，重驚兩鬢絲。个峰贈張子佩絶句云：「海棠香裏嶺梅風，十二年中兩度逢。相對各將鬚鬢看，成名都未却成翁。」

移居八首

無田不能歸，十載賃官屋。荒頽已莫顧，賤價期我粥。人情看勢利，信手作翻覆。既聞遣客令，誰敢去不速？泛泛憑我生，惜此三徑菊。嚴尹爾何人，遥遥望高躅。

昔來碧雲下，山色已招人。卜居適相值，彌覺與人親。蒼蒼松竹間，漠漠梨棗春。素心得所契，獨往皆成鄰。絶頂攬四荒，遇目適我新。雲亭不可問，俯仰懷古民。

我居不求華，亦欲廣庭宇。全家三十口，要得蔽風雨。吾曹既老客，來者即初祖。好醜寧豫知，百歲貴相聚。人言西南城，此址甲乙數。我誠不得已，豈暇擇而取。稍喜茅茨外，隙地腴

可圃。歲時剪菘菁，聊以佐籩俎。

村甿拾革華，冠裳稱之備。横來不滿尺，轉引丈尋出。故人營新宫，舊者盡刦棄。謂余果資用，此豈在廉惠。迨經梓人手，十取不得二。殘年剩支絀，豈不坐斯累。苟得古所非，書之自箴戒。

鵲噪遠客至，狂喜見叔兄。千里省先墓，亦喜茅屋成。入門無他言，但道先德清。先君讀書處，老屋尚峥嶸。當時與吾伯，兄弟亦友生。汲爨皆手治，井竈金石聲。至今鄉里間，遺響猶錚錚。惜我廢學早，守此空心怦。諸弟好念哉，久客非所驚。

庭也萬里行，别我深雪裏。歸來雪更深，空手亦可喜。師友滿要津，奔走附膻蟻。恬然相仿效，逐逐成一是。奇偶不關德，快捷豈無恃。笑爾非解人，硜硜定誰美。徒令東坡翁，三嘆惜李廌。

艱難味治生，老著四部中。借車載家俱，未覺先生窮。茲事取自娱，無取他人同。子弟亦從好，寧論張其風。庭也一破裘，歸來未曾縫。傾囊乏長物，獨有牙籤充。一笑失愁疾，喜我得士龍。商歌對遺經，光怪驚窗蓬。

南園極軒敞，斗室羅諸清。南山不須招，日日來我楹。把我鳥迹書，讀之倚前榮。好風送遠籟，相和如韶韺。客來忘寒暄，觴至時一傾。我醉客竟去，風葉亂縱横。醒來卷書坐，爽氣不可名。

葺屋示諸弟

大廈非一才，長短各有施。我屋亦草草，孤棟豈能支。陳力安可齊，就列唯所宜。眼前突兀見，自斷風雨欺。周官陳六典，量能亦如斯。識小取作家，何者非我規。

郘亭詩鈔卷第六

書曾滌生侍郎寄撰《劉茮雲誌傳》拓本後

昔年我識劉博士，乃在春官貢士之選場。帖經故訓衆莫解，博士口撝手指無留藏。臯盧一闋各報罷，顧我旅食增慨慷。爲招湘鄉飲我酒，惓惓漢宋舊學岐途荒。當時自喜得此友，縱有眊矂神揚揚。歸來索居過三載，憶子往往夢虎坊。侍郎寄詩道子苦不悉，付書舍弟就爾詢其詳。豈知故人久宿草，名經猶把求文房。唐子方方伯處詢庚戌會試題名有湖北劉傳瑩否，子方慨然曰：「茮雲已死久矣。」至是蓋隔兩歲始聞之。是時夏雨寒瑟瑟，向我歎絶方伯唐。江湖風波不可問，傳聞妄意猶乖張。侍郎刻銘浮江航，斯文胡爲來我旁。乃知昔別未周歲，棄官子已還漢陽。掃除雜博向閩洛，七篇《指要》微復彰。《孟子要略》，一名《要指》，一名《指要》，朱子年六十三時編，亡逸已久，茮雲從金仁山《孟子集注考證》中得其章卷録出，曾侍郎爲刊以行。一時内行滿人口，君乃自視才似初還鄉。本朝六藝尚綜核，是處本足開聾盲。迨其敝也恣彈射，頓使前哲竟體成瘢創。此中功罪正相抵，護者攻者皆私腸。惟吾茮雲不眡眡，博觀孱守操厥綱，駸駸上道勇莫當。假之中壽計所到，何止尹謝參翺翔。天公既高居，鬼神復彊梁，怪爾不合通眉長。歐心剛道李福昌，誰意戲語真成殃。開爾春明書，使我涕淚滂。

把持湘鄉文，見子心迹猶煌煌。人生百歲駒隙光，拋擲爵禄耽炎涼。幾人白首見真我，但出庭户嗟迷方。似爾朝聞夕死死亦得，寄語地上好友無悲傷。

青田上元

年年上燈來，兄弟必三四。今年青田上，一子僅能至。長貧各奔波，將老足身累。佳節縱未虚，薄田幾時遂。山廬雨昏昏，輾轉不得寐。

始我居此廬，不覺歲時遠。今我每一來，數日輒言返。營營幾時閑，始悔失初算。年增孺慕薄，念此驚自惋。輸爾望山人，終年守林巘。

鄭子行珽攜酒食過山廬

客來不能主，酒食憑自攜。一笑各醉飽，主客理亦齊。自我卜先兆，十見春草萋。喜此鄰里好，風俗如瀼溪。可惜塵事雜，無緣共幽棲。歲時勞諸君，護我松柏蹊。願言到百歲，慎勿生瘢胝。

養雲簃歌，爲子佩作

師山一片雲，年年覆君屋。朝從雲外耕，暮就雲中宿。雲中何所有，幽澗碧琅玕。香乳流春液，瑶花倚歲寒。

送柏容之開泰訓導

黎雲豪氣不可收，忽令縛置蠻溪陬。宦場顛倒乃有此，人謀天意良悠悠。世上卑官爲齏粥，爾今田舍元粗足。既不爲雲間鵠，一舉隘千里。即宜作沙上鷺，翯立收爪觜。胡爲送籠剪翮君不辭，要供人怒供人喜。溪山正好君欲行，意氣若與時英争。鄰烽擾擾入羈夢，對此躕躅難爲情。男兒墮地桑蓬設，四方天地何容説。校官有事亦邊臣，判著短衣防虎穴。五開況接皮林岡，静翁雨化今尚香。君祖静圃先生曾官永從教諭。平時文字换戈盾，好嗣乃祖之輝光。凱歌轉眼靖刁斗，遥知野晏時時有。爲問昌齡謫後今幾年，明月青山無恙否？

寄子何

胡新手把連城玉，折閱三年售未成。心裏不須忘進士，眼前且覺勝諸生。高堂健在知常樂，鄰燧猶然定屢驚。縱爾山中無尺箠，肯緣鄉里請長纓。

青田山廬夢亡弟子厚

深春猶北風，山廬續松火。爾從何時來，遂已到先我。爾病經兩歲，怯怯纏緜裹。家人驚爾死，我淚幾回墮。喜今了了在，何遽事勞瘇。謂余病今悛，筋骨換尪尫。出門無顧盼，百里似庭左。昔死寔非死，潛此依阿爹。靜中殊快意，足息世緣拖。妻孥暫累兄，遲我行自荷。晨鐘割殘夢，杳杳隔嵯峨。斷語如更聞，彊起不能坐。

昔夢謁叔子，手賜峴山杯。豈知折臂公，乃兆連枝摧。與子去鄉里，相携自嬰孩。郎州三十載，望斷家山隈。衆手劇雲雨，貧交易嫌猜。客途愈難説，寸步生崔嵬。依依賴群季，老懷得時開。爾年方壯盛，猛氣不可裁。巧步竟多岐，衛生翻見災。志業百未就，棄我無遲徊。胠篋何寥寥，遺文亦寒灰。莛九弟檢其遺篋，詩文稿已焚棄無存。始知人琴語，千古同悲哀。

訪溪上故人，已出，遂過禹門山二首

落花春已歸，密篠溪自媚。水禽藉柔芳，宛轉鳴得意。所思去何許，惜此時節異。側側木蘭舟，洄沿一愁思。

重門啓交樹，初地人幽敻。疏光延青崖，散落巾袂瑩。蘿風吹不已，沙靄低將暝。來往寂無人，遥遥墮疏磬。

飲禹門寺，因檢華嚴字母《隋志》載《婆羅門書》一卷，能以十四字貫一切音，即謂此。

山僧不食肉，而有不空尊。把酒對諸佛，仰見眉月痕。勸月月不飲，問佛佛無言。紛紛貝多書，讚頌一何冤。我醉月在户，我醒月挂村。長吟十四字，笑謝婆羅門。

登紅花岡寄遠

散策微雨後，衆色呈新鮮。石隙迸野筍，山腰發荒泉。崎嶔歷危磴，蒼翠緣朝煙。叠隴散芳樹，參錯入遠天。千里如可攬，孤懷無由宣。安能隨晨風，瞬息墮爾前。

溪路

曲曲沿幽深，溪路不覺遠。南風草熏發，午日鶯語懶。崖根穿玲瓏，杉輪玩回轉。田功爭四月，新秧欲分畹。差差原上耕，靄靄桑陰飯。對此謝塵襟，蕭齋獨歸晚。

湘川古棠下納涼四首

碧喬涵古秋，炎暑不能觸。亭亭兩棠樹，貫引清溪曲。淨掃石上苔，坐弄溪中淥。蚤覺肌髮涼，遥風更相續。

驚鷗去還至，卧犢鞭不動。物情乃超然，人意笑難共。山確巧低昂，終朝汗流踵。念爾頗無心，有心竟無恐。

濯濯明玕抽，斑斑香乳溢。洗耳奔瀑來，遊心野雲出。溪兒弄蝦蜆，漁子收蚌鷸。顧我欲何求，澂觀坐終日。

人影長過溪，落日在樓殿。彩翠亂鐘山，竹柏光炫炫。氣候晴陰殊，物色朝暮變。遥遥川上心，千載乃可見。

芝齡太守闢郡署後隙地爲春林別墅，招飲落之二首

群山趨檐端，萬室枕相亞。玲瓏出新構，軒爽信難價。觀民情不隱，敏事日多暇。庭户有登臨，朋簪得邀迓。植竹青相扶，長莎柔可藉。擘箋雲鳥落，煮茗天風下。城居苦炎熱，涼意餘講舍。到此轉忘歸，欲乞度殘夏。

朝挹東峰霞，夕歠西山緑。百里曠無關，清輝澹相續。使君真具眼，選勝出豐茀。昔來誰措意，今到各驚目。來青已低濕，鶯軒仍局促。奇才在庸衆，拔出乃見獨。旬晴未云旱，快雨思透伏。俗以入伏後雨爲透伏，立秋後雨爲順秋。片雲隨北風，物態欣可掬。

伏中和𪚥峰韻

梯田欲坼火雲催，伏裏炎威遣不開。但逐溪風晞髮去，争如山雨稱心來。秋蠶抱葉乾難食，乳燕尋泥倦却回。何事饑鷹偏耐暑，張眸高舉正盤徊。

鄭君生辰，敬賦二十四韻并序

今世文士于往賢生日，每舉薦祀而歌詠焉，以志鄉往。高密鄭君，集漢儒大成，尤本朝儒者所宗法。不惟《詩》、《禮》箋注，抉發幽隱，補正舊疏，即他隊言斷義，亦搜掇靡遺。鄭學之盛，可謂千載一時，特未有言作生日者。考《鄭君別傳》，載君以永建二年七月戊寅生。見《太平廣記》引。友芝謹按：《後漢書·順帝紀》永建二年七月甲戌朔，當五日得戊寅，則鄭君以七月五日生，本傳載君卒以獻帝建安五年六月，年七十四，是年歲在庚辰，上泝永建二年丁卯正七十四年也。咸豐元年是日招君裔孫珍及蕭光遠孝廉、宋魁廷、楊開秀兩山長同舍，莫于湘川講舍，賦詩示諸生。

微言既絶響，大義亦乖廢。殷勤漢諸公，撥燼拾殘碎。勃興得司農，通學綜内外。衆家衷一是，六藝啓百代。儼參游夏行，仰聖見删裁。後來遞推闡，疏義繁不殺。孰洽遜本師，指趣時小昧。紫陽宋高密，議禮已無對。偶抽趙商志，祇歎大儒大。根矩出微詞，子雍持異喙。盛名起傾軋，世近無足怪。咄哉論定餘，退祀議何隘。明人匙學殖，那不緣此輩？欽惟憲皇聖，始復孔庭酹。持璇挽北海，灑遍日所曬。群儒應時出，郁郁宋唐邁。我生際昌明，詩禮奉遥欬。餘編縱亡落，鈎掇亦端概。後人仰前修，初度資薦賽。經神在天靈，益應庚子拜。《別傳》逸可稽，降日瞭獨載。諸孫馳遥械，同術宿近戒。衣冠集三院，瓦缶躅兩敦。雍雍肅新秋，共薦澗溪菜。

蔣氏養子朱廷貴年十九，從征廣西，陣没。聞其主將某營失利，廷貴屢請移營，不聽，故全軍陷焉

童年執戟已無匹，矧解營屯誦師律。主軍不信天竈窮，猛士空隨犬丘失。可憐野戰血紛紛，生能鬬死即殊勳。魯人蚤勿殤汪踦，鬱水行看祀蔣文。

寄子佩四首

懷人心緒劇蹉跎，潭水烽煙潕水波。謂柏容開泰、子尹鎮遠。蠶豆光陰春易晚，鶯花時節雨偏多。賴君共有尊中好，此日誰憐别後歌。曾把桃源圖畫去，開看今日意如何。涪州魏春林孝廉方容曾爲作《桃源山圖》。

今日干戈昨日歡，易爲消歇易波瀾。倚囊竟不逢承允，割席何須到幼安。青嶂向人終有意，白雲當眼太無端。南陽謂朱公叔。一論勤鈔出，付與生徒子細看。

獨往獨來湘竹潯，無朝無暮古棠陰。浪紋與石長高下，樹色于山自淺深。野興欲隨雙鷺

去，晚涼遥送一蟬吟。夕陽流水翻惆悵，未必悠悠鑒此心。

聯笻長記碧雲尖，淡飯黄齏總不嫌。落筆健于風際翮，論交親似水中鹽。三年苦壓金千縷，君爲遵義令客三年。十上誰酬字一縑。聞道秋心還兀傲，鎖闈風月憶掀髯。

中秋日携兒子彝、繩，猶子桐、橙過棠洲

山田稻熟黄雲空，尚有伏暑餘秋中。兒曹競説溪上好，挽我來就棠洲風。棠洲久苦乏料理，連月矧復驕陽烘。潭魚露鬐涸可憫，水碓歇觜乾難舂。群兒無憂貪作劇，要破溪流繞磐石。斛沙轉蕢不自休，捉蟹搜蜆肆跳躑。果然激激清光來，十年逋迹驚重回。山花水鳥各神王，夕嵐紫翠紛成堆。我持長瓢唤聲叟，眼前萬事亦何有。君山夏水且勿論，酒舫魚湖今在手。大兒赤足叫銅斗，小兒更勸茅沙酒。爾曹既解此樂須早言，胡使老夫終年不開口。

中秋湘川講舍對月，憶庭、祥兩弟

講堂開門揖東峰，明月未上光先通。天邊草樹一痕白，萬瓦蚤幻金玲瓏。長憐歲歲詹天雨，有月中秋憑浪補。十年滿意説今宵，水郭山村遍歌舞。餅市誰家闘玉簫，瓜鐙何處魚龍驕。

老狂忽發少年興，紅簾綠幕思遊遨。歸來移牀就庭樾，天心一鏡尤清發。老妻有酒不用謀，稚子堆盤已争設。鎖闈忽憶今三場，目力既竭殘更長。南明迢迢覿與覯，對月題詩爲渠瘦。

閏八月九日偕諸同好過三桂莊登高

竹篾銜尾續伊鴉，相和秋聲入翠霞。削壁半天惟石色，疏林幾曲自人家。聞樨爛漫吾何隱，吹帽岧嶢日未斜。不是閏餘剛九日，登臨那得待黄花。

九月八日同龕峰循白雲洞趾至合口，别取道木龍、石矼而歸四首

一道碧灣灣，千巖蒼莽間。泉聲常殷地，楓葉半浮山。石磴無人掃，雲扉只自閑。經過弄靈瀑，惆悵對孱顔。

初霜猶不辣，午日儼如春。野菊時當路，殘蜂尚趁人。平臺扶獨樹，沙嶼帶雙津。不見清江叟，秋風空白蘋。趙芝園喜在合口釣，不來已隔年矣。

好竹長依石，修藤慣覆蹊。卧輪翻玉粒，直磨落香泥。抱葉垂金棖，緣枝裹凍梨。人家無次第，隨意水東西。

舊路辭沙鶴，平矼架木龍。歸雲隨倚杖，落日在寒松。自此西南去，君看紫翠重。明朝欹醉帽，好是第三峰。

九日攜舍弟、兒子登碧雲峰，鼇峰、曉峰、門人張之藩、王棫、蔡釗、趙廷瑩皆至

孤雲兩角扶秋空，絶境衹隔城西墉。年年選勝作重九，十不一遂縈我胸。去年此日逾難説，全家散寄如旋蓬。黄花白酒那復問，編茅徹土愁悤悤。豈知名山竟落手，也有今歲搘吟筇。千林乍霜紅不紅，生色巧藉晴霞烘。婁山爲返北歸轡，朗水亦輟東還蹤。朗水于鼇峰，婁山于曉峰，并歸道所經，二君夙擬歸去作重九。門生子弟各猛興，轉眼驀過南飛鴻。白錦功成歷幾葉，拓堡始換高遥東。《潛溪集·楊氏家傳》載，唐末楊端討播，徑入白錦，軍高遥山，則白錦舊堡去山不遠。《家傳》又載：宋楊軫病舊堡隘陋，樂堡北穆家川山水之佳，徙治之，是爲湘江。其所徙堡治，即今府治。舊堡北徙，則白錦正在府南，高遥山在府西南三十餘里，白錦當在高遥東矣。《輿地紀勝》、《明統志》、川貴《通志》載堡名同。《宋史》「錦」作「緜」，形近，未詳孰是。惟并云在府北三百里，則當是府南三十里之譌。千村萬落繞襟帶，人民城郭煙濛濛。重關疊嶂更無數，四塞那用丸泥封。山川有此亦意壯，豈料自大還多同。吾儕墮地例飢走，得過俯首勞魚蟲。眼前形勝莫長喟，誰念李郭撝群雄。遥天盡處即瀛海，崑崙幸不三山通。安得長竿釣南瀆，頑鯨鱠佐頗黎鐘。

同曉峰遊桃溪寺，沿流下觀豐樂新橋三首

秋水日以駛，秋空静纖霏。回溪一延佇，滿意弄清暉。褰裳泝澂流，捫蘿緣翠微。莜花夾去路，柏葉明高嵬。意行無人蹤，野鳥相與飛。縈紆盡崎步，窈窕見禪扉。垂竿者誰子，拘株守苔磯。得失兩不問，臨淵何所睎。

度巘出平林，降原拓夷壤。水聲猶曲徑，竹色自幽幌。少年争野趣，詩酒互雄長。剞搜到荿胎，抓刻遍薇癢。邇歲苦人事，成約經幾爽。松抽擠庭石，蘿蔓翳楹榜。文守喟東遷，寺壁尚有樾峰舊守昔遊詩，今爲江蘇同知。壺僧遽西往。無人知客來，陳迹驚俯仰。

落日下西崦，正照南關樹。年年槐花時，故人從此去。向我忽不懌，屢歎浮名誤。路債知幾何，强年悔輕度。君看舊溪橋，塌水無人顧。舊橋名下塌水。虹梁忽軒起，裙屐日趨鶩。山川豈有命，貴賤亦隨遇。安知不豐樂，那用怨遲暮。

同曉峰登金鐘山

日在山中倦一登，却緣詩伴促雙縢。野雲獨去看如馬，怪石孤騫欲化鷹。細路回時扶軟

草，幽泉激處散秋塍。頗聞此道城南近，送爾循岡下碧棱。

哭傅雨亭天澤同年二首

憶君最長同鄉解，已是成皇辛卯科。秋水廿年餘坦率，春明萬里足奔波。人言喜聽豪情在，書到愁聞老態多。白首窮經無用處，修文此去欲如何？

急人曾記典衣頻，四壁長懸未道貧。傲骨一生空自異，窮途百轉更相親。世間何地堪容爾，死者多賢或有鄰。勝得枕流磐石在，棠洲風雨一沾巾。湘川棠洲上磐石，雨亭主講時常此游憩。

哭茝谿六丈

鄉閭盛前輩，磥砢披古藻。辭家三十年，次第驚宿草。摧心更先公，益覺愛此老。矍鑠見中充，長松立雲表。平生百一試，落落負奇抱。卑官聊自隨，勁骨勝未拗。後生貪軟媚，競取眼前好。頗聞剛水上，淳意漸凋槁。碩果在芷谿，渾敦留不少。今年雖八十，健步尚如鳥。從來不解病，一病遽難保。前宵執手别，氣結心獨了。丁嚀身後事，禮意日杲杲。遺令不作佛事，不泥時日，歸葬自兆蘭花闕。可憐肉未寒，鐘魚遽喧考。萬事貴生存，既死任人掉。休更蘭花闕，愁望空渺渺。

黄惺齋宅中觀察惠寄《聖域述聞》新刻本，賦答

黔陽昔逢虎癡叟，爲我談公寶慶守。腹中萬卷飾吏事，學道愛人今罕有。澧州城上遇楊彝，道公不異於虎癡。且言次公被黔得，子見始信吾非欺。歸來五載不出户，求蒙屢歎多歧誤。每因昔語想顔色，祇坐新慵怨修阻。忽驚大道開聖扉，《述聞》一編傳鎖闈。觀察時監省試。未曾展謁拜珍賜，豈有詆語加葑菲。怪公泛愛無畦畛，見公爲政有原本。湜之山甫久寂寞，龍埸壇坫看重引。能官捷足多高才，申商一切人争推。那知揭地掀天事，都自顔鑽孔卓來。把公此卷重自惋，炳燭餘光驚歲晚。願公長此屹頹波，休聽旁人説迂遠。

至都匀謁祖墓示彝兒三首

七世祖武翼公墓并序

公諱尚文，爲自南直江寧遷都匀之第三世，累贈武翼都尉。墓在府治西南四里許三仙石下，其山買於薛，猶沿稱薛家山。出山而東曰薛家堡，即當時舊居也。山下本瀲潭，當明

末國初，深春魚肥，勻守令將弁常集而舉網焉。乾隆間，潭涸爲田，今田已屬人，惟繞田環墓數山猶存。

惟我九世祖，以明弘治間。言從上元籍，來征都勻蠻。事平爲留守，受廛城南偏。其葬亦不遠，豐碑失磨鐫。到今遇寒食，迷望空潸然。知墓始文公，於祖寔再傳。蒼蒼三仙石，正對東樓山。當時頗豐饒，百頃相屬連。即如兹山下，舊是千丈淵。春漁官僚集，舉網快烹鮮。厭飫信斥賣，所得不計錢。後嗣既遠徙，瀓潭化爲田。猶資歲時用，牲醴得釀牽。歎息卌年近，殘田亦空煙。勝此山數朵，犖确無人憐。不緣科歲考，諸孫誰省攀？墳頭一陌紙，動輒需三年。矧我成久客，十載未一還。安得眼中畝，歸我山上阡。因詩識所願，亦冀來者賢。

六世祖君顯公墓并序

公諱如爵，字君顯，武翼贈公冢子。自少負膽智，練弓馬。行賈滇池、盤江間，西南千數百里山川利害，習俗好尚，瞭瞭繪胸鬲。值時多故，常有疆場自效之思，苦無知者。本朝定鼎，我師平雲南，乃以鄉導累功授平壩衛守備，官至廣西遊擊，封奉國將軍。墓在三仙石東二里許，徐家園大道右，道左即薛家堡。

吾家雖爲儒，寔起自行伍。勻居上三世，嘗宦遺舊譜。迨至君顯公，勇勣稍可數。少年負膽智，匹馬自行賈。來往滇粵間，群盜不敢侮。山川要害地，一一刻心腑。大師指西南，喟絶瘴箐阻。公方召募至，慷慨爲覶縷。遂以長百夫，鄉導先我旅。輕騎開孰路，侹侹氣如虎。所向失堅壁，何城不開户。論功授平壩，守備當衛所。稍遷都遊去，左右鬱江滸。時平笑無用，投老謝簪組。因官家轉落，畎畝自勤苦。但看今墓處，封樹何麤粗。惟傳眉壽根，世世篤斯祜。君顯公壽九十一歲，高祖考汝公公壽八十八歲，曾祖考崇級公壽八十歲，祖考健行公壽八十二歲，先考猶人公壽七十九歲。猶人公之世父、從兄、從子登八十者又十數。西甌正多事，甄材遍寰宇。諸孫盡文弱，手不辨弓櫓。安能棄章句，壯烈希祖武。

高祖妣黃太孺人墓 并序

太孺人，廣西慶遠府之得勝鎮人。我高祖考諱雲衢，字汝公，以庶出，又無兄弟，故自小君顯公即携賈滇粵，遂爲娶於得勝，令設肆自食二十餘年，至君顯公遷官廣西，乃并挈以歸。吾家高祖上内則失傳，溯婦職、母教，自太孺人始。墓在都匀城北十五里橋頭塘側潘家營，自橋南溯東岸，循舊馬路數第三支山是，兆域頗高，其西即龍場堡。

高考汝公公，出不自母嫡。從翁滇粵賈，少小去鄉國。爲姻慶遠府，設肆聽謀食。懿哉妣黃氏，操作佐勞役。育子井臼間，雞鳴不遑息。既聞姑孛赴，孛太淑人，汝公公之繼母。迫欲就喪擗。兵燹方未休，道路多梗塞。弱息不易將，撫膺恨徒劇。迨翁遷粵宦，歸計始能得。上堂甘旨具，婦職無少貸。高考教諸子，謹信期就則。亦賴妣氏賢，小過必呵責。究令崇級公，好學啓書脈。

崇級公，諱嘉能，汝公公第三子，好讀書，教我大父兄弟，相次遊庠序，貢太學，至先子成進士，改庶常，得贈如其官。家中皁腳几，即載妣氏澤。至今對遺御，造爾猶悚惕。几，太孺人自得勝持來者，家中所存先代遺物，以几爲古。崇公徙勻南，考兆亦近擇。不知當厝妣，胡更勻城北。崇級公始自都勻南徙八十里，居獨山州之北一甲上街，南距州三十五里。汝公公墓在街北十三里丙午砦，地屬都勻長官司。龍場杳難問，馬路亦非昔。展省才廿年，丘壟幾莫識。述茲付彝孫，永用記心鬲。

夢硯齋歌，爲唐子方樹義方伯作并序

方伯鄉舉前，侍尊甫以平公源準令南越省市中，得順德陳忠烈公邦彥遺硯，時以平公方卸清遠事，登舟隱几，夢忠烈來候且曰：「某有手物托君家好藏之。」即得硯日也。方伯因以「夢硯」寓齋名。出處三十八年，恒與硯朝夕，而勳績照寰宇，硯得之益重矣。硯左側刻篆書「雪聲堂藏」四字，右側分書「陳巖野先生遺硯」七字，署曰「佩蘭」。背銘云：「鬱勃者何，忠義氣。黯黮者何，家國淚。我爲銘之，永勿褻。」署曰「東吴後學惠士奇」。

唐公手持雪聲硯，洊陟藩宣自緊縣。循聲到處作口碑，屢領天頤衆争羡。我聞斯硯之得蓋不輕，尊甫夢授授趨庭。名齋索題遍海内，重自忠烈增拳擎。吁嗟忠烈時，殘甌豈能國？孤軍窮海判一死，寸地尺天争不得。區區石硯更何言，肯計銷沈與磨拭。胡爲微物死不忘，擇人而畀猶皇皇。却憶世和乞銘紅豆日，巖野曾孫世和，惠天目督學廣東，曾以優行薦，銘蓋其時所請。公家石翁仁聲舊滿晉楚疆。方伯太高祖介石先生名廉，康熙中知湖南酃縣，又知山西陽曲，并有去思，時稱仁廉第一，今祀鄉賢，《府志》、《山西通志》皆有傳。公名即隱銘辭中，早知仁吏後必昌。硯乎閱世太鬱鬱，要藉清時吐蓬勃。故遺磨公經世胸，斟酌古今扶日月。滔滔江漢今安流，河湟不用更防秋。方伯先後楚北爲縣、爲藩，水災江防，尤所宣力。觀察鞏秦階，籌筆歸化城，并績最著者。看公于硯已不負，抽身擩筆傲滄洲。吁嗟唐公莫漫休，溫灘方廑至尊憂。公今六十那容老，朝廷早晚起方召。會教一檄掃蠻煙，亦使巖野知人心事了。

以周漁璜先生《桐埜》《迴青》《稼雨》諸集本與陳燿亭煥煃上舍授梓，倂之十韻

極盛朱王後，詞壇不易崇。先生起天末，孤旅對群雄。明祖華嚴銑，蘇亭赤壁風。波瀾壓倫輩，館閣洗疲癃。端揆推臣右，才名熟帝聰。澤州陳相國在直廬日，聖祖仁皇帝嘗傳問，今之詩人爲誰？相國以周起渭、史申義對。時有兩詩人之目。相國予告陛辭，聖祖問將來誰可代者，相國復舉先生名以對。秩方宮相進，歸訪道山恩。鐫木論交古，承家歎數窮。稍留南北本，漸惜弆藏空。先生没，無子，其弟起濂刻其《桐埜集》於都下，其同年友汪千波澐復刻于吳門，并先生所自定，始康熙丁丑，爲詩三百五十餘篇之本。今南北板已失傳，舊藏本亦罕覯。曩歲收遺逸，分編各始終。《桐埜集》刻本篇頁繁重，不分卷帙，今依次析爲四卷。五年前曾鈔得未刻之《回青山房集》，幾四百篇，

乃丁丑以前先生未及定之稿，又得《桐埜山人遺詩》、《稼雨軒近詩》，共將百篇，又諸方志所載十餘篇，并丁丑以後作，先生定集時删去者，别編爲《外集》六卷。欲因開後秀，好事賴陳東。

送杜杏東芳壇五弟之甕安教諭

六經半是隔籬聽，萬字無難倚馬成。舊許南邦作冠冕，誰言小杜不公卿。茫茫時命歸餘子，落落齏鹽老此生。回首少年飛動意，側身天地一心驚。

附録

郘亭詩鈔題識①

鄭　珍

乙巳、丙午兩年之作，縋深造幽，已到少陵整致境界。五字十八佳作。七字多不渾脱處，良由少決蕩耳。丁未冬，鄭珍識。

再看此稿，斷存在十之九，其一究不失體，更細整，猶可存。蓋五弟於筆墨力求名貴，故落紙更無㦘㤚率易語，而短處即因此時時見之。其言情狀事處，深入曲到，特是擅長。此可信之千古耳。辛亥冬中，珍識。

性情之地，真不可解。前賢簡煉精細之作，老來捉筆，亦欲學之，而既不一似，轉失故步。郘亭詩多得於此，亦性情相近耶？壬子正月初四，又閲一過記，柴翁。

今年春，三過郘亭丙午至辛亥六年詩兩册，共取二百四十餘首，即以朱圈識於下方。珍於

① 今據貴州人民出版社一九九四年版王鍈等點校《鄭珍集·文集》卷四《郘亭詩鈔題識》轉録。這是莫友芝莫逆之交鄭珍對郘亭詩之率真評點。鄭珍《巢經巢文集》未收入此《題識》，故今轉録附於《郘亭詩鈔》之末，以供讀者賞讀研究。

古人之詩，僅觀大意，求如郘亭，繩量尺按，十倍遜之。然郘亭所得可得而論也。其取旨也務遠，其建詞也務新，句揉字煉，使其光黝然，其聲憀然，絶無粗厲猛起氣象。是其所取徑造境，非直近代詩人所無，亦非魯直、𠃑無已所能籠絡。惟用思太深，避常過甚，筆墨之痕，時有未化。文章異派，利鈍因之，暢肆者易流，矜斂者易滯。古今作者，勢所必臻，無庸以燕病環，亦無庸削趾適履也。就各體論之，律詩勝於古體；而七律之出入黄、陸，又勝五律；五古之駸駸杜、韓，又勝七古；絶句則全是宋派，意所不屬故耳。郘亭與柏容平時論此事每推我，平心自揣，實才不逮兩君，只粗服亂頭，自任其性，似稍稍不無一得者。老矣，百事都倦，今年漫付之梓。來世一回，止此結局，不無情傷。然唾壺敲缺，天也，何如郘亭氣方遒勁，精力亦足副之；後日神明之境，定有未見水而急操妙處，特自顧頹然老相，不堪念及前途耳。將還此册，聊率識之。壬子生日，珍。

郘亭詩鈔跋①

楊恩元

詩至明、清兩代，氣味日趨薄弱，非特酬倡、擊壤各派，半皆自鄶之流。即著名諸家，不過偶

① 據《郘亭詩鈔》貴陽文通書局民國七年版録入。

有數篇載入選本，足以膾炙人口。若以專集而論，實無可與唐宋抗行。初以爲運會使然，非作者所能爲力。及讀吾鄉鄭、莫兩公詩，而後知斯說之不然也。

二公崛起邊方，本以經學著。其爲詩，宜若經生家言質直無餘味者，而乃能出風入雅，寄托遥深，醇茂淵懿之氣溢於言表，實爲近代傑出之才，直能上追唐宋，此可爲知者道，難與俗人言也。延宜華先生既印鄭公遺稿，復取此本印出，仍囑余詳校。

余按：郘亭先生飽經辛苦艱難，與子尹先生同。子尹先生終老故鄉，足迹不出里巷。而先生久處大江南北，交游遍名公巨卿，識曾文正公於早歲，以學問相契合。當咸、同大亂，曾公手握重權，使先生欲因以立功名，則外而封疆，内而台輔，直指顧間事耳！而獨不近榮利，以道義自高，人品夐絶如是。宜乎其詩品之超拔，非近代所能企及矣！

校竟，略識數語，以表欽仰之忱，識者當鑒其非阿好也。戊午嘉平月，安順楊恩元謹跋。

郘亭遺詩

梁光華
梁　茜　點校
饒文誼

點校説明

《郘亭遺詩》係莫友芝去世之後，其子莫繩孫請江寧汪士鐸、遵義黎庶昌二先生幫助整理而成，輯録清咸豐二年（一八五二）至同治十年（一八七一）遺詩五百四十六首，分爲八卷，于光緒元年（一八七五）在江寧刊刻面世。武昌張裕釗先生題寫書名。此次整理，以光緒元年江寧原刻本（簡稱「光緒原刻本」）爲底本。參校本有四：一、貴州省博物館藏莫友芝手稿《郘亭詩鈔》；二、貴州省博物館藏《鄭珍莫友芝詩詞未刊稿》；三、貴州省獨山縣徐惠文先生藏《獨山明清舉貢鄉會試硃卷》（清末鈔本）、《友芝未刊詩稿》；四、貴州省圖書館藏《莫友芝詩文雜稿》。另將《汪梅村先生文集》所收汪士鐸之跋附于書末。

梁光華　梁茜　饒文誼

二〇一四年三月于黔南民族師範學院

目録

郘亭遺詩卷第一

郘亭遺詩卷第二

郘亭遺詩卷第三

郘亭遺詩卷第四

郘亭遺詩卷第五

郘亭遺詩卷第六

古今詩九十七首，庚申

郘亭遺詩卷第七

郘亭遺詩卷第八

附録

右先君子遺詩八卷，凡五百四十六首。其第一卷，咸豐壬子迄甲寅秋三年中所作，謹拾散片手稿鈔集者，以桐梓土賊之亂，遺失殊多。第二暨第八卷，亦因散稿集録，間有缺佚。第三卷至七卷，咸豐丙辰迄同治壬戌七年之作，則據成帙手稿繕刻，較爲完備。先君存稿不欲繁。壬子而上八年之詩，既經鄭子尹先生珍删次爲六卷刊行，猶有意更爲裁汰。繩孫今請江寧汪梅岑士鐸、遵義黎蓴齋庶昌兩先生點定遺詩，咸謂集非自定，宜一切仍之，僅各以意去一二也。

光緒初元冬十月甲子，第二男繩孫謹志于江寧旅舍。

邵亭遺詩卷第一

猶子遠猷來湘川講舍同度歲，送之歸四首

歲晚百無緒，汝來開我愁。提携玉如意，起舞對棠洲。回首新阡别，那禁老淚流。十年成底事，相望各悠悠。

頻年爲客慣，度歲只尋常。噉爾無佳味，悽然念故鄉。盈庖急舂磨，堆案雜丹黄。鼎沸群雛裏，當時樂遽央。

爾生才半月，父也即長辭。盼舍州庠菜，方開汝母頤。壯年真可愛，經訓好勤菑。唾手將科第，娱親正不貲。

伯叔今俱老，差欣健自如。好看諸弟侄，休怨薄田廬。赤手元依舊，青箱莫任疏。身材能中考，生計豈應舒？

陪黎雪樓恂丈過鄭子尹望山堂作上元，和主人兼呈雪老

經巢歲歲上元杯，咫尺青田幾度來。十里花光扶月轉，萬山燈影踏星回。齏鹽似爾真如蜜，梨棗牽人定作災。子尹方開雕《經巢詩》，亟索訂。予近詩同刻。久對王忱思范寧，喜隨佳節問删裁。

熄烽曉發

東雲露脊西雲爪，群龍出没滄溟曉。笑扳龍角踏天行，翩然欲度榑桑杪。榑桑上日明初浴，火雲燒徹滄波緑。手招仙侣送黄人，銀島金壺看不足。黄人迢迢履遥空，吹衣澹澹來天風。眼前雲海落何處，無數山花相白紅。

修文道中彝兒生日

客裏將雛十載彊，青春作伴暫還鄉。斜風細雨烏江路，複嶺重山鳥道長。雅肄暫教停鼓篋，行纏聊取試弧桑。棠洲群季還湯餅，憶爾馳驅指貴陽。

圖雲關

石磴盤旋東向迴，曉雲扶日度關來。濛濛繡堞千花遠，歷歷青山萬徑開。幹勇威名餘馬革，通侯勳業尚龍堆。書生不解匡時略，獨立蒼茫感將才。朱勇烈公射斗勇，號幹勇巴圖魯。墓在關西。其鎮蜀，征達州，威名甚盛，賊呼爲朱判官。戰殁後，賊衆常白日見公馳馬突擊，噪呼「朱判官來」，輒自相殘殺。關下有奉敕爲果勇侯楊公芳建「萬里封侯坊」。

錫丸

錫丸杉炭帶星齎，高壟低田且漫犁。聞道黠獶依遯水，莫教偷過夜郎西。

經南皋書院，有懷鄒忠介公，即東山長

南皋遠戍旁溝旁，講學大暢知能良。信哉斯人共心理，不以遐陋偏枯僵。此邦況半舊毋斂，荊州北學除天荒。寧州更嗣道真武，忠義之氣何軒昂。後來千載斷師法，但與王會圖蠻裝。

懷昌元深信惡子，忍使祖澤掃地亡。中間詎少絶特士，更莫推挽徒嗟傷。天心人意兩鬱極，要聑徙耳睛返眶。爾瞻一謫不無爲，頓與椎結加端章。祇今庠序載餘澤，科第接踵群相望。論階或出陳象上，守道誰參吴鋌行。經生章句侈博見，詞人壇坫誇鷹揚。罷精敝智費時月，尚謂雀鼠耗太倉。四語撮南皐《重修張公讀書堂記》意。當時斥棄今且渺，可憐心瘁官中囊。裙襦未解口珠得，憤激每用嗤蒙莊。咄哉詩禮竟有此，何似弃鄙仍夷羌。吾儕那足世輕重，呼不及遠招難長。誰爲南皐引前緒，攘剔茅塞還衢康。君胡沈默絶可否，獨挈老法偷和光。知余發喟已多事，一笑且從人駡狂。

出都匀城西門，將登龍山，尋鶴樓道院，雨阻不果

傳聞張公斬妖蟒，御氣淩空甚奇怪。我讀先生《道院篇》，一字胡爲不曾載。盤谷智仁豈不樂，破篋詩書聊可誨。從來儒者語至常，肯以術家輕自穢。龜來卜地衆所誇，龍見易名公亦獪。我來適逢三月節，故事朝山此其會。羈懷正要登覽舒，疑事好緣搜訪快。雜花連天香不斷，野鳥翩躚作前隊。孤峰隔水見頭角，細路緣崖隱松檜。不知雷雨何處藏，頃刻晴空瀉滂沛。先生開山本遊戲，安用靈蹤避吾輩。終須負甑趁明朝，往弄白雲霄漢外。

水府廟

綫路挂屋脊，絶壁插水府。捫蘿下無地，震掉難自主。迴門壁幽幽，皺石光楚楚。飛樓生意表，倚檻忽軒舉。水官儼中坐，正笏肅元組。群山來如趨，雙溪恣掀舞。雨餘生態足，空翠上眉宇。張生好遊覽，石室此容與。惜哉五百年，堪煙汙髠豎。誰爲重埽除，丹經問龍虎。廟中石室，明初張邋遢于此習元，今惡僧炊爨其中。

茅　屋

茅屋雙溪繞，疏煙一徑斜。竹根懸古石，松頂出高花。田父懽新雨，行人愛晚霞。相逢歌主客，回首惜天涯。

金鼎山雲霧茶歌

牂柯品茶陽寶絶，貢篋不盈常外掇。香爐後出乃匹之，雲中著根霧中茁。貴定縣貢陽寶山茶，清平縣貢香爐山茶，亦罕其匹。遵義縣金鼎山茶，則近歲始聞之，爲《圖經》所失載。邇來更得金鼎産，同倚高寒占危岊。爐槍寶觜共希異，岕紫蘄黄俱不屑。瓊笴抽禁□海風，冰芽揀對峨山雪。山僧自焙慎火候，要保生香令不洩。拌買湄毛待渴羌，湄潭縣毛尖茶，時俗所争尚。秘試珍烹門自閉。城居三伏坐深甑，午氣炎炎助焚爇。徑思缸面詎辨才，劫取□□供漱齧。故人忽枉鼎山下，新製封題驚款闥。開函已有清風來，易井親斢授煎訣。易氏井在遵義城南。清冽宜茶，爲諸井冠。一甌豈直熱惱浄，再盞真成仙骨拔。棱棱高秋入胸次，落落遥情起蒼鶻。乾坤清氣爾得多，此味真難俗人説。慳憎可誅亦可恕，稍免山靈怪輕褻。作詩爲證陸羽經，但肯時時供一撮。鴻漸《茶經》：茶之出黔中，生思州、播州、費州、夷州。《續文獻通考》：「洪武三十年置成都、重慶、保寧、播州茶倉四所，令商人納米中茶，令三月至九月，每月差行人一員于陝西、四川，諭把隘頭目，不許私茶出境。成化七年罷播州茶倉。今土城里有茶引四十道，歸仁懷縣徵解。

懷化曉發

松林不受雪，白遍松下山。我行松山路，拂面花斑斑。吹花作明珠，紫繞襟帶間。伸手欲拾取，十指凍不彎。山塘邈何許，長驛愁心顔。

辰溪道中

出門一步即難休，朔雪千峰豈自由。計日已經三九後，思家常是五更頭。心情野馬難施勒，身事游魚故上鈎。又送沅江會辰酉，青山明月憶儂不？

辰陽道中

又發滇黔卒，干戈幾日休。石濤喧戰氣，村杵亂邊愁。家喜歸猶得，生嗟老更浮。春燈無賴甚，夜夜傍行舟。

欲問荆州信，維舟水驛間。但聞開歲後，不見搢官還。去鳥意何急，歸雲情自閑。辰沅尚安堵，面面泝春山。

白壓半江雪，青飛孤嶂雲。石門臨檥棹，松徑入斜曛。乍暖嫌衣重，長懷□酒醺。亂山看不極，客思各紛紛。

雩淞至界亭

賸雪旬猶在，寒淞午尚霾。轎穿雲腳上，路繞瀑根回。臘月計已半，辰山行未開。懷人欲有寄，不見一枝梅。

辰龍關

山入辰陽欲放平，殘枝賸葉轉峥嶸。絮雪撲撲扶輿度，鐵壁巉巉夾路生。險處置關元可恃，盜來憎主亦堪驚。多同企足非臣舊，尚有唐蒙馬長卿。

澧州

粵氛竟下岳陽來，南紀軍書日夜催。轉饟百帆趨虎渡，枕戈千帳壓龍堆。洞庭中有金沙洲，一名龍堆。羽翰群玉奇何用，雲壑蘇庠賣豈回？誰遣巴陵走王貢，到今長憶士行才。

花橋夜泊

日落歇雙槳，遠燈如見招。人聲喧夜渡，茶鼓鬨花橋。兒女青紅態，江村酒炬宵。故鄉群盜遠，樂意滿漁樵。

闕　題

群山初破睡，照水已蒼然。何事公車客，還尋上瀨船。黑風吹殺氣，愁夢入狼煙。不信江湖上，鯨波尚塞天。

闕　題

上灘如陷陣，生死一篙分。屢奪蛟鼉窟，真稱羆虎軍。羽書馳不歇，鼙鼓遠疑聞。欲括長年輩，橫戈靖楚氛。

闕題

漸覺兵戈遠，翻令歸思濃。開頭霜落掌，繫纜月當峰。水宿經三五，山環更幾重。鐵衾愁不寐，卧聽隔溪鐘。

新店雨至鄭家

槲葉一徑紅，櫻花幾枝白。風信較來遲，似待南行客。

四五兩月中經高梘者數四，此來三日，夏茀村如春、樹聽乘春諸侄始以菽乳相餉，飽食酣卧，起而有作

廿載飄零遠故鄉，此行鄉味飽初嘗。堆盤苦恨雞豚賤，落口自憐蔬筍香。客命早知非肉食，主情何事劇膏粱。朝來乞得淮南乳，袒腹鼾鼾過夕陽。

癸丑初度，行次高梘堡，艾克家振宗、源長朝宗自麻哈城來訪

曳兵春返訃偕車，匝月蒼黄更去家。期與妻帑共今日，那知奔走尚天涯。山途半濕分龍雨，村樹時明照眼花。正是客心紛亂甚，遠煩良友爲梳爬。

訪陶子俊廷杰方伯於澹園，留飲，賦呈二首

天下方多故，蕭然獨不聞。抽身真及早，放意一微醺。野客容狂氣，芳園益澹芬。漫通呵殿者，來擾白鷗群。

文獻荆寧後，山川楚粤頭。欲知千載外，未有一書留。舊史才難敵，高招力易優。桑榆好料理，珍重莫悠悠。聞明末大學士扶公綱曾爲《都勻志》。國朝康熙初，都勻知府黎公際皞後續扶《志》重編，今并未見。

示從孫大章

品三公與健行公，一樣輸人記誦工。至竟兩家開秀孝，都緣百倍力沈雄。耕如鹵莽休言

穫，地果膏腴亦易豐。記取祖宗堂構意，莫貪天質看人功。

華嚴洞

苔堦圈綠幾痕紗，小徑疏籬半未遮。洞犬不驚長道客，山僧能護滿園花。頻添榾柮煨松火，自洗官哥點雪茶。寄語輿人莫催喚，老夫清興正無涯。

相見坡

出門一日即天涯〔二〕，遊子貪程不念家。路轉無端回一盼，重令珠淚落山花。

先子生日宿貴定

五至三無彩戲場，先君《七十生日詩》有句云：「皓首七旬邀五至，青氈一老愧三無。」頻年故事已荒涼。薦冬計物應貓筍，落日無情下馬桑。家裏更增山萬疊，客中空有淚千行。老來飢走成何用，浪説他年墓頂黃。

記得

記得此身猶少壯，何曾世上有煙塵。芳時肯負二三月，勝友相携五六人。美酒名花行坐是，青山明月往來親。眼中行樂尋常事，多難悠悠成古春。

和陶《擬古》

爝火思燎原，微陰逼西柳。嗟哉眼前事，棖我意中久。殺氣彌萬山，悲歌念良友。風波斷消息，愁望猶中酒。紛紛眼中人，平時侈擔負。事變已倉卒，苶然爲顔厚。

事機在倚伏，易始亦易終。紛紛操其末，那不生寇戎。頑鯨處污泥，戢首敢自雄。一朝脱羈網，流毒隨飄風。狼煙滿江湖，積歲埽未窮。可憐井谷鮒，復縱白波中。

登都勾東山

東樓亭壓碧崔嵬，争向城尖載酒來。納納九江源處遠，蒼蒼五嶺望中開。孝陵點筆成雄郡，忠介投荒起達材。甲第蟬連冠蓋接，陳吴不見使人哀。

甲寅元日，時叔莖兄在度歲

弟兄計止五人在，節序常難一笑同。屈指離家三十載，稱心今日一杯中。條條菽果宜衰齒，棱棱粳舫學士風。倚醉試拈花勝看，遍尋兒女鬬青紅。

朱亮甫太守右曾招集聽鶯軒，觀其《意園圖》，爲之作歌，適聞獨山警報

鶯軒坐對東風長，山花連天催酒舫。醉眼矇矓客欲行，異境蒼然墮簾幌。但見林巖屈曲溪百回，山亭水榭相當開。稱心風月隨時有，礙眼塵氛無路來。山城之中那有此奇逸，果是咀霞道人意中筆。道人起吴名玉堂，新安五馬换黔牂。民歌士舞隨所至，祇有溪山願未償。願未能償先乞畫，畫成携入山叢挂。政閑恣意得佳遊，萬字千鍾對揮灑。郘亭寓公一畝無，十年作客犍山隅。借人花鳥寄茅屋，自詡達觀人無如。今朝對畫還念吾，隘陋豈值一軒渠。江淮逆祆稽未誅，廣陵石城血草鋪。西南一壁幸無恙，我屋公園屹相向。忽聞毋斂羽書馳，郘亭一夕鬢成絲。回看此畫極盤互，大似桃源仙人避秦處。故園松菊那可知，徑欲移家此中住。

除草

惡草何蓁蓁，嘉禾苦難豐。悠悠一世上，舉眼將無同。惡草有時衰，嘉禾有時殖。衰殖雖偶然，豈不在人力。天如化惡草，遍地作嘉禾。轉慮惰窳者，舂臼怨奔波。惡草塞天地，嘉禾終不絕。萬古一粒仁，蒼蒼自能別。

雨過

度嶺雲復還，灑階雨不濕。階前婀娜花，含薰對風立。

【校勘記】

〔一〕一日：貴州省圖書館所藏《莫友芝詩文雜稿》作「一步」。

郘亭遺詩卷第二

圍城九日〔一〕

城上風光無限愁，但看千堞坐貔貅。軍單仍怕凶門出，賊益幾如落葉稠。十日元戎期不至，萬家懸釜漸無謀。名園竹樹樵薪盡，白酒黃花何暇求。

遵亂紀事

婁山關南講善果，婁山關北藏賊夥。祆經咒水暗相通，官裏成年鼓中坐。北者九塤南板橋，揭竿一起□□□。雄關天險棄不守，頓使賊氣秋峰高。桐梓縣九塤賊楊鳳(注缺)。

九塤之賊來未來，桐梓城門不敢開。兒啼女哭縋城走，縣官千總空徘徊。賊來搜城且三匝，無民有官亦不殺。募人作賊還募糧，兩官鼠竄無人納。賊揚言八月二日當破桐梓城，城中居人先半月即紛紛移徙。官閉門禁之，縋城走者晝夜不絕。至九月六日，賊黨陳八十以梯入空城，奪知縣、千總衣冠而縱之出。遍招城民移者還，以籍募人募糧助之反，村里皆遍，惟溱溪一里不應賊。

羽書夜走百廿里，副戎聞之哭欲死。欲逃不得進不能，大補額兵招滿市。額兵未足且出城，六日未逾初次程。幸哉此賊僅自守，不爾已渡延南行。遵義副將某聞賊起，僞病不敢出。復聞桐陷，乃遍招市人補缺額兵。遵兵二百餘人，額缺久懸，招三日得數十人，勉將以出，軍械多敝不堪用，出又屢次近郊，不遽進。

官民皇皇議城守，郭外巨家皆否否。按户出丁聊壯觀，見敵能無棄兵走。迂生浪發清野謀，聞者翻爲笑不休。遵之藏富在城外，若以資賊將誰尤。自聞桐陷來，即爲城守之議，擬移附郭積聚入城，城外諸人頗不然之，唯議姑家出一人持兵相衛，且言城必不守，賊果至，委去而已。

稀稀朗朗天上星，密密摎摎城頭燈。街街巷巷鈴鐸緊，門門户户刀槍明。北來賊勢已不小，檻囚更報西邊擾。可憐有月無中秋，一夜倉黄到天曉。中秋之夕，城上爲守具，二更後，仁懷縣急卒解六人至，云賊陳啓秀、楊占鼇向縣官派糧餉者。

新兵新勇弱且嚚，板橋已逼心膽摇。賊來棄甲委軍械，太守副戎齊遁逃。遁逃乘月走中夜，喘息屏營駐城下。啓明鐃導還入城，揚揚不顧旁人駡。副戎十日進次四渡站，太守自六日先募勇出，是日同進。十六日副戎、太守前軍至板橋，皆敗於陳受，遂星夜奔還。

貧民分堞不敢怨，富民挾資走如箭。賊鋒已逼遵義城，我兵不救仁懷縣。仁懷縣官非吏循，能鬬而死亦足珍。遵城地寬守具略，日夕□□空愁人。仁懷陳四之子糾其族，率諸無賴仇官，知縣容保泰、把總王明安、武生曾占魁以兵勇禦之於唐村，皆戰没。

近城之山何複重，去城三里有賊蹤。揚兵奮武試一出，北路已踏蠻營空。參戎武略大尹才，輕敵乃被狂蠻哈。州守全師亦已幸，不見二子使心哀。廿三日署鎮寧知州徐河清以兵出北門，燒賊營於大營堡，耀兵而還。候補知縣陶履誠、撫標參將保山獨取小徑出幹田埧，遇伏，戰没於岳家崖。二君皆美材，聞者惜之。

碧雲峰名，即插旗山。紅花岡名，在城西。俯城隅，賊必自此攻吾虛。守城文武各材俊，屢聒莫爲先事圖。飛梯果自西南出，趨堞官兵汗流溢。我饒火器賊尚無，不爾孤城能不失？廿八日賊攻西南城，城兵以大火器禦却之，殺賊目一，殺賊數十，奪其梯十七。自事起，屢以西南城當宿重兵聒當事，莫肯置意，自是始有嚴備。

賊氛南溢漸以盛，材官來者次而聽。清江通守南溪韓，馳突先驅爲開徑。南溪文吏何桓桓，不道提軍行路難。提軍入境已三日，胡爲返次烏江關。賊南出據豐樂橋、望州凹一帶，下游各營兵來者，次不敢進。廿九日，署清江通判韓超至，乃先驅挾諸營兵戰而入城，而提督總兵官趙萬春以兵至螺師堰，駐三日，遽還烏江南關。

前有噬熊後齧虎，左觸鐵矛右彊弩。千林萬壑相迴環，南北東西阻復阻。城兵漸增仍守城，夜不合睫常到明。風瀟雨晦忽九月，膏殫米盡愁何勝。自入九月，賊盡據環城諸山，連日攻城，城中兵皆奮欲出，提軍屢以書來，戒勿輕動，必待其至，於是薪米膏蔬皆漸不支。

提軍退次未即返，幾日城人望穿眼。幸有文士遠相迎，□□不倚烏江限。聞道聚師五營聯，細埽南道清伏奸。日行十里或五里，能到定過今月圓。提軍還次烏江，遵義候補教職蹇謌、晉自昭，何瑞堂等渡江迎之，乃復北進，然日行十許里而已。

附郭鱗鱗萬家屋，居人棄置成賊窟。仁慈守令議存之，軍行乃恐焚不速。昔討温水屋數間，尚費糧甲如丘山。可令一屋一温水，坐見瓦礫悽心顏。八月廿九日，清江兵勇被民舍伏賊銃傷，帶兵者議盡焚之。大定守及遵義守并謂可不必焚，但須整兵擊退。九月十日，復有伏銃傷清江兵，自是遂日焚十餘家。道光十八年温水之役，止攻四合屋耳。

城兵裹糧奮欲出，軍門令來轉愁疾。署通判韓超，署知州徐河清議以九月初，以上、下游先至兵驅近賊，漸營出城，提軍令來戒勿輕出，必待其至。重陽已過閑不勝，且向花岡試師律。岡東賊出牽我兵，岡西伏賊起建瓴。清江營頭好猛士，揚旗獨上千人傾。九月十日，韓通守以兵出紅花岡擊回龍山賊，提標定廣兵見賊，遽退，岡西伏賊起逐之。清江營兵揚旗上，獨當其鋒，賊竟披靡。

軍門未至聽賊狂，軍門既至益狓猖。四門攻遍應不暇，還營無路仍城藏。威寧新添有勁卒，抄過桃源探賊窟。鎗疲矢竭無奈何，退奪南橋罵秋月。九月十三日，提軍結大營於忠莊鋪，十四日以小隊入城，賊四門疊攻，且還斷豐樂橋道，提軍遂不敢出城。其所遣威寧、新添兩營兵，取點燈山小徑出桃源山後搜殺伏賊，已逼賊雷臺山大營，以無援，不敢攻，奪路而還。

十五十六行未成，十七出城還入城。長兵短兵棄盈谷，了無一賊惟虛驚。嗚呼提軍者如此，城中小兒笑不止。城中文武數十人，閉口無人敢非是。軍門十七天未明，整隊出城，行一里許，聞寱者呼曰：「賊至矣。」從人遽棄所持械而走，軍門亦從之還城。天曉縋人探聽，軍械猶在山谷中，乃知無一賊也。

村團併力誓殺賊，斗米束芻不令得。枕戈結聚待官軍，捷音不至生惶惑。官軍力已非昔單，師老儲空忘據鞍。長機大炮我所恃，使賊能備攻逾難。賊常以百人爲群，四處派糧，老蒲場、茅石坎等村團皆誘而殲之。軍門既至，我兵已五六千人，十日不一攻賊，村團結聚者漸爲賊脅，力不支矣。聞賊已於高坪鑄大炮，於海龍壩造槍刀，其火器已不少。

賊兵未及五千人，攻城劫營一何勤。屢斫機輪斷我汲，更絶粟道饑吾民。賊營去城不五里，儲糧峙甲連雲起。安得天公遣火焚，不用官軍一條矢。賊營城東雷臺山，自東而北，魚牙垻、新橋、大營堡皆其糧屯。一月以來，我師未有往發一矢者。

郡横縣横隔溪峙，劫火烜烜同日燬。孔子文昌無奈何，撤盡門牆剩階戺。湘川講舍南山南，閉城一月空煙嵐。長髮獨處守書卷，死生存毁無由探。九月廿五日焚府縣學署，經籍皆燼，文昌宫、魁星樓亦燬，府文廟牆門皆撤去。時閉城月餘，講舍存否，尚不得消息。

朱鴉日日東南飛，連宵照耀生曙輝。講堂文獻拌已矣，豈意尚與靈光巍。貴州開省五百載，耆舊聲華幾猶在。天荒掇拾良獨難，定有呵護勞真宰。連日豐樂橋北民居焚燬殆盡，聞湘川講舍縱火未然及，縣文廟尚在，此道以漸通，亟募歸，講舍中文籍雖頗亡失，幸《黔詩紀略》詩稿本十九猶存，尚易補綴。

何山不容嘉卉敷，何事托蹟當城隅。千樹紅梨萬頭蕣，但見赤土無根株。雙松百圍氣屈彊，寓公爲屋欣相傍。主人含涕取斧斤，客子相看各惆悵。北鄰梨園爲賊兵薪，又空其茶園。二松夭矯參天，爲城中喬木之冠，主人度不可保，遂自伐也。

我軍飛猿渡湘水，火攻百道連山起。衝鋒競説通守公，匹馬横戈下高壘。賊來逾月令膽寒，闖竇窺牆走欲還。無端拔旆訝元帥，功虧一簣唯長歎。九月廿八日，我兵分四道進攻賊營，韓通守以下游兵出沙鹽坡，焚雙薦、鳳凰諸賊營，直搗雷臺山，焚賊前營，賊楊鳳毁寺牆欲遁，提軍遽撤大隊還，通守亦不能盡攻而返。

斗壁重岡茅石坎，阨賊捷途當頸頷。連村列格事垂成，七道妖烽夜争閃。村中志士蕭冉徐，殺賊如麻膽氣粗。援軍不發半義鬼，失此巖險可嗟吁。茅石坎一帶爲自遵義走磨盤山、九垻捷道，蕭吉堂光遠爲團長，聯絡數十里扼其亢，已殺賊百餘人。十月十一日，賊以七道進攻，團衆不能禦，吉堂子永京走軍門乞援，又不應。吉堂弟儀遠死之，吉堂走免。其被擒者，皆令拜賊旗免死。唯蕭、冉、徐三姓不拜，皆被殺，蕭氏男婦死至五十餘人。

官軍南奔賊北走，中宵一戰誰勝負。明朝空壁更無人，壁上小兒齊拍手。賊不賊兮官不官，雷臺自有險，老君亦有關。不聞塞函谷，止用一泥丸。催軍疊石作門户，蠢爾麽賊誰能攀？賊壘一層還一層，鐵蒺藜刺溝棱棱。何物狗子乃辦此，使我欲進無全能。忠莊老營聊可恃，且浚深溝護高壘。胡然拔纛倚碧雲，始知制軍親將兵。負山帶溪此崇墉，扞賊已自秋徂冬。當時發議不守者，遁而復還各言功。嗚呼此曹懷異衷，牽率萬户奔波空。市恩弛禁復相引，孤城岌岌愁人胸。

賊退口號

火光百道射崔巍，賊壘連山次第摧。不是烏衣飛虎隊，争教一夕掃雷臺。
紛紛賊旆盡空杠，逸出樊籠氣未降。寄語多同休自大，少遷今已渡延江。
旄頭昨夜落前營，三窟休誇狡兔成。阻隘自憑千健將，殲渠終藉一書生。
旍旗滿路菜花明，萬隴千村接笑聲。洗盡甲兵乘好雨，盡銷鋒鏤事春耕。

追奔轉戰疾於飛，七郡熊羆大合圍。南夷一鼓平劉胄，早晚封侯屬奮威。

欹崖負水插層雲，鳥聚猿攀尚作群。帶箭跳鋒忽分散，始知天上下將軍。

和朱亮甫太守《圍城述憤》六首

徒隸竊威柄，盛氣罔不陵。民思墜諸淵，胡乃挽之升。此輩本梟獍，呼朋即戎興。伸手蔽日月，舉眼無寸明。士林所群望，亦倚延聲稱。仰睫附子弟，何者敢不承。其來匪朝夕，積戾薰以蒸。乖風召惡劫，無術止亂萌。驚心昨春暮，殺氣騰樊蠅。危城在呼吸，一籥天竟膺。群兇走雷雹，不費一矢征。事首僅長繫，饑民尚枝撑。那知伍伯曹，別有難當憑。飄風犯城邑，殘我林與芿。癸丑三月，遵義令信其總快紿，糾合無賴，據城闕，將縱火殺掠，遂誣南鄉諸里欠糧人以反，因而誅之。天忽大雷雹，擊散諸無賴，事乃解。桐梓楊賊亦曾爲總快，其黨陳賊，則去年應遵令守西城之魁也。

落落副戎兵，晨燈剩殘膏。豈有數尺隄，欲遏萬頃濤。棄甲任賊驅，百里餘腥臊。桐事起半月，遵義副將始率新募禦賊於板橋，敗而還，賊遂長驅逼郡城矣。主客萃文武，登陴藉崇高。富氓奪門走，懼作逆命苗。賊僞示言，能先避出城者不殺。貧氓差守義，分堞助干旄。攻術變不休，鬼車和悲號。城存實天幸，守者豈不勞。竟有賊窟歸，詭蹤兩端操。平常習寬大，非種不忍薅。豺狼方塞途，虎豹日月嗥。保無譸張者，磨核布妖桃。賊磨桃核貫之若數珠，以飾頸，從之者即予以桃珠。

承平二百年，事變誠已卒。極盛丁字街，瓦礫遂狼藉。嗟嗟市井中，競利守膠瑟。賊來拌捨棄，敵愾肯助役。一炬誠可哀，創深或知惕。我軍之氣挫，已自岳崖北。候補知縣陶履誠、署副將保山被鄉導紿，戰死岳家崖下。猛將誤岐途，儒旅愈難率。因循令賊蔓，肆出污清白。村墟焚掠遍，卅里無完室。山城積聚少，近野悔浪擲。可憐中下户，日有不黔突。逃城逾萬人，去苦盗充斥。扶携還郭下，老稚餘懍慄。踉蹡求生門，欲飽那易得。

軍門轄諸鎮，重寄在安邊。兵家無巧久，夫子豈不宣。聚師已逾萬，坐聽孤城懸。帀月未百里，漸匱九府圜。進攻必良辰，失利乃屢傳。誰令燎原火，欲熄還更然。我觀弧矢星，光燭西南天。豈容草間竊，久飲郭下川。潭潭制軍公，好謀能萬全。在昔襄漢上，埽除無寸壇。已聞發滇海，前旌指温延。士氣待之奮，會見十當千。談笑靖妖氛，快聽伐鼓淵。

悤悤講屯拒，露白楓未丹。昏昏幾何朝，千林霜雪殘。四民久失業，別有心力單。肉食尚臞黑，何者猶好顏。李舅不合來，蜀山越千盤。解鞍逢寇至，惝怳難具言。日夕想歸路，短景逾小年。語舅且少住，勿計望與弦。白波弄餘腥，楊賊自謂與江南賊洪秀全同黨，聞江南城已克復。潢池本無源。縱彼開户玩，持我得筭觀。古來禍亂定，早貴能者肩。茁枏愁斧柯，涓流詎濤瀾。昔遊江湖事，回首百憂攢。

俯擊防水根，潛攻畏雲末。當頭雨泉注，拂面風刀割。四山成戰場，一步不可越。平時遊覽處，血污驚歷歷。饑瘠多病馬，寒瘧半痛卒。根枏薪樹空，泥沙井泉渴。軍家貴持重，會有賊亡月。健旅蹇不親，懦士容爲悦。誰施調劑手，運以剛柔克。我懷于田師，號令何嚴壹。八道趨海龍，尺寸非荒惚。明萬曆庚子平播，李化龍帥八道師壁海龍屯，計尺寸分攻，鑿崖懸梯，枘空猶在。

蹇一士謂大令帥募卒剿桐梓楊逆餘黨，以十一月十日戰没於其縣西三十里之四岡，踰月歸其柩於遵義，爲賦挽詩四章

桐渠唾手入樊籠，推爾龍平第一功。甲寅秋桐逆楊龍喜、李七亡等陷桐梓、仁懷兩縣，趨據雷臺山，圍遵義府城至百日，大兵四集雷臺，驟不能下。君聞七亡以衆南出，據龍平場之水口寺，帥募卒團民合圍火寺，七亡及千餘賊并殲焉，龍喜始懼。又二十餘日焚雷臺遁，今春遂授首。騰踔已看辭李廌，君初次大挑二等歸，至是積鄉里戰功得儘先知縣加同知銜。拚飛何意更桃蟲。身經百刃旗猶掣，援斷重圍鼓不雄。鬭死遂令群盜盡，九原英爽定無恫。

新秋才手一編詩，付我嚴删更勿辭。有約馳驅能并轡，此中磨淬正多時。七月中，君手其《晉遊》、《秦遊》兩草付余，南取謁選文書，途次爲之點勘，且有同行之約，余歲晚尚不成行，而君凶問已至矣。關山故滯鴻泥蹟，鋒鏑翻增碧血悲。從此匣中秦晉草，題篇須擬客豪詞。

黔國攻圍轉益多，長材歎息半消磨。人心蹙蹙空思治，天道冥冥竟奈何。上計車書迷楚驛，頻年天地積荆駝。此生出處俱難問，羨爾勞生馬革過。

金口孤忠媿古人，甲寅正月遵義唐子方方伯殉節金口鎮。四岡又見子成仁。英名并壯楗山色，殺氣

應回臘雪春。馬卒捐生還傍主，牛皤收骨竟歸輴。君臨難時，從卒曾明標、王仕洪不肯舍去，同力戰死。君骨遂爲近村王叟所匿，不爲賊毀。維桑文獻平生事，再得摛詞刻翠珉。

銅仁陷

銅民何譊譊，一憤殺長官。揭竿乃秀孝，亂起倉猝間。催科縱不仁，賦税義所關。胡爲不思索，陷此群元元。爲勢已騎虎，若火將燎原。蕩蕩石壁城，兩江三面環。唯餘背一綫，稍接城尖山。縱有十萬師，欲拔知其艱。居然自内潰，設險復何言。

松桃廳、印江縣、思南府相繼失守

思唐倚萬聖，地險城無堅。印江尤蕞爾，有城不踰肩。銅逆張假仁，誅吏民舍旃。又造無理語，先免糧三年。所以至輒應，開門納□□。哀哉印令新，未作十日官。桃僵分應爾，李代能無冤？

晚至沙子硝，逆旅已滿，遂尋山寺宿。張翽門、方雨三沛霖亦至

寒月隱層嵁，疏星繞劍鐔。棲遲無宿處，寂寞借僧龕。垂老方多難，爲儒只自慚。南征諸壯士，野宿更何堪。

張籍師儒席，奔波不救貧。方干靈素術，賊裏費抽身。天地悲寥落，知交感舊新。聯牀談未了，惜别對霜晨。

老君關

雄關俯烏江，實維播南户。所以八道師，南道不易度。未聞丸泥封，可以防北路。去年螺螄戰，一敗敢反顧？林林軍門軍，宵遁幾折胯。何心更向敵，且欲劃江駐。關門一以就，樓堞足偵戍。啓閉得自操，豈不進一步。布卵當城門，爲守亦良固。誰爲運斯籌，嗤笑尚童孺。

過扶風山拜陽明畫像

手扶明社正，心與孔庭通。勝國推人傑，誰能夫子同？勳名蜚語至，宗旨末流空。一笑何加損，英英百世風。

即在投荒日，狂酋竟革心。生徒來稍稍，文武并駸駸。先生親炙弟子〔二〕，貴陽陳宗魯、湯伯元并傳其學，陳得其和，湯得其正，而偏橋錢鳳翔屢平叛苗，復有潯梧征府江、東崖、古摺、糯洞等戰功，又傳先生軍略者也。道廢儲材乏，時危望古深。空山拜遺像，回首一沾衿〔三〕。

莛升弟生日，同人約爲黔靈之遊，雨阻，遂會飲貴山陽明祠下

頻歲飢馳到生日，弟兄欲見愁無術。今年兩會誰使之，五月君歸今我出。君歸我出同可憐，獲此意外蒼茫間。對牀風雨亦足樂，何用擾擾尋靈山。陽明老翁瓣香久，陽明祠下生稂莠。早欲相携爲埽除，況有諸君一樽酒。酒酣日落風騷騷，眼中群盜正如毛。明年今日復何似，咫尺旁溝萬里遥。諸君且輟經生業，細乞陽明《六韜》法。指撝一旅試桑弧，往取勳名嗣藤峽。

甲浪書事

甲浪市頭譌賊鋒，居人十户九户空。扶携負載滿山谷，問之不答馳恖恖。市人已無百金產，賊胡爲來我能斷。僕夫健絶行且疑，冷月横空尚餘喘。

聞賓女殤

中秋我夢汝，壽母逐諸兄。才似聞啼笑，那知隔死生。有行存亦遠，亂世命原輕。寄語芙衣子，休憑老淚傾。

中秋宿大塘官舍，呈王勗齋別駕

層城高壓萬峰環，黔竹南陬此峻關。落日旌旗森百雉，清宵鼓角震群蠻。輕繇頗訝寒偏早，晚稻猶憐穫尚艱。客裏中秋渾不記，尋常尊酒一開顔。

十六日東北行三十里至紅崖河，聞平州司已爲苗陷，司西河東牙州一帶徙避一空，遂還宿大塘署，再呈主人

路出紅崖已阻修，夷氛那更逼牙州。還爲此夜高齋宿，重益鄉園浩劫愁。看爾彈丸當要塞，對人草檄壯邊籌。應能指臂驅連軌，勒作雄兵扼上游。

黨古溪上

十里瀑聲中，微茫一徑通。水花縈石粲，山果墮輿紅。雲去留殘雨，橋迴度急風。晚來村店遠，客思益忡忡。

雨宿青崖

秋半青崖道，殘炎未埽蹤。狂雲翻一角，急雨下千峰。群盜連鄉邑，迂行避燧烽。不愁衣袴濕，但使願能從。

再宿青崖

松風回赤土，落日下青崖。徙户忙遺犢，荒城每逸豺。烽傳鄰縣急，諜語隔宵乖。行路真難甚，悲歌拂劍韍。

闕　題

亂之初生本微孺，群公衎衎養以大。自從不救合江州，血流千里無人荷。思君欲渡勞村南，豺虎塞途不得過。微官易棄愁女歸，何術跳身竟無挫。檬村東滯西漁棠，多難音書無一箇。亦拌生别等二子，豈計寒冬涕同破。相携且盡十日歡，何處青山許高卧。

次韻，答王夢湘觀察

故鄉何地可盤徊，千里犍牂半劫灰。講舍已無三徑問，銜杯空憶十年來。流離始識承平福，天地終須定亂才。若使庲降張馬在，肯容連郡長蒿萊。

南征無路苦低徊，秋律黄鐘亦琯灰。且喜詩書傳老輩，那堪身世説將來。先生扶病仍憂國，當事何人解用才。天道盈虚雖有數，愁聞新鬼遍荒萊。

黄子壽編修示所校《爾雅》《集韻》，書其後

涪翁磊落耽《蒼》《雅》，細碎曾聞訶子瞻。夫子研經有家法，駁文隨手見攻砭。戈船蹙浪猶懸楚，戰格連雲已塞黔。何日兩階干羽格，却歸東觀理瑶籤。

闕　題

使君文武似青螺，不以軍行廢雅歌。愛士渾忘開府貴，論詩能恕廣文苛。烏江八道逢持節，梅嶺三關憶枕戈。早晚説歸歸得未，飄零君采奈愁何。

明月篇

明月不知愁，徘徊江上樓。樓頭人似月，渺渺送江流。楊柳經年别，梧桐一葉秋。盈盈飛

鏡下，空説大刀頭。

自定番渡濛宿隔浪

千峰當去路，步步入高寒。絲雨如相妒，輕篼坐已難。濕雲收隔浪，生月憶濛灘。定爾崑崙叟，低徊坐夜闌。

贈唐鄂生

山店淹旬空寂寥，草堂來趁故人邀。蒼藤尚覆攤書榻，古石仍通倚杖橋。世路崎嶇逾昨日，鄉愁歷亂劇今朝。那堪更近重陽節，風雨悽悽誦楚招。巴陵吴南屏、武陵楊性農所撰尊公哀辭適寄至。

記送尊公春盡時，疾風愁雨亂方池。謂余自有平生志，曲筆無煩後世嗤。盡瘁完忠言竟踐，犯鋒歸骨子何奇。碑銘苦乏淋漓手，差信中間無愧辭。癸丑三月，尊公奉命起楚，送于此堂，尊公頗以時事艱難爲之憂。友芝曰：「公建利固原時，豈易爲者？意氣固如是邪？」尊公慨然曰：「唐子方自有平生，他日斷不煩諸君曲筆也。」

和答楊性農彝珍駕部見寄「窕」字韻

山中人兮善窈窕，思我然疑費鈎討。險難路遠歲華徂，欲寄芳馨迷血草。頭蘭破夏趣休甲，戰鼓蹉冬喧未了。連營疲卒委空杠，幾郡崇墉悲震槁。自五月至臘月，貴州陷城以十數，而銅仁、思南、石阡皆郡城也。秉麾豈乏籌策良，曲突能無昧幾早。腥風動地祇增益，妖燧連天難撲埽。出門一步即荒榛，閉户經時茫白曉。眼中朋舊斷消息，手犯艱虞逐旌旐。間關能脱見猶疑，存没浪傳悲不少。鄭子尹在荔波棄校官，迂道南丹脱歸；黎伯庸在開泰，有傳其戰没者。瑞芝主人木天客，棄官穩卧金霞杪。巡社能除害群獸，比鄰盡作安巢鳥。閑暇頻哦感事詩，諷譏不顧當途惱。似君前箸足靖亂，何事畫疆圖自保。甲寅五月，賊陷常德，性農曾率里壯，兩擒殺賊諜，賊遂不犯其里，近三十里皆免屠掠。見其《賊退示鄰里詩序》。倘持虎旅向荆鄂，肯任鯨波肆顛倒。脱身寇盜固匪命，袖手煙塵吁已巧。拙生不合吏部籍，頻年且免春官考。詩書時世早無用，亂離溝壑拌終老。陶令弦歌吾欲謝，高生鞍馬君何寶。頗怪津談重允羅，胡爲不就行人稿。君寄子尹詩云：「休勞司業饋酒錢，會見行人具芻藳。褰裳倘共莫髯往，從事無如曾侯好。」見寄詩又云：「烏公久欲羅石温，韓子曾思薦郊島。」固知白雲共懶惰，未必青油真美好。天心豈有陂不平，世事那庸愁自繞。洗兵一雨注旁溝，舉眼千山即蓬島。釣竿相訪入煙霧，沅尾沅頭任風掉。

儀軒僦居鄰宅，賦贈

詩酒無朝暮，相歡動洽旬。論交三十載，今日倍相親。有子能酬國，鄉閭復幾人。漫因阿會故，輕損庾規身。

【校勘記】

〔一〕《續遵義府志·藝文志》此詩題之下有「甲辰」二字。

〔二〕貴州省博物館藏莫友芝此詩手稿此下尚有「傳其學者」四字。

〔三〕此詩之末，莫友芝手稿尚有文句曰：「咸豐乙卯冬至敬謁陽明先生畫像于扶風山祠下，率賦二律。後學莫友芝。」咸豐乙卯，即咸豐五年（一八五五）。

郘亭遺詩卷第三

擬左太冲《詠史》用其韻

少壯志奇偉，叩關西上書。願廣都試課，稍補亭屯虚。結客走遊俠，跨馬歷名都。縱横無所合，意氣置土苴。朝烽起區駱，夕燧延荆吴。米教本草竊，井蛙非霸圖。鈞弋在綸矢，赤手鼓嚨胡。誰能靖江表，相翔空野廬。

佳種得雨露，被野皆良苗。惡木不剪剔，扶疏揚遠條。天地無全能，財成在工僚。寬嚴失其理，事變起崇朝。濟南奮猛腦，勁氣奪金貂。潢池謝文法，赤子已就招。

馳義發罪旅，遂反且邛君。五道既破越，八校亦還軍。便宜誅隔道，送款何紛紛。邊夷犬羊性，喜怒無常群。未喻漢小大，矧乃順逆分。一朝倚恃絶，迅埽如殘雲。

我夢插兩翼，上與雲霞居。俛仰萬餘里，燦燦黄金衢。無端不得住，歸去守敝廬。耳中洞庭樂，風水猶笙竽。閉門理三徑，荆棘不通輿。阡陌何蕭條，時時見廢虚。陶句。賈生陳事埶，蹙蹙寧此如。杞憂詎能已，痛哭徒區區。

中興尚苛察，刺舉厲監州。耳目長憎愛，諷議來朱浮。承平弛繩墨，亦或倚王侯。鷹鸇習寬大，梟狼恣嬉遊。黄巾三十六，肆出豈無由。拔本事已遠，養癰嗟末流。爲郎非所好，詞賦特訇震。卒史靳右職，首循竟斯人。盛時多軼才，雜進皆殊倫。丞卿怒懸鼓，忠篤遂難陳。鴻都列市肆，動譽若埃塵。卧規已足異，乃有誚子鈞。武皇急邊釁，暇計金隄薄。漢家并河州，幾歲有安宅。那堪決瓠子，漂蕩連城郭。宣防遲未就，巨野溢已廓。讓策豈不良，譚議空按籍。軍儲乏支度，矧乃無底壑。何當循禹功，北播究古昔。旦晚殺横流，哀鴻息中澤。緬彼大同世，渾渾化廉隅。自從小康來，齗齗區室廬。同異起黨伐，是非無定塗。笯羈儀庭鳥，網漏吞舟魚。名聲侈題拂，意快禍亦儲。龍門豈不偉，無乃明哲疏。眼中遠君俊，幸免王府書。萬事只閉口，爛醉信榮枯。智矣水鏡叟，一佳無復餘。敻哉鹿門翁，龍鸞以爲模。

過張白高山居二首

同輩今寥落，憐君復愬歡。病添相見少，老益治生難。逐鹿馳春晚，叉魚鬧夜闌。向來飛動意，欲索更無端。

歎息三年事，安居有幾人。懷驚各奔走，定痛亦酸辛。田里非恒業，詩書不救貧。未聞群盜盡，莫漫整儒巾。

唐福田現龍把總挽詩

我傳佘溪袁現龍，爾來相訪訝名同。當時已露沙場志，今日真承烈士風。赤水驚猿無北逸，青崖躍馬漸南通。阡城克復身偏隕，歎息唐生命數窮。袁見龍，遵義人，萬曆三十七年武舉人，從總兵官劉綎討建昌猓，得守備。四十六年，起綎援遼土，揭兵部請調見龍等二十餘人，踰年乃至，綎已先戰死。見龍以都司從副總兵童仲揆進至渾河，同戰死。事具《明史·仲揆傳》。乾隆中賜謚烈愍。鄉撰《府志》已據綎《揭》爲之立傳，而遺其死事。甲寅春編録《黔詩》，乃摭附袁氏傳中。佘溪即沙溪，見綎《揭子》。

丙辰初夏五日，陳雨亭作霖教諭、李儀軒蹇臣、蕭吉堂光遠兩山長及諸同好雨集影山草堂，約自今日始，越十日一鬮題分韻

馳羽劇三歲，轉戰驀萬峰。黔邦十二郡，郡厭旌旗紅。子弟業久荒，孫吳伴橫弓。典試返中道，督學虛冠童。今朝復何日，文酒還雌雄。青青雨中山，遶郭餘腥風。始亂幸早已，四鄰未全通。茲歡豈易得，停杯漫悤悤。安能張詩禮，鋒鏑埽一空。青蒿恕我黠，慚愧倚長松。

廿五日，遵守令送肄業諸生於山長，以湘川、培英兩書院燹毁未復，啓秀書院雖僅存，又傾隘，乃請三山長集學使者試棚成禮，賦呈儀軒、吉堂兩同事及雨亭監院

油幕憑教借試棚，甲寅秋冬辦桐梓賊，制軍、總戎諸公，皆以試院爲幕府。何妨絳帳領諸生。可憐精舍三區舊，空有靈光一柱撑。走檄昔驚催鳥陣，分題今喜復蠶聲。延南未靖需才亟，欲課穰苴佐子行。

遵令招山長、監院過縣署飲，適同集雨亭寓齋，皆謝不往，令遂遣庖人將具來餉，呈主人

廣文山長各求蒙，懶散城隅一巷中。賢尹能寬虛禮縛，芳尊移與素心同。分秧西郭鱗鱗水，嘗杏東樓面面風。最是高齋宜夏日，頻來休厭汝南翁。

端午聞韓南溪超太守復起統下游兵，寄之

悽風苦雨過端陽，南望昏昏淚幾行。一自威名閑卧虎，竟無弧矢直天狼。旁溝援絶城圍急，剛水人空嶺路荒。傳道子通還擁節，出門巾佩忽飛揚。

詠鄉里端午故事四首

雄黄酒

雄晶煜煜照荷囊，屑入蒲尊亂鬱香。一樣青紅兒女節，額黄添得晚來妝。

粉蒸肉

聞道三閭祭脯空，故教蒸糝誤魚龍。不知稻粉荷衣製，可抵花絲楝葉封。

佩胡孫

五色斑斕小沐猴，翠髾花褓配嬉遊。無端走上鄰翁背，到處逢人笑不休。

遊百病

綵絲花扇葛衣輕，百病消除闔此行。摘得滿懷新樣草，晚風吹落賭籌聲。

甘藷歌

山田易蕪今不蕪，山農歲歲種甘藷。紅衣玉肌相倚扶，撲地一蔓千瓊琚。芐形蕡質拔連茹，甌窶滿篝汙邪車。磊落塞破田間廬，西成少休復東畬。稱心爲穀爲果蔬，仰事俛畜仍賓廚。殘膏剩馥所句濡，飽死直到牛羊豬。珠崖興古牂江隅，藷糧自昔倉囷儲。常過百歲無夭孤，計然三輔善儲餘。《御覽》引《范子計然》云：儲餘本出三輔，即《山海經》所謂景山，其草多藷萸。汶嶺蹲鴟誇上腴，陳功比德那能渠。惜哉古簡昧厥初，數典僅存稽賈書。稍知珍産本鄉閭，葛米句沙相吐茹。後來《圖經》從逸逋，汲綆渡海還生誣。嵇含《南方草木狀》言甘藷，珠崖産。賈思勰《齊民要術》引之，又謂出交趾、武平、九真、興古。今貴州興義府，即蜀晉所分牂柯置之興古地，然則甘藷本黔南舊産。徐光啓《農政書》乃謂番藷自海外竊取藷藤絞入汲水繩中，渡海分植閩、廣境者，蓋誣也。承平人滿天亦吁，地力已竭難盡哺。蕵蕪木禾拔菰蘆，謂玉蜀黍。稍有拯救嫌錙銖。老藷此時夾嶺居，抱才未試若靡殊。一爲蒼生起饔餔，霸氣遂凌秔與稌，尚匪小補才驩虞。玉缸春篘瀲碧醹，石釜夜瀑團金酥。璆絲冉冉光氣敷，瓊英霏霏雪難如。多能不器應時須，摩頂放踵肯言劬。慨古大兵凶歲俱，播溱亂定愁飢呼。居然穀賤靡告痡，微藷之力能爾歟。飄然時危一老夫，無田有屋長嗟歔。四方盜梗茫所徂，繞屋且栽三兩區。左持藷孫右藷壺，講元扈法彌厥疏。早晚沅頭戚軍枹，付與善後勤徠臚。

桐梓餘賊鄒神保等已窮蹙，入水落洞，復爲守者所縱

聚師環壓石門牢，後舞前歌太自豪。甕鼈竟能生羽翼，釜魚誰使縱波濤。龐勛虛幟還供米，彭樂收金漫舉刀。大鎮幾多逋敵者，知難小邑問牛毛。

蘆酒三首

隔年蘆粟釀猶紅，酒味長含粟粒中。客至井泉方挹注，春生爐火頓沖融。不煩激濶升虛竹，儼有清醽度碧筩。正是小年禁酷暑，一竿相屬引薰風。

燒甕滴淋黴嶺表，謂居辰水釣藤先。豈知瓶笛關西法，遠紹爐筩粟米傳。多始醉人宜小户，歇難全美戒輕酮。豪吞細吸從吾意，何事旗槍鬬茗煙。

鄉里平時燕喜場，修船大甕列成行。東西隔坐頻相揖，三五分曹引遍嘗。醉後冠纓從仰俯，扶歸禮數尚周詳。居然古道堪求野，歎息軍興此意荒。

杜子美《送從弟亞赴河西判官》句云：「蘆酒多還醉。」宋莊綽《雞肋編》：「關右塞上人造嚐酒，以笛管吸於瓶中。」杜詩「蘆酒」蓋謂此。蔡夢弼《草堂詩箋》：「大觀三年，郭隨出使，虜舉蘆酒問外使時立愛。立愛曰：蘆

酒，麋穀醖成，可醱醅，取不醉也。但力微，飲多則醉。」子美之言信驗。自是言杜詩者并謂蘆酒即今咂酒，良然。唯「咂」當依季裕作「噆」，并子答切，即「𠯗」正字。咂，又「𠯗」之俗也。此酒凡十名，又曰爐酒、曰箭酒、曰雜麻、曰釣藤、曰釣竿、曰竿兒、曰咘嘛、曰瑣力麻，而爐、蘆爲最古。遵義常秋冬之交，以高粱或雜稻穀、小米、麥稗釀，可陳久益美，他時釀者不能久也。釀法：煮雜穀極熟，攤竹席上候冷，置大栲栳，和麴覆二三日，酒香溢出，分貯大小甕，築實，半月後可飲也。不即飲者固封之，將飲乃去封，滿注湯，火甕底一炊許，以通中細竹插甕中，次弟噆飲，人以益一杯湯爲節，濃汁常在下，不淡不止。待慶、吊皆用此品，或十許甕置一卓，或置一船，羅列數行，足支千客，揖讓序飲，禮意猶存。或注湯，微火之，俟味具以竿激出，盛他罌壺温斟酌，故謂釣竿酒。又以雜穀合釀，故謂雜麻酒。爐酒見賈思勰《齊民要術》，其作粟米爐酒法云：「五、六、七月中，夜炊粟米飯，攤令冷，夜得露氣，雞鳴乃和之。大率米一石，殺麴米一斗，春酒糟末一斗。」和法：「挼令相雜，填滿甕爲限，以紙蓋口，塼押上〔一〕，勿泥之，恐太傷熱。五六日後，以手内甕中看，令無熱氣，便熟矣。酒停亦得二十許日，以冷水澆箭飲之，䤈出者，歇而不美。」按此攤飯、填甕、箭飲諸法，即與今噆酒無異，然則此酒自元魏已有之，猶不始自唐也。䤈，《説文》云：「䤈也，古弦切。」《玉篇》：「以孔下酒也。」與《廣韻》并「古縣切」。「䤈」，音義同「瀝」，䤈與孔下，即今釣竿之謂。釣竿别酌，味必減於就噆，即歇而不美之謂。其云冷水澆，猶今之灌湯。其名爐，疑澆後當以火成，「澆」下當奪一二字，抑豈供暑日但冷飲歟？或以爐爲蘆聲之誤，恐未必然。思勰西北人，所記當即其風土，故河隴之間，唐宋沿而不失，於杜詩益有徵矣。

釣藤名始稱于宋，竿兒聞於近世。劉延世《孫公談圃》：「辰溪有釣藤酒。」朱輔《蠻溪叢笑》：「釣藤酒以火成，不醡不篘，兩缶東西以藤吸取。」楊慎《外集》引之，謂即今咂酒。方以智《通雅》亦謂：「咂雜麻酒，洞蠻名爲鈎藤。」又陸次雲《洞溪纖志》：「咂酒，一名鈎藤酒，以米雜草子爲之，以火釀成，不篘不酢，以藤吸取，多有以鼻飲者，謂由鼻入喉，更有異趣。」據五家説，并以鈎藤爲溪峒咂酒别名。按其法，即今釣竿，特以藤以竹之異。近許纘曾《滇行紀程》載：「蘆管漬酒飲，謂之竿兒酒」者，亦即釣竿之類，唯《纖志》鼻飲爲新聞耳。

筩酒、咂嘛、瑣力諸名，明人始及之。李時珍《本草綱目》：「秦蜀有雜麻酒，用稻麥黍秫藥麴，小罌封釀而成，以筒吸飲。」李實《蜀語》：「筩酒亦曰咂嘛酒。」引《華陽國志》郫筩事，謂仿佛其遺意。方以智《通雅》：「蘆酒，咂嘛酒也。謂植蘆管於中而群飲也。今陝西家家以此款客。何子元[二]曰：謂之瑣力麻酒是也。」近蔣士銓《忠雅堂集》有《咂酒爲周海山作》古詩，詠燒飲釀，罕譬頗詳。古今言咂酒可述者，大略具於此矣。唐劉恂《嶺表録異》謂南中醖既熟，貯以瓦甕，用糞埽火燒之。《太平廣記》引《投荒雜録》：「新州多美酒，南方飲既燒，即實酒滿甕，以火燒方熟，不然不中飲。沽者以細筒插就吭，以嘗酒味，謂之『滴淋』。」據二家所述，皆於今嚐酒爲近是。此法自唐已傳嶺表，宜宋以來遂沿溪洞。

然而高陽著術本肇秦中，明之陝西猶然，家家款客，則千歲以上之祖風也。蜀近於秦，故此風不異。楊慎《咂酒》詩云：「賓酬百拜勞。」即言款客禮飲。黔北諸郡舊皆蜀徼，風物相沿，有自來矣。昧不考者，反謂漫承溪洞，豈不慎哉？蘆之説，昔人皆指蘆管、藤竿爲類。愚謂此酒之高粱，即古之稷。元吴瑞曰：「稷苗似蘆，粒亦大。南人呼蘆穄。」李時珍數高粱異名，又有蘆粟，疑蘆或以穀言也。咂嘛之嘛，字書所無，相承音麻，疑麼、糜等字誤，麻因咂加口耳。糜芑爲赤白粱粟，即今小米。麼，穄也，蓋黍之不黏者。皆此酒所恒用，故舉以名歟？或曰：咂嘛即雜麻，麻當爲糜，謂糜雜穀爲此酒也。亦通。瑣力麻當是方語，不可解。或曰：瑣，小也，言酒力不勁也。或曰：昔之緩言也，殆亦謂宿釀已熟歟？長夏酷熱，蕭吉堂山長招飲雲麓精舍，既分體詠詩，因附説始末，以詒生徒。丙辰六月六日郘亭記。

自省南往獨山道不通，且一歲始得猶子遠猷來書，知州人以社團自保，城尚無恙，却寄示一百韻

遵桐昔未亂，齋匪假妖術。糾結異種人，豐寧肆侵軼。燈花走愚惷，趨死不自悉。其渠雖就殲，同惡未盡桎。遂乘白錦釁，還擾白陽卒。甲寅二月二十七日，獨山齋匪楊元保等亂豐寧上司。三月曾圍州城，四月十八日就捡。九月桐匪楊鳳等圍遵義城，元保餘黨余光裕等復起下司之芒場，旋擊遁。我時在重圍，涕泗念兄侄。倉皇乏毛羽，敢信何土吉。雄兵萃三省，惡馬馳萬匹。雷台走虔柳，逐北數道出。連郡驅風飆，巨憝屬鈇躓。楊鳳以十二月十六日破走，乙卯三月七日授首于石阡之葛章司。一時反側子，何者不股栗。坐想乘勝師，一鼓痛爬櫛。指撝清鬼教，叱咤洗蠻猾。譬之湯沐具，何處留蟣虱。捷書馳爾叔，謂指安江末。方隨子通部，橫戈更磨刷。阿兄適南來，共喜破憂惙。家人兩無恙，鄉亂庶可輟。握機者誰子，自誑不暇恤。耳目忘腹心，枝條昧根節。朝防趨甲弛，暮釁睹竿揭。驚傳崖門陷，旋報合州失。乙卯六月三日，凱、棠等苗陷崖門司，二十七日上江齋匪陷三腳坉。釀成燎原患，尚冀杯水滅。南行歸路斷，八番取回屈。千峰低粵徼，黯黮送落日。滿道逢流亡，老小互扶挈。徂羸衣履破，飢餓言語嘌。偶然風鶴警，戰縮有餘慄。荒荒紅崖河，饟徒盡還蹶。牙洲昨夜火，生死介一髮。迂

遲免新恐，返轡復何說。半道得遮要，草堂敞修潔。平生文字知，忠憤待選述。表章有賢嗣，敘次敢辭拙？翰林名父子，羈羽息飛鴥。一巷呼可膺，朝昏破愁疾。廣文隔勞江，跟蹡棄冠韍。相逢尤意外，自詫虎口脱。人誇德星聚，亦笑窮鳥聒。干戈自滿地，詩酒竟累月。浩歌惜劉三，授命偕蔣冽。劉芝山，字伯龍，漵浦人，能手提六十斤大炮蹲發之，輒斃數十賊。征粵匪，積功盡以讓其族兄士哲得知府，而芝山僅六品翎頂巡尉職，不就，率其部治銕于南丹。子尹與荔波令蔣嘉穀守城時，應募來助，遇賊無不披靡。十月十七日，嘉穀追賊，深入戰死。二十日，芝山亦中飛炮死。嘉穀，字曉雲，□□人。勻南請師人，間關逾急切。相將趨大府，痛哭眼欲瞎。稍知吾遠子，失業久投筆。糾旅當北藩，猛氣頗蕩決。危哉黃梁戰，幾作灘頭血。桐刀仍兆亂，北走顧我室。無從助多算，回望屢愁結。十月中，楊鳳餘黨徐子容等復起，圍桐梓城。入門餘飢劬，小女遽夭札。桐棺完遺嫁，忍淚且作達。愁聞我行路，妖黨轉滋孽。豚涓指沅首，横亘伺扃鐍。延辰更始間，木耳又草竊。壞城未一收，棄乃過七八。儒冠即戎首，詩禮竟何物。材官工遁逃，文吏安用詰？毅哉兩遊戎，鬬死更不怵。楊君吾保障，愈令想屹嵲。孝廉楊與蹇，寸祿未干舌。殉義同錚錚，士恥稍可雪。後三腳坉失守者：七月，都江廳；八月，定旦營；十月，大塘、羅斛兩州判，銅仁府、八寨廳；十一月，印江縣、思南府、松桃廳、石阡府、正大營。其以死事聞者：定旦遊擊保齡，八寨遊擊楊廷柱，八寨守城死者有舉人楊超儒，桐梓戰歿者有舉人蹇諤。廷柱，字□□，果敢有謀略，楊元保事起，先至獨山籌守具，州城得全。元保揜，還守八寨，至是屢却賊。十月二十八之夜，以兵單無援殉城死。超儒字幼軒，壬辰舉人，截取領咨，當謁選，撫軍令其暫歸團練，城破，死於學宮。諤，已有挽詩，見前。唇亡歎八寨，我州愈臲卼。連書戒持重，飛夢繞嶢岊。遲爾消息來，重裘換單葛。開函乍驚喜，涕淚幾橫溢。言從去年夏，州境環賊窟。州人爭敵愾，奮發氣莫奪。秋成皆入保，官私稍充實。宿飽使荷戈，何鋭不摧折？所以一歲周，崇墉尚完屹。今年耕作計，僅有二分一。眼前縱無虞，常恐到支絀。矧自我里焚，（乙卯八月五日賊焚兔場。）全家寄城闕。東南姑姊妹，驚聚守飢渴。遠也扞賊衝，百戰苦力竭。傷心四叔病，遽此多難没。醫藥了不知，喪葬從草率。既死謝百憂，生存盡旒綴。北道猶未通，呼援趣徵發。（都勻。）南鄰阽危久，常恐更蹉跌。（荔波。）何當偕衆叔，升斗相呴沫。暫爲太平民，所願亦已畢。遠乎爾誠難，世事非故轍。我生既不早，死地覓真活。荆吴漫耶蘇，滇雲肆回紇。绿營卒已罄，水衡費徒括。驍材多掣抑，駑帥習喪蹶。欲紓宵旰慮，差賴巡社仡。（唐澤潞步兵、山河子弟、宋河朔巡社，陝西、湖北等處保甲等軍，即今鄉團遺法。）近者觀湖湘，遠者東南越。連城自保障，百撓尠一拔。故令新使者，行省概增設。剛頭丁亂始，柔氓與筋骨。延北尋次之，其衆益勇傑。邇雖遺小蠢，肯使更延茁？黔盜自如毛，兩徼足式遏。天心若厭亂，勁選在此列。老我習顣頷，出處信天扤。時危右韜符，戎經頗穿穴。善師如轉環，絲隙不受鍥。吾家君顯公，開疆有前伐。遠乎團子弟，千鋭慎一茶。偏氛觸手靖，群逆好槍鹹。繩武良在兹，以慰老眼刮。

擬郭景純《遊仙》用韻，分得三首

青裙逐汗漫，朅來天門遊。盈盈河漢水，元氣送吾舟。雲房校群仙，懸壺爲之投。天公顧玉女，一笑已千秋。登真偶然事，功行非其流。

攝生耽久視，外物不能災。苦乏金丹藥，無由到蓬萊。蓬萊五雲中，金宫臨玉臺。群真弄黄白，共佐流霞杯。辛生溺瓊筵，取怒還解頤。誰持青城土，煮之填九垓。逝將尋陶朱，浮游留我孩。揮手謝白石，齪齪空凡才。

仙人穢且倨，浪蹟隱真魄。日日來人間，過眼了不白。子榮棄惡癩，瓊脂致松柏。公房舐瘡疽，沖舉乃旦夕。習貴誤寡人，幾負九鼎液。運履一恭謹，遂得從黄石。傲骨而潔身，嗟嗟世間客。

飲香雨堂池上

伏暑隔疏竹，虚廊池上迴。清樽微雨後，小酌一花開。群鯉泳何樂，雙鳧招不來。當時種經意，落日澹蒼苔。

聞銅仁五洞復警

已道三山谷，夷氛旦夕清。伸威方走敵，縱暴復連兵。杼柚愁鄉里，流移半死生。誰爲石希尹，天外作長城。希尹鎮貴州，其威名自銅仁參將始。「天外有長城」，張鶴樓贈詩結句也。

寄朱亮甫右曾太守二首

馳書走檄趁飛烽，口授胥鈔十手慵。尚以分陰供著述，豈唯多算在心胸。太守總軍務局，夜分書檄之暇，常以一二時許整理所著《服氏春秋左傳解誼》。聚師驛驛呼鄰省，兜剿狟狟盡選鋒。露布請君濡筆待，伫教沅首復耕農。

千林回曲萬山遮，其奈情多復地遐。久擬傳經依服慎，可能訣墓乞劉叉。種松盈丈先防蟻，插柳經年已住鴉。世事轉丸須早計，何曾秋實勝春華。

陳雨亭病痎，用昌黎《譴瘧鬼》韻

陳老曬伏日，戚慄無光輝。胡爲間日瘧，頓減博士威。醫言異王霸，立按互諷譏。補劫兩不應，固識所議非。此病本鬼作，其來如發機。方居嚴冰重，忽著紅爐圍。萬境易平陂，百節與伏飛。舊鬼守江水，已聽韓子揮。猴鬼竊其技，肆瘧漫群巍。那能綴辭譴，勿嗣昌黎徽。嗟汝陰黠性，人面徒依稀。死猶作冷暖，翻覆茫所歸。靦妝避幽隙，厚餉勞子妃。縱汝饕惡慣，乃犯師儒譏。素書叫杜卸，靈殼走豎旂。噉汝不吐口，族滅隨煙菲。語罷顧陳老，瘧去果無違。

> 《抱朴子》曰：「獮猴之鬼，令人病瘧。」《列異傳》曰：「陽蕤逃瘧神祠，有人呼：『杜卸，杜卸。』應曰：『諾。』得素書一卷，皆譴劾百神法，乃差。」《說文》曰：「縠，類犬，腰以上黃，腰以下黑，食母猴。」

秋夕懷遠

連朝飛快雨，一夕始知秋。弦月迎人起，羅雲翳客愁。六橋芳草歇，三徑晚香抽。去去不相見，殷勤雙劍緱。

聞都匀、麻哈以次解圍

剛夷煽旁溝，肆毒靡隙地。艱虞周一星，沈霾始開霽。都匀自三腳，一陷不復制。八寨續上江，剥牀益無恃。圍城夏徂春，告急不論次。去省四日程，竟無一兵至。差賴老守賢，陸簡堂。能協搢紳士。相將率錢粟，召募保百雉。四野焚掠空，攜扶盡來避。人稠鹽米絶，百倍無處貰。捐廩得士行，陶子俊方伯。糜粥稍相濟。死亡雖枕藉，豈不活一二。麻哈彈丸州，災傷益凋敝。城小隔野民，萬計處郭外。回環代羊馬，飢餒敵鋒刺。賊至奮一呼，往往走其幟。觀察提師來，盛氣何驕恣。耗餉十萬餘，半道盡奔潰。雷霆搗勁旅，威令嚴總制。嶽動提軍營，風馳參戎騎。東驅幹夷腹，北出洞賊背。桓桓金馬客，所向亦横厲。一綫開血塗，獷逆屢挫鋭。聲息得外通，兩城始生氣。疲民餘鳩形，十室尟一在。田廬飄蕩久，身計安得遂？台鎮捷未聞，台拱、鎮遠。平清道仍閉。平越、清平。旁連裏外古，剿撫猶不易。我師持勝算，猛進妨小怠。寄語諸將軍，珍重干城寄。

苦熱行，用鮑明遠韻作長短句

高廊廣廡扇大扇，尚苦流金鑠石之炎威。誰念南征萬戰士，舊夏負戈今未歸。自從沈羽之流始，夷禍肆毒重嶺迷荒磯。「輕物當浮，而牂柯有沈羽之流」，《抱朴子·論仙篇》語也。今興義盤江中瘴毒盛處，猶往往然。鐔城以西六七郡，但有流血無清晞。頗聞援師萃滇蜀，五道并驅將合圍。已愁轉鬬禁暍瘴，矧乃枵腹淩纖暉。安得葛先爲授服氣法，胎息重淵振鐵衣。不爾仲都乞與好丸散，六月十鑪冰雪飛。眼中能事定早計，會鼓貔虎咸其腓。君不見，渡瀘師，七禽七縱宣神機。又不見，壺頭道，水疾舟遲行徑微。攻心鬬力兩難説，穿室避災安所希。

盂蘭會

去年亂定盂蘭盆，撞鐘吹螺九朝昏。肥僧臭道鬬焰唱，黄童白老相歡奔。生天脱罪復何有，佛力會銷兵劫源。罌桐抽刃已數見，肯信熸火能炎燔。甲寅歲，遵義西鄉油桐子樹多化莢如刀形，亦有樹巔抽作長刀大劍者，遂有楊鳳之亂。乙卯此樹復然。中元前鄉民曾折以呈官，未幾遂有鄒辰保之亂。二逆皆桐梓民也。居然發難在旦夕，攻城殺將何喧喧。雨雪行師更徂暑，甕鼈插翅教騰鶱。此時佛法何處救，袖手低眉泥土蹲。故知平等匪真惠，長惡翻結無窮冤。古來亂國用重典，乃以止辟非寡恩。莠驕不拔尚害稼，何事叛蘖培其根。此曹狼性那得改，一息尚在思噬吞。作逆可生即教亂，嗟彼良善何由存。祇今逸魁未授首，愁遽韜甲少扞藩。婆心大尹别有喜，喜此節序仍中元。刻繪鏤綵續大會，好與婦孺嬉花幡。重令傾城走折趾，巷舞衢歌誇不諼。嗚呼！當途善後只如此，使我氣結何能言！

莿梨二首

芒果説山樆，循名欲把疑。形模難適眼，風味竟舒眉。品以經霜别，芳緣入釀奇。不須忙採摘，但就菊花期。

瑣實漫阡谷，卑枝亂棘榛。花時差可喜，山國駐荒春。功亦資籬落，材原謝席珍。元深王會裏，毛帔等逡巡。

八月六日吉堂招集雲麓精舍在玉皇觀中，時秋熱益酷，午後迅雷無雨

祝融不廉侵蓐收，白露有節無清秋。邵亭茅屋小如舟，一月科頭跣雙足，揮汗亘宵行坐愁。

雲麓道人守宫觀，鬱羅蕭臺切雲漢。問奇有酒即相呼，不肯清涼自耽玩。鋪牀拂席當殿畿，握槊賭詩無不爲。致身福地何蕭爽，噓吸尚作炎飆飛。頗聞匀哈今解圍，將軍乘勝展秋旂。鷹鸇搏擊縱雙翅，惡鳥紛紛腦塗地。沅潕澄清眼中事，凱賊偏蠻敢猖恣。誰令乘虛竟莫制，燔市屠城等兒戲。自應秋虎太横行，挫我雄師精鋭氣。吾曹熱死那足恫，此事我欲箋天公。辟歷應心將烈風，定有快澍隨飛龍。蠻氛蕩滌早晚空，我亦爐甑辭蒸烘。主人開樽客鼓缶，起舞當軒遞翹首。三杯未釂輟雷吼，地燥天空何所有，晛日千豪射虛牖。聞都匀、麻哈六月中以次解圍，而七月上旬，凱里、勝秉又以次陷，即日又聞施秉縣城以七月晦爲賊屠。

秋懷，和惠連韻

月過鮮一欣，歲計餘百患。悽悽天仍秋，忽忽時已宴。幽華逾媚嫵，好實紛炫爛。乘風鶩高隼，趨陽徙賓雁。寒兔牽遠思，啼螿冷孤幔。雨鈴慘途窮，霜砧悽夜半。境趣靡定規，哀樂誰能算？愧無方郎決，頗坐阮生慢。守株瘁衣食，拙進昧婚宦。韋編從束閣，駒隙難把玩。干戈滿天地，何處縱羽翰。節鎮皆賢豪，何術清暴亂。遠想忠嶷才，近溯雍乾旦。銅鼓靖囂訇，鐵柱峙巍焕。登臨傷遠目，寤寐增永歎。幽懷晨露珠，歷落不可串。

觀南城穫，和陶《丙辰歲八月中於下潠田舍穫》韻

詩書爲耒耜，結屋南城隈。鄰田相左右，亦寄耕作懷。望秋始春事，戮力婦子諧。歸鉏帶夕露，出耒犯晨雞。大兵召荒歉，喜此天意迴。雨暘屬稔歲，且免飢寒哀。遺秉散不收，落日藤罌開。兒童遞酬勸，放意雙顏頹。嗟我坐晚暮，顑頷與時乖。負郭失早計，羨爾徒棲棲[三]。

聞都匀陷二首

經年辛苦扞孤城，待到援師喜更生。誰使病偏加小愈，那堪功竟敗垂成。樓山繞郭飛燐影，板水連宵送哭聲。一樣捐軀新舊守，天心人事兩難平。

千帳貔貅擁近郊，軍門營對總戎旓。如何萬炬飛城雉，不見偏師響箭骹。唾手頹垣終走敵，傷心破卵更無巢。猶聞襲背誇王霸，堅壁居然作解嘲。

曉雲

雲師掃戲墨，横作天東屏。千峰立其下，白日屏上生。坐疑瀛海頭，歷歷散州島。真人拍手驅六龍，笑拾芙蓉翳芝草。芝草何鮮鮮，六龍如可攀。驚風一飄蕩，不見三神山。神山爾去應未遠，早晚歸來慰人眼。

擬古，用明遠韻二首

薑桂無世甘，老不改其素。桃李有好色，逢人取憐顧。徒令一市中，憎愛生異路。如何衡才者，亦作皮相慕。未聞姚昂失，早爲寧州懼。豈必長陵逃，始知梁巨誤。鷹鸇從剪翎，跳梁任狐兔。

至誠金石開，篤信豚魚通。盜賊况横目，食粟而處宫。雄才失向背，助逆如飄風。反正得我用，誰敢攖其鋒。企足縱分楚，不難成大功。駕馭失其策，徒令棄滇戎。李祐脱刀俎，淮蔡有良弓。推心匪唐鄧，那復知所終。

和答黎筱亭庶壽大弟《見懷》二首

秋來鄉信不堪聞，惻惻孤懷度夜分。自恨毛錐難用世，誰持樽酒更論文？驚烏繞樹啼寒月，斷雁低空落野雲。最是客心無賴處，勞君書札爲殷勤。

琴州坐弄兩三峰，病後新詩日又工。曲水解賡長短韻，平林應染淺深紅。小兒箋傳勞相督，遠道荆榛苦未通。早晚重陽三徑裏，遲余還就菊花叢。

九日携彝兒過禹門山，黎雪樓丈、鄭子尹有約不至

柏林陰磴溪風永，已公茅屋開詩境。重陽有約無人來，獨把驕兒踏秋影。紅葉黄花無信息，茱萸緑酒徑須删。僧房一覺日欲晚，何處木樨香過山。

題畫四首

狂奴留故態，天地一漁竿。幾被羊裘誤，桐江入手難。

群鵝在眼中，心畫如可悟。一世師右軍，幾人解其趣？
酒興添落英，東籬日將夕。南山入杯中，悠然忘遺客。
野服見天子，誦詩歸故山。梅花照清漢，一往不知還。

次韻竇千山奉家太守軍中作

文守新峨却敵冠，軍聲如火賴殊觀。休論黠寇心難服，豈有剛酋膽不寒？摩壘幾回誇健令，選鋒一笑陋材官。從知將略須儒者，定埽鄉烽靖表桓。

楊季涵駕部彝珍先後寄示《亂定草》兩刻及《塔忠武行狀》，即用集中坎字、蹟字兩韻答之

歲行當爛剥，方卦習勞坎。過暄遺肅殺，惡植劇增感。弧矢集匪單，豺狼饕益噉。連城送灰燼，返節何心膽。七月以來，古州、都勾、清江、台拱、鎮遠、黃平、清平等城相繼陷，而節制者脱身而去。乾綱豈無提，坤維已多撼。高容鬼神惡，怨劇骨髓憯。孑遺幾黔黎，何由出坑窞。飄摇笳鼓際，斷續藜羹糝。徘徊誰斧柯，勃窣我牀毯。瑞芝何文福，福墨今再槧。直辭挺高竹，大句陋柔菡。藉非楚多材，

早使里氛淡。倉黃猶集枯，整暇焉食欖。勝算操侍郎，皖鄂解愁慘。曾滌生國藩。廉訪淬選鋒，彭湖靖葭菼。羅羅山澤南。中丞去鐔潕，黠獠乃肆敢。胡詠芝林翼曾守黎平、鎮遠，剿平雷公山賊，有威名，其去貴州，苗乃肆。我欲借其一，上乞天頤頷。雷霆假新節，撻伐更舊覽。摧堅理殘破，斗郡肅提攬。期君和鐃歌，一洗膏血黲。

頻年經喪亂，埽斷故人蹟。過日把君詩，如聞喙三尺。飄零悲大樹，痛哭寒雲白。君此韻詩有「大樹颯飄零，枝卷寒雲白」句，爲提督塔齊布公發也。平生憂時淚，對此那可抑。東征今幾載，所失常倍得。垂堂服深戒，持重工自惜。不有虓虎臣，緣何救離析。桓桓烏公部，氣足盡祆賊。江表馳白袍，刑天落干戚。旌麾授子遠，特達邁高適。全總戎玉貴，江忠烈忠源與塔忠武皆都統烏蘭泰公舊部將也。喀屯名後起，部士皆當百。叱咤清兩湖，建樹尤絶特。胡天不少憖，次第成古昔。比聞江左右，援將擅奇畫。殲渠期旦晚，決勝翻主客。數子如不亡，旌旗定增色。愛君《智亭狀》，生氣猶壘壁。大篇應日夥，勤寄二三策。强伴憶南屏，飄零竟何役。歸方有遺響，勿使墮兵革。巴陵吴廣文敏樹，古文極有義法，曾見之唐鄂生所。

【校勘記】

〔一〕塼：原作「摶」，據《齊民要術》改。

〔二〕何子元：原作「何元子」，據《通雅》乙正。

〔三〕棲棲：貴州省博物館藏莫氏手稿作「羈棲」。

郘亭遺詩卷第四

閏月生日，風雨貴陽道中寄家

一年兩度逢生日，四十年過又幾回。閏曆恰循中夏得，餅筵偏誤下番開。飄蕭風雨還相妒，寥落關山已自哀。孤負芙生好瓶笛，定知南望不勝杯。

茅栗鋪阻水，遂遲入省一日

開門雨歇山潦齊，低途節節化深溪。田人唱歌路人欷，舁子褰裳腰没泥。郘亭野心劇鷗鷺，且喜暫輟樊籠棲。倚松弄瀑换鵑啼，酒至不知西日西。

于胡魯尊生觀察訂遊黔靈山未果，遂集六橋池館，登池上臺望之，作詩寄山中

回磴納野意，高臺抗隹岑。誰云城郭裏，獲此超曠心。鏗鏗城旦書，炎炎日難任。漏勺緬逝濯，靈山滯幽尋。池館壓六橋，招呼羅古琛。解帶發神識，瀹茗對來禽。謂《吴天璽碑》及舊拓《澄心堂帖》。嶺日射檐隙，堞樹長庭陰。蕩蕩晚色開，芳暉媚衣襟。西靈送長靄，回入南明深。曲縟念筱吹，清冷憶松琴。登遺展約後，先之寄短吟。

登郡廨西北隅小山三首

小山逼誼廨，韞秀涵塵坱。廚煙漫其趺，草棘茀其上。風月無衆心，時時自來往。

近撫萬室聚，遠弄千峰環。爲問環聚者，可見此間山？市中物外意，落落長獨閑。

亭臺山冠佩，能起遊者敬。意中有經始，轉恐失其性。葆茲眲翁眲，一笑安足病。

與趙祉庭錫齡交逾三十年，所居相距無百里，而不相見者遂將十年，身世可知矣。其仲子廷璜連歲館貴陽，丁巳九夏，余亦來客，適其將歸省，附寄四律，兼呈尊兄芝園

飢走艱虞際，蒼然念薜蘿。即憐知舊少，故遣別離多。腰腳聞猶健，鬚眉肯未皤。向來瀟灑極，愁亦奈君何？

世議日增隘，平生早自疑。狂歌吾欲廢，痛飲爾真師。市近風猶熱，庭喧草不滋。青林磐石上，長憶引藤持。忠州有引藤山出引藤，樂天詩「悶取藤枝引嘗酒」者也。

伯氏傳家早，經畬換釣竿。羡君今復爾，此弟果稱難。九曲青溪路，雙峨緑箬冠。得鮮烹肯懶，行竈對風安。

西郎能負米，早晚渡延江。到及荷花節，歡生竹葉缸。漁樵呼舊侶，金鼓任鄰邦。安得南明客，酲心對爾降。

題周春甫繼煦《桐陰山館圖》，圖乃假仇十洲舊蹟充

炎窗詫絶雙眼明，十里溪山生户庭。何人衡宇占佳處，桐陰滿地風泠泠。魚牀鳥路入煙靄，雜花芳樹交迴縈。樵歌欲斷櫂謳續，雲籟石泉相與清。抱琴遠喜素心至，韭已可剪鮮可烹。牀頭斗酒更不貰，拂席便對西山傾。連年羽檄遍南服，千山萬山流血腥。不知何處賸此乾净土，欲買二頃消餘齡。太和周郎顧我笑不止，云是四百年前老仇子。經營爲貌此山居，豪末清妍總相似。謂真謂借增衆舌，意卷意舒聊自喜。先生有意畫中來，開軒任著烏皮几。郘亭老泯分別相，怪子新圖能竟爾。人生何物我得專，落手稱心斯已矣。因君却憶影山屋，早應善手相料理。坐惜道昇一幅好篔簹，西去悤悤隔延水。曾借觀朱亮甫太守所藏管仲姬叢篠，頗似爲影山寫照，今已携往大定。

哭杜杏東及其子雲木三首

縱賊誰和議，攻圍轉益頻。市人同疾首，夫子獨捐身。肯計凶言誤，唯知取義真。全家慷慨意，談者尚酸辛。

君才吾所畏，杯水萬言傾。庠職且糊口，縣官寧稱情。區區猶不遂，擾擾益堪驚。何取玉華水，流傳烈士名。

周也相從日，時時得起予。及門推最小，嚮道總無如。殉孝愚堪憫，懷忠計可徐。倉皇胡遽爾，誰與付藏書。周雲木小名。

君姓杜氏，諱芳壇，字杏東，遵義人。道光丁酉副榜貢生，援例以本班分發委用，署黔西學正。咸豐二年選甕安教諭，并有聲。三年秋，桐逆楊鳳亂遵義，從平越知州邵鴻儒剿辦綏陽一路，事平，以知縣即選加六品銜，賞戴藍翎。未行。屬鎮遠之施秉、黄平，都勻之清平、八寨相繼亂，皆於甕安逼近，署知縣吴德容留勷軍務，屢計破天文山賊，境内安輯。六年，以卓異薦。明年德容改荔波，新權令不習軍備。五月，天文山賊遂破牛場，圍縣城。先是，鐙花教首宋三元已爲權令擒係獄，而城人半陰習其教，孝秀亦染，懼三元且發其事，因相率乞權令出三元和賊，杏東屢争不聽。比三元出，明日遂益招致勻、哈沈太和、陳大六諸賊黨來助功矣。當牛場破，杏東即遣子雲木、純木及女婿唐起中微服行，雲木獨不去，從守東城。十五日，賊攻益急。入夜，陴民愈無守志，多散歸舍。三更許，老門斗蹌踉奔至，曰：「城破矣，縣公盡忠矣！」杏東遽返學署，謂其妻女子婦曰：「今城已陷，吾力不能守，當殉職，若輩士族妻帑，豈得污賊？且視若輩得死所，乃死耳。」於是妻楊携次女，子婦尹抱孫女，長女抱外孫，以次投學池。杏東指書胸次曰：「宋三元飛出方城，耻之，耻之！」乃授命。雲木痛絶無可爲，亦躍入池中死。一門義烈，更不苟生，難矣哉！然是時城實未陷，陴人雖不力，而菸泥商方以精壯三百宿城中，商惜貨故，獨出死力當賊衝，而太平里團練赴援適至擊賊。後一時，機銃雷鳴，與呼殺聲相應不斷，遂至門斗誤告，杏東誤殉，可哀也已。論者猶謂杏東第稍緩須臾，可以不死，胡爲猝不核實，自輕其身？然而岌岌孤城，衽席之旁，率將束手應賊。菸商之擊、太平之援，并匪意料。城不陷，必不可得；陷必，未有不以争三元、仇杏東者。故聞變，即信勿疑，與其灑頸血污賊鋒，何如家人父子先以潔白還之天地祖宗，此其舍生蹈義，孰講確守，自非取激一時意氣能猝辨者。假令虛變不傳，杏東父子必猶得留有用之身，豈無濟時艱之一二，而竟如此。其唐氏女及外孫并得池淺而活，不活者，僅杜氏六人。理耶？數耶？杏東雖死，城猶完，文報不敢以實，遂有銃傷之説，將恐他日執虛造檔籍，轉以失其磊落光明之心，故詳論於篇。雲木本名棫，其諸生榜以字行，更字邃青，亦從綏陽防剿，保舉訓導即選，年二十二。杏東四十四。

郘亭子曰：歲丁亥，余與杏東先後補諸生，杏東少三歲，弟視之。遇書一過輒記，家無藏籍而博洽淹通，下筆數千言立就。余艱記誦，文思又遲，頗妒杏東敏。杏東乃喜余持律，益相得也。官黔西時，命雲木從余遊，敏記遜乃父，而好學過之。黔尠學人，將屬望於是，而杏東顣頷一官，見危殉義，雲木又僅僅以孝死，悲夫！

將還郘亭度中秋，留別劉仙石書年太守

廿年硯食守鄉閈，養成野性不受絆。無端促向官裏來，如送雕籠取娱玩。寫心自爲道誼合，餬口詎緣升斗算。賓師浪據足慚忸，詩酒容豪差樂衎。肌侵風露衣頓薄，盤飣栗梨節驚换。滔滔閲世竟何之，碌碌芸人徒自惋。連宵碎夢墮黯黮，破曉長愁增几案。頭皮未到念朴捉，肉弗能無懷袒貫。碧雲古月大且多，山國中秋此其冠。誰憐炎鬱重狂疾，坐想高寒湔異患。妻帑已戒粟鑪老，腰腳肯辭山石研。但須乞我十日休，便向九垓期汗漫。

記清平昪夫語

清平圍三年，糧絶至食人。食人逾百日，十月歲丙辰。初十之夜子，苗火乘高垣。霜鋒晃大炬，灑血如翻盆。疲民抵虐焰，誰不刀下魂。哀哀卅口家，瞬息同灰塵。負母墮積屍，誰知尚生門。扶携瞰宵遁，冥茫犯荆榛。那識登頓惡，但畏虎狼聞。西來幸遠賊，并日乏一飱。在昔列大肆，輕肥耀鄉鄰。負擔豈所習，終朝幾顛掀。飢寒長筋力，漸已能苦辛。嶰甕靡定居，風鶴仍驚奔。故鄉尚蒿蓬，我伐何時伸。飄摇母子兩，終恐溝壑填。轉恨陷城日，胡爲留此身。

送楊維藩、羅光華兩生還獨山

玉瑄摇孔翎，晶輝耀連璧。誰言頭銜换，尚滯博士籍。剛源壞門户，三腳坉。沅首墮肘掖。都匀府。孤城茫戰守，坐待虎狼齸。臢賴毛胡蘆，中權亘堅壁。兩生投筆起，屢解重圍迫。侊侊二百人，竟靡三萬戟。論功匪私膴，受賞詎肥瘠。何物五品階，一醉不可易。群盜正縱横，徵調乏籌策。鄉隅勞保障，比國未衽席。我旅方激昂，義聲震鄰敵。霜天縱鷹隼，白日飛霹靂。相期發勁選，迅掃靖邊鏑。男兒當封侯，事會取旦夕。無令小軒輊，苦與襟抱積。

九日劉仙石太守招集省吾軒，次尊生觀察韻，呈主人及在坐胡若川圻，邱培之永豐

客心於好節，邈若不相親。主人能好事，乃有翠尊因。詼嘲張桓孟，歌寓激張陳。寧無感搖落，且以永夕晨。群山入蒼茫，愁雨連郊闉。黠興亦以斷，頑胄猶未臣。昏昏潕沅路，苦乏消息真。宿壘傍秋花，黯黮誰能珍？觀察整巡社，雷霆起蹄輪。太守贊機畫，理劇氣益振。幕府盡才俊，搖豪蕩煙塵。賤子坐匏繫，問道豈無津。庶看凱旍揚，及此霜威辰。漫惜明年會，當歌懷故人。

送黎伯容之鶴峰州判

妖烽沸西南，三年莽猶熾。頇頇恣狼餮，奕奕矜孔翠。黎生困儒官，陰符豁胸次。一朝跨鞍馬，便有幽并氣。鐔嶺何糾盤，盜弄方得志。迅雷飛一旅，往往剪其翅。惜哉所籌策，十不用一二。遽催巴東行，哀猿引愁思。判司笑高遷，未抵螃蟹貴。昨來辭監巡，蒼然列長議。四座苦欲留，咄咄怪當事。君以黎平一帶防剿事宜呈巡道，劉仙石太守、尊生承齡觀察皆擬不放君行，當事者漫不省也。行矣

無遷延，中丞久應遲。楚撫蘊芝胡公舊識君。馳驅在知己，身世空涕淚。瘡痍漫楚塞，規畫吐腹笥。江漢獲再清，功名老應遂。鄉氛亂烏哺，霜樹禁朔吹。懷哉梁山弦，慎勿負稱意。

漁磯灣

青山隔岸送杯觴，醉帽欹斜逐野航。雪後風光如二月，城南煙水似三湘。麥苗自放平田緑，木葉從堆滿徑黄。咫尺漁磯蕭瑟甚，雲亭誰識嗣桃岡。

鐵柱

鐵柱嶄嶄倚碧空，武鄉祠屋張英風。至今父老思張哈，肯使勳威亞嶷忠。名將半從廝養出，疲兵端藉指撝雄。眼前未覺邊材盡，苦憶西林一老翁。

新井

不斷終年鑿石聲，破江分潤透重城。居然仄出氿泉冽，可似童蒙山下清。活活涓流終意遠，勞勞窮汜轉心驚。乘輿一濟還多事，休誤公孫博惠名。

學舍雜詠

旅味蕭條一布衾，著緜添綫雪深深。膭無錦綺招人眼，差得炎涼慰客心。萬里相隨何處棄，百年半向此中侵。風窗獨夜渾無賴，底事沈吟忽至今。

插架懸牙一萬籤，鄴侯家喜接西簷。借瓻得我無空返，祭獺從人笑不廉。未覺此身成老大，漫持果腹當齏鹽。忽驚歲晚無歸計，宛轉書叢始自嫌。

貴陽歲暮雜感

臘日奇暄欲换絺，番晴番雨未移時。無端密霰沙沙落，更挾奔雷莽莽馳。亂後恩威常漫誕，老來書劍太支離。千山落月誰相語，獨立南明有所思。唐人以大寒後辰日爲臘日。

守如處女望軍門，尚謂匡琦將略存。小隊郊坰仍脱兔，依山城郭自驚猿。美人换直教歌舞，戰士頻年長子孫。幕燕雙巢行樂耳，佳兵凶器莫輕論。

憶殲虔柳葛溪邊，奏記頻勞策萬全。曲突徙薪元未晚，持荷作柱豈非天。總傳送款趨擒虎，不見揚旗靖跕鳶。壯士啼飢孱卒飽，消搖經歲又經年。

萬仞杉巢匹馬開，落閩翻茁禍根荄。還家士匪愁霖雨，斡腹兵猶起迅雷。木斗雖焚餘禿柹，同亭已斷尚汙萊。巴東雪窟罷奔命，隻手賢勞兩鬢摧。

葛蠻東去絶人煙，都鎮丸城命久懸。誰信連營羆虎士，怯當仇餉犬羊顛。捷書杪歲聞尤數，警燧千峰冷更然。子弟山河餘勇在，義旗應許換金錢。

重郡偏教付予輕，三年兩度棄堅城。更儲一舸將何適，豈有多藏不自傾。亂首南鄰終斧鉞，庸魂晚節浪聲名。騷然牘臘延江路，風鶴千崖夜夜驚。

八郡流亡滿目中，嗷嗷何處集哀鴻。況爲審户耕萊計，更問償官僦費充。拙異城科仍下下，輸存式法盡空空。安能衛霍長才者，并術朱然濟乃功。

回首風煙總斷腸，故園消息太蒼黄。不緣社旅呼青兕，争遣山城固白陽。西嶺牘通祠竹路，南津仍斷合洲航。未應賞罰防懲勸，事外勳名豈一鄉。

戴笠乘車別様看，八關晨啓禁尤寬。潢池總竊高軒美，篝火争禁曉露寒。俗眼窮途空嘯傲，殘年飽飯各悲歡。邊庭本計歸行省，熙攘何由恃久安。

保郡中郎蹟已陳，荒茫六代幾荆榛。偶然啓事來張漸，便識安邊有趙珍。萬里西南黔服舊，百年休養國恩新。聯翩清要尋常見，滿目蒼葭獨愴神。晉謝茂理官撫夷中郎將，見《華陽國志》。

夢影山老屋猶存，與猶子遠猷踞竈觚談近事

憶別沅南水竹居，菊松三徑未全蕪。一編兄侄猶相守，并日饔飧也自娱。經亂更堪詢老屋，同仇空道解《陰符》。死生契闊餘歸夢，愁對阿宜語竈觚。

除夕飲省吾軒大雷雨

送臘壺觴集廣廳，疾風飄瓦氣冥冥。盤花歲火黯無色，白練頳虯鬩一庭。搔首漫疑天帝醉，澆年莫放酒杯停。安知不解霜旗凍，即洗千山戰血腥。

戊午元日聞官軍收鎮江、瓜洲

瓜步蘭陵一昔收，金焦雙峙遏狂流。即持露布來江表，行見降幡舉石頭。北極魚鹽終自入，南明花鳥莫深愁。好音送喜逢元日，穩兆黔兵早晚休。

送舍弟祥芝之湖南需次縣丞〔一〕

路難棄詩書，時艱右戎馬。百戰取微官，亦勝悠悠者。鄰陬匪遐遼〔二〕，逐事得舒假。莽蒼費冬春，一裝賸堪把。東風吹遊子，漲緑漫巖野〔三〕。誰言貧學仕，爲策非苟且。苟且可奈何，相看淚如瀉。

淚盡竟何補，慰君悲自吞。焉知武陵道，不更桃花源。萬竹空影山，群兒盡蓬奔。郘亭匏瓜似，惻愴念歸根。江湖息驚波，餘力樹鄰援。一官苟得所，亦以寄子孫。中衢塞未開，迂回歷烽屯。勿倚枕戈慣〔四〕，百慎爲吉門。

世情貴婞婀，不貴真可否。賢達靡不然，衆人復何有。傲骨入市中，良苗忽生莠。古來豪傑士，幾許坐白首。矧今遊宦場，卑微易招咎。愈宜落芒角，和光混塵垢〔五〕。摧剛能繞指〔六〕，於道亦足守。稍解鑿爲圓，青雲在跟肘。

爾去不計歲，我行無定方。此生幾回見，前路殊茫茫。爾壯我已衰，離憂亦摧傷。懸知再執手，不是今顏光。肅肅南飛鴻，豈不爲稻粱〔七〕。安得東北風，吹我向瀟湘。千金亦可買，此意何當償〔八〕。

題茶户壁

摘捲玉絲絲，含鋒穎似錐。辛勤火前作，休放子規嗁。

寄楊性農

我愛武陵楊駕部，不稽車馬卧江湖。道真源近花應好，安遠洲存橘在無。比歲風煙愁極目，何時懷抱對傾壺。邇來元室新詩卷，又似楹芝長幾跗。

貴陽道中，聞二月十七日都匀賊以五道攻獨山州，團民迎擊，大敗之，其南路三千人殲幾盡。走筆寄大、遠兩猶子，兼示鄉里子弟四首

匀哈無遺堞，風傳總震驚。麻哈以正月廿二日，都匀以正月廿八相繼失守，城石盡爲賊毀。惡氛驅五道，盡鋭向孤城。結士投膠固，摧鋒掃葉輕。南來衣帶水，不愧有剛名。

急燧摇行省，林坰漫賊屯。捷書馳到處，妖火散無痕。四鎮兵非弱，三代戍已煩。誰能此

乘勝，剪絶亂根源。

迢遰鴉關外，歡聲動路歧。我行忘折屐，兒輩想搴旗。草棘猶相蔓，毛葫好共持。何時影山屋，復有竹林期。

比郡凋殘極，天胡愛此州。賊驕宜自挫，我病或應瘳。待整千旗出，遥思萬馬秋。且勤耕戰備，一鼓靖旄頭。

飲南關，逢潘文若元炳、舍弟庭芝，遂同循南隄過水月寺

漫倚關市酒，共逐南隄風。年年此隄上，蘭芍争昌丰。禊節忽復更，勝遊渺無蹤。漁村柳煙外，但益旌旗紅。旌旗亦何多，榛萊亦何豐。尋常亦古昔，俛仰意何窮。

幽幽隄尾寺，乃占南明曲。流水去復還，清月俛可掬。閑來禪悦味，坐愛茗花熟。僧房忽武庫，窗户脅戈鏃。流移競來庇，鳩鶴益驚目。慈航在何許，不救衆生哭。

寄唐鄂生炯縣令蜀中

叢山日月促，滿地風煙老。跳身持蜀縣，捷足怪爾早。驚懷硯齋聚，盡眼平生好。商歌萬

幕側，飲餞千旗杪。雨雪各奔波，别淚揮草草。虚舟憑縱浪，性命差得保。書來理陳蹟，惻惻忤心抱。聞君若水行，談笑靖邊堡。歸尋浣花路，詩壘犯天寶。仕優端可見，何事愁絶倒。宦情我何有，五岳輿未掃。平生憂患胸，搁勝冀滌澡。關河入我夢，嵩華落襟褾。郫筒期早梅，一醉錦官道。

寄黄子壽彭年編修隨侍山西，并呈尊公琴塢輔宸觀察乞畫。時子壽方編本朝《名臣言行録》，書來索《李恭勤誌狀》二首

擲却辦褳衣，便得八州督。何如郎罷前，一笑萬事足。黄先承明彦，析荷張貽穀。粲粲朱萼輝，華要生轉矚。乃翁察并道，請急未越宿。朝劚犢山葠，夕奉文湖醁。鳴和助承顔，何者肯挂目。我誦《南陔》篇，淚雨悽以續。人生誠此難，羡子命能福。宜哉老久翁，天機益酣熟。頗聞行部暇，皴染逼顧陸。上堂爲起居，乞我影山幅。

鉅人應時出，各闢後程踐。世近失其薈，來者徒邈緬。君於趨庭隙，此義喜能闡。盡發十年蒐，裁以朱李撰。多事閑實難，殺青覬速蕆。河聲嶽色中，貺子蓋匪淺。鄉獻我粗究，英響并鏐銑。尤愛三畸男，氣奪甲科選。黔西李漢三世傑以巡檢至本兵，謚恭勤。廣順劉松齋清，以拔貢官總戎。松桃楊誠邨芳，以員吏取通侯。并天挺異才，兼資文武，世稱黔中三畸男。四郊戎馬塞，衢路茀不剪。安得此軼才，磊落接

我眄。指撝千巖際，一一蕩妖氛。把卷空古懷，愁思誰與遣？

送于伯英鍾岳權正安知州二首

州縣兵戈地，官塲視畏途。愛君豪士氣，不肯世賢趨。鼈水花生劍，珍山月滿弧。前旌開馬首，何處有榛蕪。

此邦殘燧耳，擾擾又經春。不識誰司牧，逌然憶古循。推心持治要，洗眼看民親。須信裹勤譜，傳家果是真。

水閣二首

水閣朱闌面面遮，春風曾繫紫雲車。夢中數恨愁爲月，醉裏聞香錯道花。蝶舞不嫌衣粉薄，鴻驚偏愛爪痕斜。分明宛轉珠橋路，疏柳長蕪感歲華。

橋頭月子玉彎彎，聽水聽風度夜闌。豈有行雲扶弱菡，如聞白雪語幽蘭。烏絲苦憶懷中置，雁柱應生指下彈。記否紅牆銀漢是，幾回青鳥費探看。

戊午生日連雨作

客舍苔根踏作泥，空階積溜自成溪。那堪愁雨天中近，絶似孤帆漢水西。癸巳歲此日，襄陽舟中亦連雨。粉蝶一雙偏訬濕，黄鸝幾樹盡含啼。倦來一覺蒼山夢，唤起侯芭錯折笄。

荒涼扇市寂無人，雨意如秋黯不親。虎解相迎通軌笐，魚堪作佩漫金銀。天涯流落仍前夢，指上旌幡豈後春。忽憶退之箴訟語，滔滔何處問迷津。

戲書眼中草木

柔桑宜增憐，老楮那可宥？但見新盆絲，不見古牆溜。

石縫女貞樹，牆頭守宫槐。安得送空谷，保爾壽命摧。

盈盈金錢花，帖地不可拾。婉婉燕支花，含香待秋入。

若榴葉披蕤，商陸花懶散。榮落無人憐，伴我蕭齋晚。

散步東郭外，看姻家諸子侄細小

藹藹郭邊路，依依原上村。剪林空曲徑，長草自閑門。寥落潘楊舊，飄零歲月奔。一枝謀已暫，愁絶對諸孫。

幽澗碧彎環，新苗翠接山。入春那計此，散策尚開顔。窠暖魚兒長，巢乾燕子閑。眼前安穩在，且莫話時艱。

有懷子尹，次其去年見寄韻三首

飄摇無計守山茨，客舍仍驚墮筍皮。彨溷煩囂聊揉性，稍憐風月不論資。虚舟自泛人從觸，止水無波我欲師。偶把去年相憶句，鴉關回首詠移時。

與子頻年不合併，浪抛心力彊支撐。一家歉理復誰益，十上未通徒自明。育子且爲婚嫁計，弄孫遥羡再三擎。此生老矣都無用，庶此區區有所成。

半輪山月照峨嵋，伏暑蒸炊了不知。逸興浪争黄鵠健，愁心終念白鷗飢。冷官久棄無長策，奇字能傳待幾時。日暮譙樓催鼓角，眼昏頭白寄書遲。聞君欲爲峨嵋之遊未果，方整理舊著《説文逸字考》。

雨止有懷

雨止天若秋，開户月光入。蟲語一砌涼，樹蔭半庭濕。飣盤簇丹柰，抛卷亂藤笈。想見素心人，有懷欲佇立。

藕花詞

藕絲作綫幾時長，藕葉作鏡幾時光。只道藕花顔色好，不道苦楚在心腸。藕根節節似儂腕，藕絲連連似儂情。花鮮藕好無人喫，十里露華空月明。

書孫淮海先生楷書《諭陝西官師諸生檄》石本後

此檄青螺《黔書》著録稱《教秦緒言》，家有寫本，石本更溢出《書後》一篇。戊午伏日中，獲觀於周春浦所，乃其尊甫小湖都轉所收西安碑洞本，從乞以歸。末署名一行已漫漶，春浦美其字而不省何人書，幸余曾録其文，反復諦審，得「淮海山人孫應書」七字於隱約間，僅失一「鼇」字，亦快事也。

孫先學孔開精室，手闢山荒衍儒術。偶然遊藝逐文人，觸事元超俱第一。《緒言》《近語》伴詩卷，邇歲搜從鄭鄉出。辛亥、壬子間，始于麻哈、清平親故許搜得先生所著《教秦緒言》、《四書近語》、《學孔精舍詩稿》，録副藏之。今兩城爲墟，人民死徙且盡，幸副本猶得存耳。小編已括洛閩要，短韻亦登顔謝匹。水聲天影蕩擘窠，騰擲蒼崖記雄逸。清平城北宗伯橋側石壁鑱「雲晴天影闊，山静水聲幽」十字，先生手蹟也。賸珍手蹟十字奇，斷楮零碑難更覓。東皋草堂坐逃暑，連屋書堆比禾秩。眼明一卷古斑斑，《樂論》、《黄庭》相甲乙。循章訝即《使秦教》，署尾模糊辭可質。請書伐石餘系言，更補叢殘舊亡失。先生蹈道薛蔡儕，體用自抒經國實。史家行蹟慨奪漏，名姓依稀藝文帙。傳業無人朝市改，舊録消沈逾十七。平生師道頗自任，温故知新啓程律。先生謂温故知新，「故」當如《孟子》「言性則故」之「故」，「新」當如《大傳》「日新其德」之「新」。能温能知則仁，仁則成己成物皆其能，此師道師職也。詳《與耿楚侗書》。燕雍秦嶺兩薪火，衣德紹聞争屹崒。農師授藝效美豐，不免飢寒取嘲詰。醫家榮衛匪自度，暫事治人寧愈疾。四句括石本《書後》語意。圜橋書闕此巋在，過化知根檢身密。況兼楷法足摩挲，心畫精英粲元筆。我生苦晚三百載，不得摳趨承作述。爬逡斷簡致恭敬，稍稍不摇邪説訹。年來烽燹赤沅首，村郭荒煙莽蕭瑟。北來副墨尚無恙，後死擎拳定逢吉。乞歸襲入子本藏，遍示同方味芬苾。

悼女珏四首

駢蕊餘單秀，摧心劇護憐。災隨芻狗厭，厄避演禽宣。益壽七千日，增娛二十年。門楣竟虛望，雙玉總成煙。珏與妹璋孿生。璋周歲而夭，其重慈以珏衣束芻并埋爲壓勝，謂是竊生之戒。隱其生日、時，不問星家，恐漏泄得凶也。

辛苦慈娘手，春來急嫁衣。有行愁遽遠，無命復何希。草飯徒生事，杉袍即送歸。那堪紈素小，猶念蕙芳飢。

見耶勤問字，闇記繡功餘。不用姆師教，自通班宋書。弟癡從懶學，爾弁定宣譽。扶病《蘭閨録》，徒言待補苴。

氣盡荷生後，書傳女渡時。食新猶靳藕，珏病，索鮮果，走寄佳藕，六月廿六日至，已先逝一日矣。乞巧更何絲。怪得連朝裏，無端別淚滋。有耶偏久客，負爾不能慈。

貴陽中秋二首，一寄舍弟庭芝，一寄家中

久客驚秋節，憐君更遠征。不知水西月，何似矩州城。旅食那堪飽，絺衣且未更。漁棠過

張老，應遣此時情。

歲歲今宵月，何曾只獨看。庭除清似水，兒女沸如湍。塵鬢飛秋思，風樨攬夜闌。誰憐老卿子，愁疾對芝槃。

題傅虎生鈞《岵望圖》

長松大竹迎溪風，連甍掩映雕闌紅。南明江邊據幽築，一笑占過東山東。故人昔無一畝宫，買山結廈驚我瞳。眼前富貴好恣意，何事鏗鏗故紙中。故人有子米家虎，下筆千峰照環堵。乃翁齋貧去何許，貌得顏開亦心苦。琴尊處處與消憂，童冠崢崢堪起舞。湘川十載記商歌，雲散風流忽如雨。宿草餘悲今幾年，寧知滿地長烽煙。畫中物色差無恙，感舊題詩一惘然。

十月四日出貴陽將北征，却寄别劉仙石觀察三首

促裝快新晴，出郭雨不止。宵湍愁壞道，曉色開霞綺。一宿换戚欣，長路方託始。棲棲人間世，何往不如此。淵明顧三徑，詎藉弦歌理。退之應宏詞，殯獺笑失水。郘亭非吏才，亦豈科目士。此行復奚爲，應俗聊爾爾。

徂暑踏南明，再畢秋律琯。賴有賢使君，略分容懶散。籬根倚秋花，坐惜歲月晚。晴霜與披拂，正色尚婉娩。平生谷口舊，交替復在眼。連朝對花醉，新月媚盤琖。殷勤主客歌，一再意彌款。觀察見送二律，子尹見和近詩，又各有送行詞。重城復天涯，此樂不可挽。

古來學仕人，覬得行我志。我志苟不行，取榮亦奚貴。先生輟中秘，五馬作循吏。滿持雨露膏，悉吐經術笥。一世成橫流，寸步講譎智。趨避未肯工，平生豈難遂。蒙也拙世情，此道願請事。古交青松枝，寒暖一蒼翠。

寄示劉葰生肇埈別

葰生於記誦，乃獨易於詩。固喜別材美，亦賴經訓基。兒童究章句，要及勺象時。逮其人事多，專精已難爲。慎勿嗜好雜，寶此朝光曦。乃翁名翰苑，樸學守漢師。教爾劇致慎，庶幾嗣其規。兩歲郡齋聚，遠送惜路歧。此別定久近，經畲好敷菑。須令再執手，起予過所期。

婁山關

大樓高壓萬峰巔，鳥道才容一綫穿。豈料養癰成内潰，翻令天險等虚傳。剪除勁旅勞三省，通塞殘籌費五年。始信大刀攻第一，當時斡腹竟争先。

爬抓溪

危橋挂絶壁，狠石壓我頂。誰劖壁縫路，險惡異人境。攀援斷藤蘿，黝黑犯毒猛。爪端篙眼坿，趾下劍峰并。自從三坡來，崖腰習跟踁。每聞此溪號，未度意先懔。天寧限黔蜀，作劇亦太獷。泝溪路上至酒店埡即交綦江界。出坎幸不遥，舁轎更前領。

闕題

三坡卅里趨濛渡，崎絶公車此日程。溪路欲縈流水住，客心難與擔肩争。誰言竹氏能憑險，早有中郎解將兵。纔是眼前征戰地，肯容豺虎尚縱横。

趕水泛舟至蛇皮灘

山行登頓倦，廿里問舟津。僕喜疲勞解，兒欣閱歷新。掠波蘇蟄燕，回槳起潛鱗。臘八綦南路，居然似早春。

【校勘記】

〔一〕貴州省博物館藏莫友芝手稿此詩題作「送九蘅弟之湖南縣丞四首」。
〔二〕莫友芝手稿作「鄰鄲匪遼絶」。
〔三〕莫友芝手稿此句下原有「水行風欲住，步步相縈惹」兩句。
〔四〕慣：莫友芝手稿作「貫」。
〔五〕和光：莫友芝手稿作「和俗」。
〔六〕能：莫友芝手稿作「爲」。
〔七〕此句之下，莫友芝手稿有「依依衡陽道，來往必成行」兩句。又，此句之「不爲」，莫友芝手稿作「不趨」。
〔八〕莫友芝手稿末句作「此願誰當償」，并署「咸豐戊午仲春兄友芝草」。

郘亭遺詩卷第五

憶廬詩，爲章子和永康吉士作

虚檐納清輝，衆妙赴窗户。晨昏一書叢，至樂自太古。仲米豈勿營，萊嬉足相補。琅琅商歌發，舉眼生媚嫵。空名驅遊子，萬里去邦土。科第入取携，風木轉惻楚。蒼然大癡筆，突兀見環堵。摩挲餘屺望，境適意彌苦。我有青田廬，亦傍延江滸。松楸眼中在，飢走不遑處。三徑復奚爲，春明忍羈旅。憂端引披圖，鬢變增幾許。

次韻酬農部王定甫先生錫振

衰顏只合守庭柯，尚逐時英問甲科。果是隨身宜席帽，那堪蹇足覬鑾坡。側身天地風塵急，回首江湖歲月多。孤負先生推轂意，文章有命欲如何。

次韻奉酬壽陽相國并謝惠《䃨䜤亭集》二首

朱阮儒宗蹟已陳，文正、文達兩公。龍門争泝壽陽津。壽陽有龍門水。高招大引通經緒，樸學能留盛漢真。一笑懸車身尚健，餘輝炳燭意彌珍。均輸急切韜符貴，誰向䃨䜤作替人。

南豐欲廣瓣香陳，許向廬陵問祖津。僻陋自憐師匠少，摳趨今益見聞真。寵章蛾術愁難副，名集雞林早共珍。逆旅擎傳驚異數，渾忘身是放歸人。

爲柳芷汀宗芳進士題《柳陰老屋圖》，即送其之官蜀令

思邛江上柳陰肥，野屋春田碧四圍。南畝課耕侵露出，西鄰開甕戴星歸。百年擇里餘淳樸，萬事平情絶是非。誰遣一篝延劫火，賸留圖畫認依稀。

計車半是無家別，俊采饒君竟擲成。快事恰分鄰省竹，愁心祇繫故園荊。萬間廣廈知能庇，三徑弦歌許定賡。記否柴桑元亮叟，宅邊五柳至今生。

呈許滇生太宰師二首

星辰聽履拜恩迴，瑞氣文昌選部開。出納久司天北斗，老成宜領漢中臺。漫争崔亮停年格，會見山公啓事來。眼底邊籌歸藻鑒，懸知不負濟時才。

昔公提節向黔陬，卅載春風煦未休。桃李在門皆好實，西南絶徼是中州。獨憐小草平生在，那得佳華歲暮求。秋旅燕臺蕭瑟甚，守株何術慰羈愁。

滇生師枉過逆旅，且命常向澹園假經籍，賦呈

無雙家學汝南經，夙昔門牆得共聽。每藉計車求道要，頻勞秘鑰啓靈扃。秋蓬不惜高軒枉，朽木難依大匠型。縱假一瓻三萬軸，白頭無奈簡編青。

簡潘紱庭增綬侍讀，借觀所藏吴中《神讖》《國山》《葛祚》《瘞鶴》諸舊拓三首

三段巖山碣，千言善卷碑。瑞文詄可厭，鐵書爛仍奇。悍欲無崔蔡，精堪接籀斯。幾回銷野火，副墨未全窺。

頗疑義獻帖，姿媚匪其真。《保母》出殘誌，官奴果絶倫。梅邊圭首蹟，《葛祚碑》在句容城西梅家邊，圭首有穿。焦麓水根珉。即有源流在，同爲楷則珍。

聞道陔蘭屋，争華石墨鮮。聚教歐録繼，題早竇珠聯。賢郎伯寅學士，尊兄星齋侍郎，并精鑒金石。矧此維桑蹟，言從俯梓傳。雙鈎容乞假，孱俗儻應鐫。

呈壽陽相國，乞篆書「郘亭」牓有序

《玉篇·邑部》：「郘，力語切，鼈縣亭名。」按，鼈爲漢牂柯郡十七縣之一，其地當今遵義府及大定府之半，至晉分鼈置平夷。平夷當在大定，而鼈專遵義。道光時侍先君教授遵義，己亥、庚子間有《府志》之役，於犍、不狼諸山，鼈、黚、延諸水并鈎討，粗就緒，惟「郘亭」

失收。辛丑先君見背，研食久僑，不能歸，乃「郘亭」自號以志過。考希馮書，此部載專亭名無別義者，凡十有二文，其鄘、邮、鄌、郭、郱、郢、郣七文，并許君所有。郘亭承鬐次郣前，當與七文同本許書，而二徐傳本逸之，非郣後鄍、鄱、郱、龜四文比，雖更乏他徵，意補此篆，當亦不謬於許氏。

憶昔手圖遵播經，漢鬐山川搜且遍。郘亭近在野王籍，孰視䀢䀢乃無見。飢驅廿載歸計迕，延北飄蕭守孤硯。遂因亭字署僑銜，志過不遑何所銜。流傳浪得耽古名，郫邵《續漢志》河東郡垣有邵亭，《注》引《博物記》縣東九十里有郫、邵之阨。苦遭時俗眩。時人多認「郘」爲「邵」。《徦欨》新奉壽陽編，靜集沈林取徵援。《顏氏家訓·勉學篇》晉陽東百餘里亢仇城，不知是何城，檢《字林》、《韻集》乃知亢仇舊是徦欨亭，屬上艾。此相國集名所由取。隱然薪火導邊生，識小問奇從究研。坐思結構補前蹤，突兀眼中張巖甸。檢文未信漏叔重，副墨頗疑疏老鉉。道循平廣認西割，《華陽國志》：「自僰道南廣有八亭，道通平夷。」義比鄘郣宜各擅。維公引筆契倉雅，倔彊蛟鼉起東絹。牓書乞取付犍山，他日抵披南閣卷。

絶粒引，爲王秋嵐昀母陳孺人作

孺人，泉州安溪人，歸晉江王氏，逮事王舅，極得舅姑歡。夫棄儒，外習商籍，持其家甚理。夫臨歿，許以身殉，遂一意絶粒，勺水亦不進，既念舅姑猶在，又遺二孤，乃彊起爲茗飲，久之健如常人，業勤若平昔。閲二十餘年，不飢不疾不羸。喪葬舅姑，教子修脡，半取易於女紅。年五十八而卒。長子昀本名覲光，己酉拔貢，乙卯舉人，其王舅則介重宴之名孝廉王侯山也。

孱嫠異數那有此，二十餘年餓不死。當時一意殉所天，端賴公姑托孤子。孤子寧知自看教，公姑百歲還料理。風爐茗盌佐鍼神，送死養生俱盡禮。寒閨豈識《兩景篇》，活水豈是龍宫傳。《千金翼方》載服水法，是孫華周得龍宫方之一。居然却病駐年壽，六親誦説疑真僊。僊家煉氣亦何據，古井不波憑去住。鴛鴦雙死一生心，功完笑向黄泉路。清時閨則古來稀，蔀屋懷情死不辭。激烈儘傳金剪字，從容每詠《柏舟》詩。何如廿載王昀母，絶粒能完孝且慈。天意要旌高行獨，祇教讚歎不教師。

聞官軍收景德鎮

記從開鎮向浮梁，累代官窑重尚方。一髮掀波攪彭蠡，九英無鬼任天狼。即愁經賦空諸郡，更問燒瓷斷幾綱。早晚喜看包貢入，千峰翠色引杯觴。

潘紱庭《陔蘭書屋詩》題詞

藥階黄蓼舊薇郎，藉甚才名不可當。稱意交遊皆老宿，承平詩格愛中唐。陔蘭細讀初刊集，徑菊剛傳破蕊香。十丈紅塵渾忘却，滿庭清氣襲衣裳。

綺語刊除見逸姿，年來老境更清奇。渾如絶澗風漪畔，坐對秋山落葉時。傳業祇今仍軾轍，齊名自昔數郊祁。人間福慧如君少，怪底朝衫早懶披。

九日定甫先生招陪壽陽相國集慈仁寺，次壽陽韻同會者王子懷侍郎，楊湘芸、林穎叔兩郎中，孔繡山侍讀。繡山以《王稚子二闕》舊拓懸座間，共審定，故有第四句。

何必重陽定菊花，散遊風味勝温嘉。亭林祠畔一尊凸，稚子闕邊雙樹斜。老輩虚懷容坦率，故鄉回首隔塵沙。三危禹蹟勞徵記，愁憶千峰黑水涯。談次及永寧州紅崖碑，友芝以雲貴南北盤江即禹所導之黑水，二江會於永寧，崖字蓋是三危禹蹟。相國、定甫詩并採及之。二江界回夷間，今尚未靖。

劉子重銓福示「八君子」專墨拓卷，兼惠新拓，爲題二十韻君子館故蹟在河間縣西北三十里，與肅寧縣壤接。子重官肅寧訓導，手拾此專。館爲河間獻王建以招賢者，見《水經注》。

君子開賓館，芳蹤記樂城。甃留秦隸字，事冠漢西京。定薄梁園侈，安知魯苑營？善書真盡得，經藝絶還明。樸學今時盛，專家幾輩名。直承求是獻，遠致未灰嬴。邑俊濡餘澤，毛均契古聲。片陶珍餉遺，副墨頓飛鳴。此甎出，始獻縣苗明經夔。夔著書專明古音。矧子河間冑，還司博士黌。好賢徵舊蹟，追遠益深情。拂拭欣孤賞，聯翩萃八英。儼從招藹藹，坐對説鏗鏗。歐趙憐同癖，蒐羅苦不宏。釣池尊魯鼎，中殿寶吴瑛。西京石刻以曲阜五鳳二年，一石出太子釣魚池者爲最古，有傳周櫟園官山左時易去原石者。次則甘泉之中殿第廿、第卅二石，在五鳳後四年，此甎又五鳳前作。豈意逢甎祖，蒼然主石盟。妙傳纖手拓，彌助古懷清。滿地方馳燧，頻年未解兵。向來珍吉樂，多半委榛荊。救世黄金切，爲儒壯士輕。道寧存瓦甓，守此欲何成。

展重陽日，獨遊慈仁寺，登高騁望，叢感無端，壽陽、定甫兩公疊韻詩至，因回環顛倒次之，得六首，并呈兩公

遠峰隱映碧蓮花，絶似南亭在永嘉。忽憶謝池春草夢，誰憐燕市隻巾斜。通天黑箐三秋霧，落日荒江九派沙。庭芝弟館威寧，爲黔極西最高處，舊名烏櫳箐，漢諺所謂「盤羊烏櫳，氣與天通」者也。祥芝弟從戎在江右。又是一年歸未得，萍蓬相望各天涯。

一自樓船縱呂嘉，漢廷幾費墨封斜。金身不借供消劫，佛籍常添抵算沙。江國才人偏意氣，海天愁思渺津涯。秋防歲漕無消息，苦逐天台晚桂花。

白魚穿荇沼紋斜，黄雀盤風擁旋沙。蔥芥從來非異等，鯤鵬何必在天涯。五升不糴官倉米，十日還尋野徑花。大士搯頤龍女笑，寺中奉窯變觀音搯頤像，兩侍者皆仰笑不住。書生饒舌有誰嘉。

世路渾如一聚沙，竭來何處是顛涯。已嫌直竹生多節，安得喬松著好花。短後徑思隨李廣，長吟休更憶秦嘉。霜前無數蕭蕭柳，猶仗風光作態斜。

有涯生事逐無涯，消得秋風幾度花。感寓何人識莊叟，拾遺漫爾笑王嘉。始知覆簣山能就，須趁高春日未斜。寺戒長老有戒行新寂，曾寺後爲山，欲起傑閣，未就。早向香嚴參頓義，樓臺彈指遍恒沙。

歲暮光陰未有涯，禦冬珠米竟量沙。寓中囊米爲胠篋將去。慰懷恰喜新詩到，引興仍隨去鳥斜。函座傳杯從率略，捲簾看畫亦清嘉。歸路逢王壬秋拉晚飲，并觀張叔平作畫。歸來無奈將弦月，秋影離離踏露花。

送李蓉初春暉孝廉聞赴還貴筑

客中悽絶事，最是送人歸。矧子秋將盡，傷心去靡依。薊雲寒不散，江雪渡還飛。萬里栝棬念，珍看身上衣。

計車方直北，子獨向南中。反覆悲生事，吁嗟此轉蓬。虛名真有濟，永恨幾時窮。引我松楸淚，憑君寄朔風。

張香濤之洞孝廉、劉伯洵肇均秀才約爲西山遊，病未能往送之

太行送遥青，直北赴畿甸。齊雲亘合沓，就日呈彩絢。林巖衆皺殊，澗壑百蹊變。窮探糜歲月，遠勢納寓縣。緇塵日飛揚，秋氣倍蔥蒨。緬茲群山囿，豈直終南擅。能及楓若花，未惜桂如霰。快事詡尺書，發興劇飛箭。春糧戒已宿，濟勝病徒羡。啓軬想靈沼，憩足數佛院。道辭

客兒闢，徑匪承禎援。滄溟入奇懷，今古動英眄。低徊憶城闕，紫翠若隱見。高處妨早寒，衷裘記裝纏。

贈李篁仙壽蓉農部，即書《秋影軒詩》後

蕭然市中廬，落葉不可埽。棲棲念羈孤，蹙蹙傷遠道。遠道阻且岐，蹙蹙幾時好。素心來叩門，奇疑恣遐討。欲傾九江波，爲我洗懷抱。發聲爲楚吟，霜氣逼秋杪。清商吹石裂，落日風浩浩。籔鶴感挫翼，櫪驥摵卑褭。桓桓兩三松，姿顏亦枯槁。平生栗里翁，放意聽人撓。徒言無弦琴，誰能解意表？

書《龍壁山房集》後

昌黎聖於文，風雅亦天放。古人未開徑，一一剔榛莽。自從汴京來，壇坫幾雄長。一源所輸灌，派別成瀁漭。推原道之昌，萬卷特其襁。胡爲餘事作，千載費鑽仰。先生提文律，永固有嗣響。詩又坡谷間，驂驔掉輪鞅。自緣所蘊同，神契乃不兩。隱然見韓薪，傳火授諸掌。愁來幾回讀，頓息心縫癢。詞林釃椒桂，礫糝和一吭。旄頭避張弧，斯道益莽坱。參佐無晉公，油幕

餘慨慷。樞郎疲日牘，故事徒寫倣。平生治安策，鬱鬱抱孤想。頗聞資格推，早晚柏臺上。鐵面顧新名，蒿目吐忠讜。先生資當轉臺，新更名拯。銷兵展成畫，執法先錯枉。好譔《平准碑》，典頌繼疇曩。

壽陽相國疊韻見答《獨遊詩》并爲篆「郘亭」牓，依韻奉謝

平泉不用自栽花，常覺秋容分外嘉。「草堂小秀野，花市下斜街」，相國楹聯句也。所居四眼井，在下斜街，近花市。脱手機衡供嘯傲，稱心藜杖任欹斜。傳詩已許參冰柱，引筆還教悟畫沙。垂老及門嗟已晚，飢驅愁絶又天涯。時將出都。

開元二十六年投紫蓋洞天銅簡

真經注罷五千文，信簡遥憑紫蓋聞。子壽投荒牛李在，長生有道孰如君？

題尹杏農給諫耕雲《西山紀遊》卷

朝看修蛾夕猛虎，眼前翻覆何須數。手提白筆向蒼崖，且作西山風月主。山情霜後益嶙峋，紅葉千峰倚半醺。正是冰輪輾雲海，九衢塵裏共思君。「晨眉方修蛾，夕步已猛虎」，卷中《翠微山房對月》句也。

送林勿邨鴻年之守臨安

滇池溢流血，寧益無凈土。要和經幾歲，衢道尚榛莽。朝廷用王遜，慷慨集殘旅。謂張石卿制府。撻伐時一伸，遂得定威楚。楚雄元爲威楚萬户府，又爲縣，又爲等處宣慰。亂國急需才，巧宦習首鼠。蒼黄生怙恃，趨避十虚五。夫子守粤南，長才足文武。胸中天下事，利病粲可數。春明勞訪詢，連兵話鄰圉。累歎西南維，孤懸費撐拄。果然荷邊寄，五馬橋南滸。南盤江，即《漢志》俞元縣出之橋水。承命了不驚，始識中有主。遐荒斗絶郡，嗜亂自太古。雜回滋屈塞，睚眥結戈櫓。君家老文忠，提節運剿撫。何曾聲色動，禍首已椹斧。攘功换捷手，善後從莽鹵。爝火復燎原，懷賢淚如雨。桓桓今總制，即起文忠部。君又鄉族間，經綸用前矩。惟良儕大郡，合志有開府。相將持腹笥，張目快傾吐。感激共一衷，瘡痍豈難瘉。雪雲辭燕臺，嶺路繞爨户。天風閃征旆，甸長迎負弩。早寄平戎詩，鐃吹付歌舞。

送王午清槐芳同歲之令雲南，且先假歸省母

休説滇雲苦，家山間一牆。遲官從薄命，取道且還鄉。藤酒三春節，萊衣五色光。幾年將母意，一笑已先償。

西南頻歲裏，盜賊幾曾空。每以凋殘後，方成保障功。短衣迎社月，孤劍轉夷風。須信親民者，書生果不同。

龍皡臣汝霖縣尹自晉入都見訪

飢驅行不得，市月坐紛紛。一笑寧無謂，跫然獨待君。遥情驅泰華，古意結皇墳。珍重平生事，尋常那可聞。

飢驅將出都，留别諸同好二首

别雨繫遥情，初知引新樂。囂然轂輦下，不異在邱壑。擇術匪一端，爲儒久成錯。安知要路津，别有匡時略。我獨胡來兹，歇未棄耕穫。農容向華膴，相許豈吾託。眷言諸君子，高誼陵古昔。時時風雪裏，肯顧蓬蒿宅。長安居不易，蹙蹙靡善策。長揖春明門，孤蓬信飄泊。

浮雲逐沙鳥，飛上黄金臺。變態不可識，拉雜散九垓。歲暮多北風，漫天更黄埃。風雲一朝會，舉眼何時開。顧我眼中人，各有天下才。塵中共顑頷，鐵骨瞶未頽。飛雪塞行路，雙輪冰且摧。聞我獨飢走，欲挽還自猜。徒言别未遥，春官行復來。未知明年事，吾駕定可回。

白茅灘拾硯圖詩，爲黄子壽編修作

沅江上水舟，步步争石湍。如讀孟郊集，苦澀難爲歡。黄子奉庭幃，迂迴泝千灘。幽奇助嬰態，水石皆辮斕。淬妃手中雲，燦寘沙礫寒。擘拳向翁壽，樂意溢引竿。得興恣點染，剪龍割巖巒。客至競傳賞，寶過千琅玕。長公文字祥，天成謝雕刓。君家雲波石，温粹同其完。還讀乃翁畫，藹然慈孝端。我詩示後來，留傳以興觀。

觀子壽所藏倪鴻寶、黄陶庵兩先生墨蹟，即書黄先生卷尾

鴻寶英雄人，小德靡出入。嘯傲紛麗場，鶯花送歌泣。蘊生真儒哉，獨寐乃龍蟄。皇皇天下憂，甚彼軒冕急。藝事亦進道，中藏竟能挹。我觀兩君書，宛若奉摳揖。倪生多奇姿，狡獪寄忠悒。黄子渾工拙，落手必山立。兩美各成妍，古味絶近習。於黄尤斂衽，懸淙凜冬澀。眼中無老輩，秘詡金壺汁。視之徒茫然，還君十重襲。

小除日冒雪至趙州，訪州守陳息凡同歲鍾祥，飲罷作歌

曉渡滹沱雪如手，日暮途遥尚奔走。平棘山前逼歲除，一笑還傾故人酒。故人别來踰幾年，人事音書隔路難。情親語妙自疇昔，但惜青鬢成華顛。連鑣記踏春明陌，氣猛才豪同射策。相期唾手拾華資，豈肯低心讓高翮。知命年華掣電過，唾壺擊缺賸悲歌。一官祇歎風塵積，十上誰憐歲月多。君雖薄宦非未遇，牛刀所至餘思慕。西海曾招國部安，「古忒」急言曰「國」。東滄盡得殘黎附。地棘天荆百不成，郘亭書劍更飄零。浪思開徑陶彭澤，安得爲郎馬長卿。趙州舊是殷繁地，又見雕傷成暘遂。買絲常欲繡平原，懸榻猶能下徐穉。憑君不用問滄桑，我亦萍蓬當

故鄉。轉眼村村花柳色，春風步屧醉千場。

趙州度歲，憶諸弟，用息凡韻示繩兒

十年一茅屋，始結雲峰雲。全家得安宅，手口忘其勤。猶嗟寡兄弟，馳驅動乖分。但博歲晚歸，急難有暫群。愁心已叢棘，無術豁斧斤。胡我老不恥，春官猶鬻文。有季又雞肋，荷戟争骨筋。昨馳章臺路，季也辭匡君。今我滹南來，季還熙湖濆。居者亦顑頷，有教無河汾。祥芝弟從軍，戊午臘次建昌，今次宿松。庭芝弟方就近硯食。時節各相望，益使心如焚。人生亦易足，果腹消百棼。何時十畝外，晚景收榆枌。海波勢方激，沽碣虞春氛。頭蘭尚稽誅，調發鮮能軍。草堂無嚴尹，誰策飯顆勳。餞歲得孟公，酒至且自醺。小兒數年具，家風聒云云。苦復念母兄，百忙正煩紛。與爾獨閑適，客況寧無欣。

息凡將之天津，口占送之

梅邊一榻共清芬，對雪談詩度夜分。正好淡黃花影月，天津橋畔復思君。

郘亭遺詩卷第六

贈孟柳橋傳鑄州判，即題其《芹谷歸隱圖》柳橋示《西征遊草》，復有《留窮圖》。

判官好遊復耽隱，峻骨蒼松氣秋隼。早收隴蜀在匣笥，猶惜江湖欠跟臏。芹谷暫開方緯耒，選曹乍涉還遭紖。卑官詎肯愛塵埃，彊項於時祇乖踳。應衝食客動缺桉，期會呼車常脱輴。時時荒署飽捋荼，每每新詩添束筍。五窮劇祟偏苦留，三徑卒荒誰子憫。從來仕路有經綸，善手公然化封畛。徒言弊吏陟優異，豈解中人把推引。上策争看騰踔去，下村亦博肥磽準。眼中稱意凡幾輩，誰是不營甘蠢蠢？君今縱復倦遊覽，歸計寧堪效蚯蚓。待兔能來幾時得，嗜蟹要無還召哂。牀棱滑熟模即工，紙尾箝擎署何敏。低心角逐知匪難，故態消除且從忍。稍教削枘圓可容，定有回蔗甘宜吮。吾曹事事取才足，詎此區區天未允。桑榆好景鬬晚暮，泰岱遥情供巘嶙。君章邱于泰山甚近。直枉寧須較尋尺，波流那遽妨頹隕。但蘄初服咄可更，何物塵纓憾難眕。君猶掉首謂不然，猿鶴故山應怨愍。

正月五日觀吴道子畫壁水於柏林寺，借淵明《遊斜川》韻

開歲倏五十，我行殊未休。吴生落妙蹟，引此招提遊。旭景散曾波，殷入天上流。茫洋絶畔岸，不見鷺與鷗。孤梗渺何依，始悔辭故邱。蒼然憶平原，斯人竟無疇。壘隝漫荆棘，有酒誰與酬。未知畫工意，亦復念此不？且掬壁上波，濯彼千歲憂。龍鳳自鱗翼，風塵何所求。

迎春日，步至大石橋，訪昔人題刻，還尋張星階映檽州判，茶話橋北蕭寺橋舊名安濟，跨洨河上，宋咸平五年漕臣景望引洨河自鎮州達趙州以通漕是也。橋兩端負小虹道，下有宋大觀、宣和、金天會、大定及元明人題刻三十餘處。其最古者北道，開皇□年唐山石工李□則建橋時刻。

殘雪欲盡春旗翩，趙州城南春可憐。芒鞵浪逐烏烏樂，村服亂飄兒女鮮。洨河漕蹟幾時有，隋橋舊題行欲湮。客子輖饑獨訪古，何似喫茶參老禪。

贈汪迪甫葆光倉大使，即題其《緑雲軒》詩卷迪甫，雲壑修撰之孫。

汪倫本是不羈才，雛鳳清聲自骨胎。肯待風雲舒健翮，豈應花月誤良媒。歌詩不禁卑官好，懷抱何妨對客開。少伯東川千古事，萍蓬相遇且銜杯。

息凡示《十年鴻爪八圖》册子，各系一詩

洗墨池懷古樓緜竹爲張宣公故里，有洗墨池遺蹟。君權令，濬治，建懷古樓其上，重校刊《癸巳論孟解》及《南軒集》閣板焉。

廣漢張夫子，儒風七百齡。墨池還舊蹟，癸巳表遺經。名教成豐草，權官等寄萍。使君懷古意，耿耿獨先醒。

雲亭省耕大邑城北静惠山有平雲亭，宋范忠文公歸隱處，陸放翁所謂「雲與朱欄一樣平」者也。久圮，君復新之。

朱欄扶静惠，仍與白雲平。雙旆花中出，千村雨後耕。野禽窺洗盞，佳客會飛英。飲罷一長嘯，歡騰牧笛聲。

使察木多君以道光丁未至察木多公幹，春去秋返，得《康鄞詩草》一卷，記風土山川甚悉，可别行。

白踏千峰雪，紅迎萬鋻蓮。部猶唐古忒，事逸漢張騫。鷹葬誇成佛，牛繩欲上天。康鄞風物色，儲待史家傳。昂喇山深雪中挺紅白花，枝莖房蕊與蓮無異，能治虚勞久嗽。蕃人死，卜諸喇嘛爲三等葬法，屑骨肉飼鷹爲天葬，飼犬爲地葬，飼魚爲水葬。得天葬爲最吉，謂即生天。蕃中乘肩輿登險峻冰滑，常以牛曳縴，極矯捷。

三峽歸舟君辛亥服闋，奉太恭人柩葬山陰時也。舟中詩載《祥琴草》，皆絶句。

錦水將雙淚，還過灩澦堆。猿聲啼不斷，秋色正西來。峽浪清逾急，江門折更開。流泉彈未協，短節有餘哀。

東海泛宅君自浙赴官直隸，而道阻於粵匪，乃携家附糧艘出吴淞，航海以達。

挂席扶桑外，携家弄海暾。鯨波掀地轉，蜃氣拍天昏。漕舶三年穩，成山九點蹲。珊瑚竿在手，一笑引龍孫。成山九峰，海島之秀者。君海舟中舉一孫，曰汝龍。

防河北癸丑夏，粵寇由江淮分股北擾，陷歸德，窺開封，渡河圍懷慶。君抵直隸，檄赴軍。比秋，寇西竄，懷慶圍解，遂撤還。

江氛流不盡，那復計防河。直北堅城少，淩秋突騎多。九重催急羽，十道盡横戈。累月逍摇甚，愁聞隴上歌。

邺滄州粵寇尋自平陽間道出武安，竄臨洺，掠畿南州縣，遂由深州東窺獻縣狡河，入滄城屠殺最慘，癸丑九月事也。賊遂由天津反踞静海，而君以是冬來權州事。

竟令西去賊，轉漏太行東。一昔滄州赤，傷心九月中。捧符餘敗堞，觸手换春風。辛苦求生聚，長懷老孟公。

營捷地甲寅春，寇自静海南竄阜城後，東擾連鎮，大帥築長城圍困之，其地距滄才一日程，州南捷地牐口，臨運河減水之交，爲津南門户，君營此團練，設防踰歲。

木門安集漸，南路尚煙塵。牐地常能捷，狂徒敢問津。連營横落日，孤劍接殘春。始識牛刀手，干城大有人。

柏林寺攀龍鱗、附鳳翼二石，傳爲虞永興擘窠書，蓋記從世祖南平棘時，耿伯山勸進語

殲奔百萬不言勳，反側千章更用分。火德自應銅馬帝，赤符寧到井蛙群。范陽退保幾無主，高邑登壇肯釋君。附翼攀鱗傳語在，雲臺長憶耿將軍。

趙州學大觀聖作碑是二年刻，下距北狩二十餘年耳

道君紹述意肫肫，學校還瞻聖作新。八行科條方造士，兩朝黨籍竟無人。燕雲侈説收耶律，租幣何時厭女真。二十年間成底事，豐碑徒在已傷神。

補和章子和《述懷》三詩，兼寄黄子壽

去住非人意，飄摇作客情。歲華催老至，春草傍愁生。大陸浮東極，常山護北平。眼中横海將，昨日定先聲。

延江西畔路，旦晚且安居。子出猶官冷，吾行益計疏。勞勞旋磨蟻，促促上竿魚。苦憶衡門下，東風坼澗蔬。

蕭然無可語，開篋見君詩。中路牽餘痛，長貧累舊知。亂鴉村市外，空霧夕陽時。咫尺樊輿道，誰言尚有岐。子壽有約中和節前後會清苑，遲未得往。

二月五日繩兒煮雪試家山白茶，有懷息凡天津

北客過歲周，南嗜斷茶味。渴來但飲濕，塵物常滿胃。已令吟詠損，尚問幽并氣。融風吹二月，生態轉百卉。尺雪瑞乃遲，句萌凍還畏。小兒學好事，屢掬爾曷毅。玉色盆盎盈，車聲蟹魚眺。冰芽珍一撮，瑮盞候三沸。生香沁神骨，活碧浮甖甀。豈惟中冷㪺，雅稱巖白貴。舌本彊忽除，心源濬成泲。直疑雲瀣吸，奪自銅仙𦘺。始知天公戲，特爲瓦鐺餽。文守隔小沽，匝月

增痞愱。安能及早晚，清賞共挹摡。剪燈遂尖叉，計椀消怫愲。

過寧晉，贈縣宰過虞卿錦雲二首

廣阿高控九河顛，亘陌通渠蹟未湮。薄落亭荒無暴客，胡盧潦盡長腴田。入春尺雪歡聲起，自昔禎麰瑞應偏。今日神明河上宰，政成寧讓李唐賢。麥秀八岐，見《唐廖陶令李懷仁頌》。

卌里槐川送日西，敝裘如鐵更沾泥。薄晴雪氣生空霧，交道冰澌成小溪。頗喜塵沙能斂抑，轉憐風物太悽迷。君今早脱公車苦，記否濘寒逐馬蹄。

虞卿以鄉味相餉，用蘇、黄《春菜》詩韻

年餈搗粉烘爐雪，已聽滿街呼稚蕨。萵臀踔腦争飣盤，肯數藷甘玉延滑。虀誇符闒竹孕脆，醬右濛南樹頭辣。百錢嗟咄足主賓，一笑婪頩唇對抹。連年北客憶鄉味，已逼花朝虚菜甲。故人一飯萃里珍，半自南明舊畦茁。元修命氏愛坡詠，苦笋硬差記涪説。我今即事已當歸，便把征衫向君脱。

花朝仍雪

百花生此日，薦雪溢千林。莽莽人間世，安知天地心。翻思春暖驟，定有賸寒侵。未遽冬衣換，長途已不禁。

十六日又雪，出趙州至欒城

十一日中五番雪，春已過半寒未蘇。待融直可還洨漕，添凍豈擬防鹹沽。奪太皞權恕顓頊，縱玉龍勢侵陽烏。春官選士亦安用，聽爾僕僕衝泥塗。

十七日雪不止，彊進及滹沱南岸

雪孫徹夜復侵午，儘析粃糠揚細塵。《方言》謂雪不成花若糠粃者雪孫。滹沱在眼渡不得，恒山皺眉長向人。生道已艱折九坂，斷輸何止摧雙輪。平生行路未經此，何怪嬌兒啼苦辛。

明日渡滹沱，及午始入正定，遂宿

崇墉蕩蕩壓滹沱，在昔軍州控制多。重鎮自應門軌壯，雄關偏是雪深過。驅車便有登天勢，拔劍誰憐斫地歌。午睍歇鞍吾亦倦，飢烏疲馬共蹉跎。

雪途見西山

東風吹海作春雪，其勢欲與西山平。眼中安得皋陶簪，埽盡浮雲八極清。千岐百折村途遠，没軸平箱濘轍艱。臘雪南行春雪北，向人冷笑是西山。朝來半雪復半雨，客意且止還思行。怪絶西山真狡獪，隔宵眉黛已回青。

贈方存之宗誠一首

漢學存《商兑》，桐城有典型。我逢諸弟語，喜溢舊編青。客路嗟蓬轉，家山漫賊腥。平生俟命録，愁憶惜分亭。

廉訪今儒者，招賢首布衣。觀人於所主，守道豈應非。一面憐今晚，頻書莫後稀。柏堂多述作，餉我待南歸。

黄琴鳴輔辰觀察所藏《古雙松卷》歌并序

觀察道光庚子收沈石田畫《古松卷》，劉寬夫位坦太守怪其與所藏文待詔《松卷》長短佈置若一，遂并舉歸琴鳴。沈卷作于成化庚子末，以别紙書杜《松樹障子》詩。文卷作於嘉靖庚子，乃云仿梅道人，知沈卷亦從梅出，故波瀾莫二如此。

展君衡山之古松，如對石翁老匏送行卷。石田贈吴匏菴行長卷，曾見之許滇生先生所。松根石氣横入天，幻出林巖眼中見。長洲師友神骨同，不信乃自梅花翁。翻身作怪大奇事，題署居然沈周字。一代中間兩庚子，雙龍盤拏飛欲起。當時落筆兩不謀，爪鬣之而竟相似。誰言白石翁，匪效吴仲圭。胡不自題句，但寫子美詩。琴老天機今沈文，畫祖況與吴興親。成嘉恰更五庚子，雙圖劍合如有神。安知祖本不在世，不與鼎足成芳鄰。天風怒濤裂蒼石，恍坐秦封岱雲之絶壁。雲中拍手東方生，指我蓬壺好將息，滄波澒洞乏羽翼。安得此松擲作雙白虹，提爾陸剸水斷煙塵空。

廿六日大雪渡白溝

北風吹易水，飛雪擁征袍。斷岸生危堞，荒途亂古壕。棲鶵鴉爪脱，凍合馬蹄高。自古悲歌地，蒼茫首重搔。

涿州道中寄房山故人

驅車范陽城，晨雞尚咿喔。深雪督亢陂，横雲大房谷。沃野已開犁，壞道難轉轂。故人百里間，凝望隔遠目。有約問隨經，且須禾黍熟。

試春官畢，有作寄鄭子尹、黎筱亭

寒入深春意未央，重裘如鐵試都堂。西山雪色通長白，鎖院風聲結硬黄。歸雁褵褷同耐冷，野鴉濃淡不成行。三條燭盡平生力，添得明朝兩鬢霜。初十日北風凝寒，呵筆録真三四字，輒結凍珠，雜沙而黄。

十年前已謝公車，何事知非計轉差。奇澀爲文常自厭，清寒入骨費旁嗟。且消矮屋三場粥，肯艷長安一日花。鄉信又聞戎馬劇，野鷗愁絶憶天涯。

郭筠仙、龍皡臣、鄧彌之、王壬秋訂余同出都，連夕集尹杏農寓話别，趙沅卿、李眉生皆至，呈主人及諸君子

抱火坐積薪，恬嬉昧攸灼。先憂能幾人，事外守廖廓。旅食憶十年，百度成古昔。蹙蹙復奚爲？坐聽轍魚涸。稍多同方子，仕已甘索莫。相思即招尋，境局意良拓。殘春一以送，雲散在旦夕。連宵杏公家，雞鳴縱狂嚄。弦蟾亦惜别，照客不肯落。江嶺積瘡痍，兵革延廣斥。人生各有傃，安得還此樂。勖矣平生心，百歲視疇昨。

紅崖古刻歌有序

紅崖削立貴州安順府永寧州西北六十里諸葛營後山上。深刻其端，凡四十許字，參錯不作行，不正均，大者逾徑尺，小或五六寸，字所占高可七八尺，廣三之。字赤而石青，晚晴日射，乃畢露，望若圖五嶽，形若鼎鐘糾結，銘劃若雜寫物象。其土人習稱孔明碑。嘉慶

中，武威張介侯澍縣令撰《續黔書》，乃指爲高宗伐鬼方紀功之刻。道光之季，陽湖呂堯仙佺孫開府與守刺者謀崖下爲十尋架閣，以施氈拓，費不貲，又地高多霧雨，常數日不得一紙，故堯仙亟縮本以行。尋新化鄒叔績漢勳孝廉撰《安順志》，輒省併其字爲二十五，著釋文，助呂跋，伸鬼方之説，其詞甚辨。自是，府州又依鄒釋省併，仍字大小比密以就篇幅，各刻木應索者，以故行本百無一真，轉不若堯仙縮臨尚存仿佛也。

文匪分隸，其不自諸葛不待辨。高宗撻伐，亦於地理乖錯不安。因思《禹貢》雍、梁，并以黑水爲州距，又有導黑水至三危入南海之文，驗蜀南入南海之水，以滇黔之南北盤江會爲鬱江者爲最大，斯崖適近二盤之會，二盤源處，左右俠滇池。《漢書·地理志》滇池縣下云有黑水祠，鄭康成即引以注《禹貢》，見《史記·夏本紀》集解。其注文云：「《地理志》益州滇池縣有黑水祠，而不記此山所在。《地記》曰：三危山，在鳥鼠之西南。」蓋鄭君于梁距及導川之黑水皆主《漢志》，其意顯然，其別引《地記》，特以志未言山，姑附存他説，不爲定詁也。是即二盤爲禹所導黑水之確證。禹導黑水至三危，而是崖近其會。然則是刻殆三危禹蹟與？貴陽本唐矩州，宋元併於羅氏，謂之羅氏鬼國，明設衛，置行都司開行省，乃并云貴州。矩、鬼、貴，一聲訛轉，非有三地，且在安順東北，不能越而西南。鬼方無他師説，惟干氏注《易》，以爲北方國，《毛詩傳》但云遠方，余意殆即鬼侯九侯國耳。武丁縱勤遠略，而三年懸師萬山中，亦事理之必不然者矣。儀徵相國考黑水，以爲在雍、在梁，名同地異，最是。三危亦然。故梁州所距，當自滇池循南盤以達於北盤之會，雲貴俱包其半，乃於經文、地形兩無攟拄，顧不能核兩盤源之夾漢祠，定一說以申鄭義，猶歧疑於蘭滄、禮社之愈荒遠，亦其疏也。咸豐庚申四月友芝將出都，潘伯寅祖蔭大理趣爲歌詩，書其藏拓卷端，因傅經義，正昔謬，冀屬和以張之。

禹經黑水既茫昧，箋疏苦索金沙壖。三危入海向何處，一任北轍馳南轅。紅崖攫出夜郎國，龍畫螺書長結蟠。我循漢祠胗源受，神蹟悦遇隨山刊。洪水坤維患匪劇，四載所勚排瀹便。衍亨南瀆在指顧，憑高息橋去讀千峰寒。匔辰鑿宿恣興會，六丁雷電相後先。形成五嶽氣九鼎，光怪爛溢朱明天。邊荒不識明德遠，但記諸葛威群蠻。齊火銘勳久放失，齊火從武侯南征，摩崖記功，隸書二行，有建興年號，在大定府北柯家橋側，今訪求猶未獲。章子和永康庶常言。訝此磥硌猶孱顔。千秋萬歲一丞相，舍彼不屬當誰專？矩州鬼國貴行省，循聲誤讀譌仍沿。儒生考古别羿些，寅車漫附弇山鐫。湯孫中興撻殷武，有截不越荆楚間。鬼方九侯一國耳，何事鄙遠勞三年。乃知等爾匪事實，武威誤筆承吕佺。曏來頗怪《錐指》隘，胡渭《禹貢》。梁徼竟斷巴符關。分明南交著《堯典》，正夏宅已踰宛盤。《續漢志》宛温縣有盤江，即今兩盤。宛，平讀。三危黑水異梁雍，儀徵要義精不煩。惜哉弭節失檢剔，禮社蘭滄岐未删。衡碑作僞敗楊慎，嶽麓棄擲無人憐。斯崖晚出見典則，副墨脱手争騰騫。字青石赤又岣嶁，氣壓周鼓商杅槃。誓當箋詁詔永久，奉此石祖彌經藩。叔重古文换秦篆，十不存一苦尠銓。稍從《乘馬》究虞孚，水書竹曆參摩研。《管子·乘馬數》篇云：「有虞策乘馬，已行矣。」蓋虞幣有乘馬之名。今流傳乘正當金尚孚及虞一釿等幣，頗有文字相證處。吾獨山土著有水家一種，其師師相傳有醫、曆二書，云自三代。舍弟祥芝曾録得其《六十納音》一篇，甲子乙丑金作，丙寅丁卯火戊辰己巳木作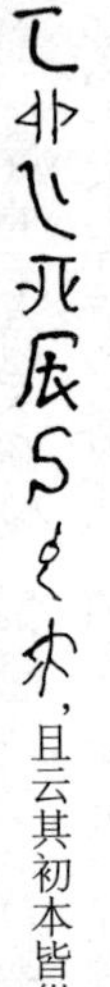，且云其初本皆從竹簡過録，其聲讀迥與今異，而多合古音，核其字畫，疑斯籀前最簡古文也。略明格西戊辰字，象象蹈舞承白環。意爲部居就屬讀，斷續瞀眩愁難安。伯寅廷尉喜創論，趣實歌詠開其瀾。壽陽馬平助旁督，祁相國及王少鶴農部。取證更拓張南山。廣東張南山維屏《鬱水考》亦以南北盤江爲《禹貢》梁州黑水。浪書肊見了逋負，才薄奈此苔花斑。庶緣索和博大句，持壯里典榮南還。

客中五十初度示繩兒，是日夏至

秉樞不作明日計，奔命棼絲拾微利。共工一觸東南傾，漲血横流塞天地。古人五十知昔非，我乃五十初願違。飄蕭仕隱兩難問，四方蹙蹙將安歸。

小兒手飣櫻筍香，再拜奉我初度觴。謂耶五十得長至，懸知至百未渠央。兒乎爾亦虛頌禱，健在如斯定何好。烏椶紅蘆轉繫心，蘧蘧忽向青田道。

贈高伯足心夔進士三首

高生鞍馬上，舊是幽并客。浪逐進士科，聲名愈騰踔。成虧生轉瞬，一再取怪愕。寧緣失因依，那復闕製作。君才不羈勒，所向無險崿。天心賤揚馬，人事右鈐略。男兒好身手，盾墨足揮霍。安能守鉛刀，俯首奉束縛。乘勝老湘鄉，皖南且開幕。將毋六月師，成爾去年約。

末世無人才，在養不在生。交遊殊落落，乃見古時英。鞍韉縱衢馳，風雲接霄崢。周行得其好，蔚足寧王楨。梁雉有色舉，彙茅虛吉征。居行兩愁疾，道誼長荆榛。尚子碩果係，剥極庶一亨。深文絶意表，强笑難爲情。吾軍久摧頹，不爾非全傾。恢哉杏公語，沈痛不忍聽。

極興生憂虞，挫意取磨湔。從來英雄人，得喪不挂眼。舊書閑更讀，崎路久亦坦。崇德聽所爲，叢謗忽而遣。回淮浩難梁，大巫不可峻。我思在何許，坐惜歲月晚。勤子方盛年，觸事動英眄。百川趨灌浸，六月且息偃。鉅負倚積豐，深貲遲輸遠。微然天公意，貺子詎乃淺。

安順守周竹樓夔既以兵復永寧州，追賊至歸化廳，後軍不繼，死之

延南死石開州，延北死江遵義。石虎臣，字寅谷，昆明進士，知開州。江炳琳，字介侯，江津舉人，知遵義縣。并善

戰，屢有功，錫勇號，去年先後死事。黔江千里撤重關，嶺路千盤益難備。閔雨不到地，涸海常生煙。區區有源水，寧救石火燔。周侯一麾障南壁，悍髮强回皆辟易。周侯士氣一當百，糜爛安莊還衽席。材官如林但嗟愕，五更拔隊風火行。躡賊已過和宏城，後勁隔絶孤軍撑。炎州甘爲萬歲死，隴上不救陳安生。嗚呼！周侯好名逾食色，所至謳歌騰石墨。慷慨常存馬革心，似此殉名良亦得，回首鄉關意何極！

去年冬至，户部大堂火延燒司舍，今夏葺治，拚除遺煤棄街上，猶未熄也，市人以水沃之，煙霾塞道

去冬至火司農廨，空柱堂皇出災怪。三春雪澤夏雨湔，死灰不死猶能然。君看焚餘所埽棄，滿街生煙濕薪氣。眼前異事誰敢譁，但聞去年大獄還籍家。

贈何願船秋濤刑部二首

虚名無當長安市，流轉渾如不繫船。自笑屠龍成拙計，思看射虎送殘年。荒山《樗繭》勞遥記，九日花糕吝近緣。君謂十五年前見余所校《樗繭譜》即相記，去年重九會，獨君未至。滿徑蓬蒿愁養日，相逢

欲别意茫然。

曹司秘殿當塗後，六十年來故事虛。異數仍開懋勤直，天題新焕朔方書。春初，君進呈新纂外藩書八十卷，賜名《朔方備乘》，著在懋勤殿行走。部曹直懋勤，老輩中唯黄左田先生蒙此異數，爲嘉慶五年庚申，今甲子恰一周。至尊柔遠憂綦切，元老安邊計肯疏。聞道北塘樊扞盡，定能處女玩群狙。

潘伯寅示朝鮮南海縣錦山徐福題名，書其後何願船釋其文曰：「徐市起礼，日出。」王霞舉軒釋云：「上丁，箕子作《洪範》。」其土人舊稱徐福題名，故依何説。

寅公石墨今無匹，海外碑章過百通。礼日傳看徐市字，劖山直奪李斯工。珊枝歷落生虛壁，雲爪盤拏壓颶風。想見神州成遯世，絶勝馳道坐齋宫。生，一作「森」。

連雨得霽，將尋杏農，適其過訪，眉生、伯足繼至

行止不自計，出門無好懷。意尋杏公語，暫博心神開。轍潦一丈深，轅駒仍蹶埋。出門復入門，寸步生河淮。過午漸涸乾，從容理芒鞵。感通乃爾速，一笑君何來。叩門又高李，英英萃吾齋。吾齋小於舟，八窗納炎煨。長談縱麈尾，坐引涼風颸。京塵忽再歲，此樂不易階。人生

但如此，富貴安足詒。殷勤過夏謀，米鹽更瓶罍。徑須傚元亮，銜戢安得儕。

機聲鐙影篇并序

章子和舍人在庶常時，思其母諶之教而圖其事以寄哀，屬同人題詠係之，余亦造五言一篇。子和以鄭子尹引《禮服》書後，使録入卷，其申論禮意甚精核，故篇中亦摭入焉。

章諶賢母者，首乾之繼妻。鞠教成兩子，所生過其慈。當諶之來歸，永孚方小穉。失箠惕世薄，恩勤必周至。妾謝舉永康，母乃未有出。永康生失父，比期謝又逝。篤舊以從死，遺孤將何恃？所以撫永康，劇於永孚瘁。永康能就傅，常不聽内嬉。孤鐙熒織作，分光課唔咿。一字不上口，一昔無輟機。永康始童子，文聲與兄齊。兄以鄉解充，尋揀百里宰。弟以拔萃貢，甲科擿髭似。方膺庶常選，歸乃痛靡依。然子之騰譽，母存皆及知。亦足對死者，含笑于泉臺。永康既終喪，彈琴未忘哀。命工圖昔事，撫摩長涕洟。機聲鐙影間，皇然中路孩。父妻既吾母，夫子即我子。匪生已已生，慈孝惟一軌。研經求禮服，一究所以制。君母及庶子，獨不箸相爲。爲母爲衆子，蓋已包舉之。本自天理公，未有私豪釐。古聖所述作，固已防厥微。世衰禮教廢，人人任其私。我生生我間，加隆固其宜。惟君母庶子，名在實已違。章諶延江頭，卓絶母道垂。至行蹈婦聖，匪直懷清師。鄉閭嘖賢仁，揚顯羨兩兒。惜未益已生，浪説天意差。我謂立母極，因篤良在斯。斯圖寄永慕，欲以千歲期。珍哉後世名，崇德須盛時。

子尹此圖《書後》略云：古人于爲父也妻者，即母之而盡子道，不必其生己也。於爲夫也子者，即子之而盡母道，不必其己生也。故周公制《喪服經》，無「君母爲庶子」、「庶子爲君母」之條，非闕也。「不杖期」章「爲衆子」，衆子兼嫡庶，爲之者兼父母。若妾不得有衆子，爲其子得遂見後條，則君母爲庶子具此矣。「齊衰三年」章「父卒則爲母」，「杖期」章「父在爲母」，此服通貴賤，妾子有以厭降，不得三年，及期者可以君母包其母，不可以其母包君母，是爲之者并兼適庶，則庶子爲君母具此矣。若然，則君母庶子之名，特以其異出析言之，其爲母子所當盡之道，與生己、己生者無二。服不可别出，又無可别出，此周公準理順情以垂教之精意也。

送李芋仙仕棻之令江西，即題其《松菊猶存圖》松存、菊存，芋仙以字二子。

一刺春明客，蹉跎過十霜。才華驚海外，朝鮮貢使必乞君書及詩，以爲今之東坡。鹹芥老名場。聊得弦歌宰，能依陶令鄉。極知松菊計，三徑未容荒。

樓桑邨

亭亭車蓋説樓桑，昭烈于今尚故鄉。割據縱難收梓里，中興仍許嗣高皇。古來衆建蕃枝葉，崛起雄才即霸王。不是南陽開涿郡，漢京遺緒蚤荒涼。

經安肅贈縣宰周子純題

周郎昔令恒山側，長髮如毛震京國。西行不敢渡滹沱，畏爾甲兵在胸臆。至今草木尚威名，長成稚子皆周生。豈知十載坐斥罷，始復一官衡覂并。海波滔滔撼東輔，徵調旁皇飛急羽。朝廷上策匪威弧，聚此騷騷奈何許。昨日已飽畿卒狺，明朝還備晉與秦。但君巧應不擾民，和戰事奇休彊聞。

望都月夜，携繩兒觀城南稻田

慶都稻田甲畿甸，一水盡作閑汙池。道光三年事。四十年來棄不復，老農束手長嗟咨。城南半頃尚無恙，我行穎粒方及時。攜兒乘月再三看，何限將蕪十畝思。

望都夢京師諸同好，明日次翁叔平同龢修撰《贈行》詩韻却寄，兼示尹杏農、李眉生

廣安脱嚴鑰，僕夫催我行。惜此同心交，轉瞬不得并。烽火暗吳越，健兒盡東征。海氛動畿輔，攪我沽上營。幺麽亦已驕，太滿豈不傾。誰爲芽櫱計，勿使枝柯成。肉食習苟安，發議由弟兄。戍旗漫長道，攻守兩未名。疇昔夢群彦，慷慨共論兵。禾黍幸有秋，甸氓未虚耕。飛輓了不事，軌連足粻糞。善用盡勁旅，躍馬秋益輕。嘽嘽縱飛翰，鬼子敢爾攖。軍忌矧懸入，釜魚更求生。醒來望都道，落月魄始萌。猶聞惜民命，上相布肫誠。寬柔顧和局，損分莫肯争。要挾轉益繁，狂腥肆縱横。堂堂天王使，未許城下盟。深沈憶叔平，好謀欲長城。浩蕩杏公氣，直掣碧海鯨。李生狂可哀，相看憤吞聲。吞聲亦何爲，庭柯送枯榮。誰能皋陶篲，一埽八極清。高足遲不來，長愁引孤觥。惻惻向滹水，荒荒非世情。

讀八月初一、初六兩日邸鈔，疊前韻

伏莽在郊甸，鑾輿催獮行。伊誰謀猷主，聞者悲憤并。封章連百司，安危諫遐征。暫停木蘭幸，大誥禁鋭營。島夷匪丼辛，我藩太疏傾。優柔養鱗介，慢誕絶生成。太阿弛其操，孔方長自兄。求和燭鑄錯，要費真强名。仡仡異姓王，北屏驅勝兵。洸洸近畿旅，蓐食畢秋耕。盡爾白黑醜，豈足杯勺羹。昔爲處女守，開户任其輕。今也赫怒整，攘臂奮所攖。鬼方計日平，鬼章何處生。成功但一鼓，掃亂無寸萌。萬方肅天威，四譯獻恭誠。跳梁渺侯綏，崩角敢鬭争。庶幾列聖武，復見六合横。要路別肺腸，陰圖堅誓盟。頗聞推上策，不惜壞長城。涸轍劇苛鮒，吞舟憑縱鯨。盈廷方讜言，異論且收聲。安知志士氣，足橈惡木榮。彗星能彗除，崇朝冀澄清。熒惑漫瑩聽，爲爾進一觥。悠悠逐客淚，徒有杞人情。

跋黄石齋先生《榕頌》已，重讀本傳引疾瀕行諸疏，意棖觸不可止，更書十六韻

明之崇禎始，舉措已乖方。良才動摧折，惡木紛棟梁。苛細無遠猷，姑息隳邊防。興獄肆

株累，弄權陵紀綱。錐刀攬大吏〔一〕，仇隙延科場。事急茫所爲，援師隔勤王。傳宣但中旨，趣辦乃布囊。豈必萬歲山，似此能無傷。石老引疾初，兩疏何慨慷。安危係根本，考慎宜周行。絶餌已怪特，削蹟愈荒唐。鬱屈閩海榕，一蔭溢千章。近岸神嶠接，隱洲仙幄張。蔽虧白日照，隔越孤島旁。挫抑轉生氣，支離益奇蒼。徒令感楚什，束手送興亡。

榕頌跋附：

右趙州守陳息凡所藏黄石齋先生《榕頌》行草真蹟卷，蓋崇禎五年先生遘疾求去，瀕行上疏忤時宰，被斥還閩爲民以後，擬《楚詞·橘頌》之所作也。末自跋紀年崇禎乙亥。乙亥爲八年，先生至九年始召復故官，則猶爲民時也。《跋》言此本已多書之災木，留此原草，爲徐晉卿索去，今歸而遠。然則此卷爲初脱稿第一清本，先生自留之，又見索於交遊，復流轉他氏，先生乃爲之跋，蓋平生極得意書矣。

友芝向于友人所見先生楷書《孝經》，筆勢出入魏齊，頓挫雄逸，絶去近世甜惡之味，此卷頓挫極相似，而天真過之。書經屬文，有意無意自別，信乎初寫《蘭亭》，决非他日更作所能及也。息凡弆勝朝名蹟數十，必以此《頌》爲冠。咸豐庚申秋，經趙句留浹旬，珍重見示，乃鉤核本末，以附卷尾。先生始在中允，既以救錢龍錫貶三秩，調他曹候補且三歲，其瀕行二疏，皆經國要言，切中時病，乃以周延儒、温體仁遽予罷斥。是後，雖薦召復官，充日講，晉少詹，而所言百不一用，特爲楊嗣昌屢摭其文章「不如鄭鄤」一語資口實，轇轕枝拒，一切以邪説加之，已貶照磨，又削籍廷杖，永戍煙瘴。比嗣昌死，復有故官之召，方還朝，尋以病歸，而明社屋矣。嗚呼！學問、抱負、體用具足如先生，自應明季第一相材，而摧排陷抑，徒成其爲蔽芾無當之老榕也，悲夫！八月己巳，獨山後學莫友芝書。

孟柳橋于官署結書屋曰秋根

因樹結茅屋，逌然林壑期。官閑無一事，長是讀書時。老惜弟兄隔，秋增風雨思。經過對新築，苦乏杜陵詩。

蔡薌延鴻燮《養靈根堂遺集》題詩

寥落《靈根集》，長吟喚奈何。微官春夢短，奇句鬼才多。旖旎罘罳隔，鏗訇辟歷過。倚聲人不識，誰付雪兒歌。

贈息凡

官舍無妨借賃頻，亂山如客不憂貧。趣園風物機常活，抑叟文章老更淳。鐫木得完多難候，拔茅剛及有秋辰。眼前何事猶料理，須記臨危莫愛身。

留别息凡

後會何時復此筵，便無遠别亦悽然。摩挲《榕頌》悲今日，歎息椰香誤往年。薊北江南虚悵望，斷腸分手任風煙。勞君贈卷還珍重，苦爲頹唐策祖鞭。

臨城道中〔二〕

連岡詰屈轉長雷，客子車輪苦欲摧。難得太行山色好，千秋亭畔逐人來。

車騎關至磁州〔三〕

横崗幾疊攲斜路，碧水雙流宛轉橋。雅有故鄉風物在，況經新雨客塵消。遥津白馬愁難塞，近郭神麏野可招。南北奔馳無賴甚，何如此地學漁樵。

贈楊見山峴孝廉二首

偶思片石語韓陵，喜及齊都叩子昇。恰有北朝碑譜在，識真先問老吴興。
京塵兩歲共侵尋，相訪相差直到今。此會更須辭盡醉，明朝風雨隔華林。

發安陽作

才過晝錦安陽宅，即指孤忠蕩水祠。蓋代勳名歸間氣，故鄉草木尚英姿。安危所繫寧前定，鍾毓能勤已後時。愁絶太行開眼見，夕嵐空伴羽書馳。

滎澤渡守風

帆摺檣梢閒自語，顛風斷渡坐相看。飛蓬捲地黄塵急，惡浪吞天白日寒。隔歲歸心憑錯迕，老來行路足艱難。小兒彊説能知事，魴鯉頻頻問釣竿。

不能渡河，還宿王禄營，有懷王晉侯錫康、周樨園之翰

王禄酒家能款客，太行山色解娱人。那知此别還相見，憑杖西風且自親。燈燭繁花如昨日，笑談無睡憶前春。京華雲散渾如雨，那更河梁隔去津。

河流多淺，僅任小舟，司河不能禁强争，須晚乃渡

秋落黄河水半枯，聯軒不任轉飛艫。舟争定使指成掬，人涉何妨卬獨須。落日荒凉暗洲渚，繁星閃睒歷菰蒲。河官尸素休相責，横海堂堂昨夜逋。

滎澤道中

禾稼積如林，村村賽歲登。晚緜雲片散，雛麥露珠升。坰馬秋風健，原禽樂氣騰。滎南今日見，河北見能曾。

石固驛書事

晚投石固城，百呼不開門。驛吏以來徑，覦于所司官。偶值其歡欣，乃許就一飧。此城南北衝，停宿之所攢。胡爲尚無警，行旅絶其間。館人皺眉答，此法秋始然。此事自髮捻，飄風兩河翻。蕞爾鄭許疆，刮剥無完村。鄉人議清野，因城爲峙屯。賊來盡入保，亦既多所全。方其未有釁，先幾豈忘患。但嚴連坐稽，居行自通闤。今年有廷詔，團練馳大臣。副以散鄉宦，耳目爲之新。此不府縣州，指揮盡承奔。凡有車馬客，不得入我垣。惟負販小夫，往來弛譏論。昨有觀察使，回車更無言。客何僥倖哉，酒食聽衎衎。小人倚店食，餬口已浹辰。賴客一夕飽，來日且大難。科條不敢議，欲説聲更吞。

宿獨樹寄芙衣

山山桂花黄，磵磵葦花白。一擠復一重，愁殺南歸客。
葉邑條條水，纖鱗尚不容。子高徒好事，誰信見真龍。
村村穿緑林，林林綴朱實。稚子欲懷歸，錯認江南橘。

一夕三夢君，殷勤絮相語。可是老夫家，西風吹獨樹。君來何處去，蕭蕭風露寒。安得王喬舃，送子千崖端。來路灣復灣，去路山復山。故鄉如在眼，行客幾時還？

南陽道中

白水南流送客行，西移沙岸復東傾。十年村落生興廢，百里蒹葭管送迎。疆土久荒申伯國，夕陽誰問漢家營。草廬一片躬耕地，儘與途人説大名。

九日至襄陽

黄渠通楚甸，歸客眼先明。安穩仍南楫，艱虞謝北征。連岡趨漢水，薄霧隱秋城。又是重陽節，登樓動遠情。

漢江雨泊

浦樹遥相引，横山折更開。落帆成信宿，飛雨自西來。漢廣鄉書隔，秋深過雁哀。鹿門歸路近，懷古意遲徊。

十　網〔四〕

十網下一潭，才舉三寸魚。憶殺縮項鯿，網密不能居。

潛江阻風，寄柏容〔五〕

風聲斷潛江，雨氣暗雲夢。千帆一時落，寸步不得送。椓柯摇自拔，束柁穩猶弄。擺簸徹深宵，伊鴉雜喧湅。我舟倚輕裝，開頭彊違衆。尺進退且尋，泊晨晚仍共。此行已淹滯，及舟意舒縱。寧争百里速，惜此一程空。故人勞久遲，願嚏觸倉偬。明約武昌樓，晴川看飛矼。

夜發指武昌

舟子復無睡，中宵貪利便。闌殘别山雨，浩蕩郢門煙。江漢流無地，帆檣欲上天。滄波虹貫處，應識米家船。

抵鄂城尋柏容，飲次，京師及故鄉警報沓至

遂爲故國三年别，又負高秋九日心。白髮清尊還笑口，音書人事忽沾襟。浮蹤一任風中泊，何處能容澤畔吟。落日寒濤春鄂渚，斷磯黄鵠已難尋。

曲江宫殿竟成煙，同谷鶖鶬道路邅。逐客吞聲看北極，傍人繭足向寒天。北塘誰遣虚屯戍，黄屋何堪尚播遷。眼底楚軍江漢似，勤王急爲赴幽燕。

良逕詩三首有序

余出都以初秋癸卯，伯足期須之趙州相伴而南。伯足後出十日，車道會大石橋，靡由

趙城，食醉忘訪，又十日余乃行。伯足抵樊城轉相待十日，余雨濘行滯，及樊城重陽，伯足已登舟去。初冬戊寅，余泊湖口城下，登岸訊堅山近遠，行逼東郭，伯足適來，携手忻快，相將還走十五里以達其寓廬，湖山清輝，步步攬結。別亦三十年矣。遂宿山中，縱談家國事，通曉不寐，記之云爾。

維舟彭蠡口，意指堅山路。崖角鳴竹輿，城根展良遌。出都君未發，緩轡戒我馭。醉虛平棘約，雨隔清沔渡。長道合併慳，秋思然疑互。興會溢乃今，盈詘豈非數。匡君懷久別，亂後足腥污。軒軒乘霽嵐，披豁尚平素。

江湖萬里身，天地三秋事。添燈遞歌哭，耿耿不得寐。助車移典文，糾旅發忠義。忍憶臨分情，竟匪前言戲。蘄州聞尹李，出走亦倉猝。汴梁拌赤手，漢口失交臂。前日蘄州小泊，遇羅惺四亨奎縣令，言杏農、眉生已相次出都。杏農走河南，眉生即之長沙，余方同泊魯山下，未及知。與君今夕語，再得那復計。何必陶然亭，俯仰歎無繼。五月十一陶然亭之會，君及尹、李與余，復有潘伯寅、翁叔平、趙沅卿、范雲吉、黃魯生諸君，爾時已謂不可復得。

君歸慰桑梓，仲季復英英。歇駕即講學，隔溪聞誦聲。豺虎漫影山，隔絕西南征。看君好兄弟，生別感我情。九江刷驚波，一廛胡未營。中有萬古恨，欲説涕縱橫。幹濟出艱虞，詩書匪虛鏗。勤求救時策，庶以貽令名。

至懷寧視舍弟祥芝，示之〔六〕

遠聞擻懷寧，未收猶一城。其民已極弊，其境猶重兵。既恐供億缺，尤懼反側生。撫綏苟失當，何以爲編氓。大雪來視汝，村氣仍鏗鏗。學製雖未嫺，頗能行拙誠。衣食如在家，村墟彴周行。安然四境内，幸此一歲耕。别爾三暑寒，睹此慰我情。始信湘鄉公，檢束如父兄。怯夫避盤錯，誇士侈儋荷。規模若懸絶，究竟無一可。古循豈神靈，逐事致帖妥。平恕握其根，温肅匪自我。蕃昌及庶類，滿目盡婀娜。此邦附方新，善後待已夥。官蔽百未生，民隱易觀火。短材將志氣，薄效謝慚㦬。纖疏妨衆密，積勩壞微惰。戴星于鳴琴，其道未相左。

擬古三首，示舍弟

敵材非李祐，誤免膏我鋒。得活已墜葉，附炎忽飄風。君實惡腴士，順適工取容。倚勢急自售，鑿虚還賣公。古來翻覆手，感激涕沾胸。利害一毛髪，對面九疑峰。當時不蚤斷，貽害遂無窮。

曲鉤已封侯，直弦道邊死。默坐觀古今，獨立傷志士。青蠅亂四國，榛棘必有恃。誰能窮罔極，惻惻用豈弟。三言參殺人，慈母遂不子。摧肝操履霜，伯奇不見理。在親尚且然，疏遠奈何彼。爝火方燎原，欲撲焰益起。涔波助顛風，勢極行自已。日月趣短景，冰雪冱沈陰。我來長風沙，徒憶皖公岑。萬木被野槁，千崖披霧森。孤花表籬潔，上氣嘘泉深。極剥隱復機，微陽通盛凜音琴。碩果能得輿，下仁亦咸臨。君子順天道，養晦聊自今。

有感二首

海腥吹入漢宫牆，無復門闢亦可傷。雜種古來憂社稷，深仁今日太包荒。羽林説衛存文物，車駕巡秋冒雪霜。卧榻事殊南越遠，可容鱗介溷冠裳。

煙艘未肯靖機贏，月落霜黄趣負戈。精衛有心銜木石，爰居何事避風波。籌邊上相朝辭闕，横海將軍夜渡河。十道援師齊擐甲，漢廷已許莫離和。

雜感二首

孤山屹立海西門，北倚淮肥控制尊。自昔用兵争皖國，久爲雄鎮扼中原。車書混一今無外，滄海横流竟撤樊。妖廣偷生糜歲月，將軍誰是漢庭援。

盛唐不作野蛟騰，刻木浮鵝豈有憑。徂暑干戈成巧久，大隄冰雪費全能。未須上泝愁蕭範，安得旁援斷伯輿。太息皖山松竹盡，石塘風水坐相仍。

望江除夕，縣尹周娱階景濂招飲，朱覲侯元吉、縣丞魏春農申先秀才適至

江國未消冬至雪，歲除還泊大雷城。殘黎滿目愁生聚，舊雨開顔喜合併。萬事莫從多難説，一杯聊得送年傾。宦情客思同飄蕩，轉惜分攜百感生。春、覲二子明日即行。

【校勘記】

〔一〕攬：國家圖書館藏《郘亭書畫經眼録》莫仲武手鈔本作「擾」。

〔二〕此詩之後，貴州省博物館所藏莫友芝《郘亭詩鈔》手稿本（下簡稱「貴博藏手稿」）尚有《梁園店步月》詩，今收入《郘亭散見著述彙編》之中。

〔三〕此詩之後，貴博藏手稿尚有《彰德晤景鑒泉學使試畢留飲》詩，今收入《郘亭散見詩文彙編》之中。

〔四〕此詩之後，貴博藏手稿有《我登》詩，今收入《郘亭散見詩文彙編》中。

〔五〕此詩之後，貴博藏手稿尚有《五日夜風雨》，今收入《郘亭散見詩文彙編》中。

〔六〕此詩之後，貴博藏手稿尚有《自反一首示舍弟》詩，今收入《郘亭散見詩文彙編》之中。

郘亭遺詩卷第七

望江人日直雪

人日瀟瀟雪，猶然一尺深。春風來隔歲，不到大雷陰。鑲卒罷難繼，戈船凍不禁。誰爲元直將，虎穴快俘禽。

愁見飛鴻爪，年年去住寒。江鄉千里遠，何處一枝安。掘韭分鄰圃，葅芹佐客盤。未須驚節物，今日且朝餐。

登城尖騁望，寄柏容

晴煦連三日，城尖草未青。横江孤塔表，殘雪數峰醒。小市争年色，枯查滯客星。遥知石鏡叟，把酒憶飄零。

長林鋪逢故人留宿[一]

啓塗雷港北，歇馬泊湖東。緩度霜華日，仍禁雪絮風。謝鐙春事起，對酒故人同。開口先成笑，斯行或未窮。

太湖行營雜詩

百里熙湖縣，殷繁自昔誇。誰言千帳外，不見一人家。客思牽桃葉，春心寄菜花。那堪憑日暮，城上聽悲笳。

時蒐畢曉圍，千里赴戎機。騎掩平原色，戈騰旭日暉。遥知黽池翼，盡作通天飛。破虜如收獵，生馱九兕歸。

鬉髮成魚釜，機梭復盜糧。何人開市易，祇自撓封疆。春水樓船將，秋風異姓王。抱忠同憤絶，束手意蒼忙。

飛將用如飛，雷霆在指揮。不須持勝算，自可靖危機。蕩決心原在，翺翔計恐非。從來需是賊，江上獨搴旂。

角聲催急節，曉色動城烏。驟雨止如截，輕雷聽欲無。援師蘄水遠，阻隘石亭孤。戰事朝昏裏，應防北路逋。

不見春楊柳，生萍自曲漪。極天餘劫火，避地憶仇池。惡浪空齡隔，腥風石鏡知。十年心蹟在，珍重祝鴟夷。

荒城寒食節，客緒亂如絲。歌哭連千帳，艱虞送一巵。雨昏歸雁滯，春老候鶊知。誰薦青田水，三年憶此時。

夢逐千山去，揚旗大點兵。徑趨毋斂水，直下白陽城。孤侄憐英爽，全家隔死生。覺來空壯思，回首淚縱横。

寄送翁葯房中丞内召還京

習習癬疥疴，豈有性命憂。微微澗溪水，竟作滔天流。滿概發殺機，萬變殊未休。眼中幾都會，白骨抵山丘。蕭條大皖國，破壞八九秋。夫子提撫節，深仁寓戈矛。匪矜赫赫功，守闞亦云周。四鄰萃彊援，奔波事虔劉。小得不償失，仳㒈轉贅疣。桀莠漫連圩，長淮互深溝。木蘭滯春蹕，鄂渚幻蜃樓。非族必異心，花門古難留。知公抱孤憤，剸斷未有由。昨聞趨命召，黯然念神州。麻鞋詣行在，安邊亟良籌。錮疾在腹心，四體那得瘳。願公持本計，危言張皇猷。挽彼既倒瀾，犖此欲刓甌。楗山昔送公，驚烽始鄰陬。十年無窮事，書劍如萍浮。向來文字興，棄擲不可求。熙湖泊浪蹟，壽春隔趨樞。寄詩一長望，杞淚何時收？

送但幼湖、包興言還鄂城

一弓初月下山營，五夜荒雞引客程。旅思肯容風鶴擾，歸心何似篡鴻驚。批亢北擣元虛勢，破竹西跳有勝兵。藤笈祝君安穩上，落帆應聽凱歌聲。

李眉生書至却寄

楊柳春旗拂戍樓，郢門書札到熙州。夢隨皖口千山月，遠上潯陽九派流。經亂望鄉歸未得，棄官爲客意何求。煙波江上堪腸斷，況復春明憶舊遊。

弱絮

弱絮偏争桃李姝，小池掀浪亦江湖。何妨成事因人得，肯信知名絶世無。薄霧漸開新雨過，峭寒猶在晚風飉。不應去病還多病，春事闌珊伴藥爐。

太湖留別胡詠之林翼中丞四首時中丞手編《讀史兵略》刊木成，同校諸友聞警散去，命往鄂撫署通訂勘，整理印行

當代安危手，如公復幾人。澄清攬轡日，浩蕩故鄉春。江漢歌羊祜，楗牂奪寇恂。萍蓬瞻使節，猶記舊編民。

卅載《箴言》在，曾隨弟子聽。閫中誇摸索，老去颯飄零。友芝曾及太公光禄師之門，辛卯鄉解揭曉，師首誇于座主賈筠堂師曰：「此吾閫中摸索所先得也。」今筠師猶誦此語。守拙成孤注，治生誤一經。遺書珍付授，慚對簡編青。《弟子箴言》是光禄師舊著。

袞袞盈臺省，誰先天下憂。翠華孤塞遠，春草萬山愁。鬼氣猶畿甸，人綱豈綴旒。看公靖江表，還蕩海西頭。

公等千秋業，何勞著述名。編摩憑盾墨，結習過儒生。金石中行誠，膏肓景武輕。《舊唐書·李靖傳》高祖每云「李靖是蕭銑、輔公祏膏肓」〔二〕。我期天貺節，祖揭佐瑶觥。

潯陽江行書事

蘄春笳鼓競宮亭，又見烽煙兩道腥。五老創夷猶未復，雙姑眉黛竟能青。當關虎旅遲揚盾，狎浪犀師疾建瓴。快蟹長龍定神物，慎教傳我考工經。

古來世變真難料，百怪千奇幻未休。盡遣人寰開鬼道，誰言東海不西流。閭胥亦解敵王愾，彊吏曾無辱國憂。請括市徒歸卒伍，何難一箭墮旄頭。

泊韋陽口，遇蔡朗軒鍔縣尹自故鄉來，贈之，兼寄周娛階、馮蓮谿

一身信虛舟，沿洄無所制。摇摇辭雪冬，藹藹轉華歲。鞍馬匪夙閑，箋奏苦學製。漫然從虎帳，率爾笑獺祭。煦日對湖山，行雲莽迢遰。金臺憶連轡，黄里阻執袂。安知上下船，兩歇吴楚枻。鄉音驚素心，老態訝隔世。鬢鬚亦何常，艱難幾時濟。回首壯年心，局促如附贅。

皖北昔初收，選吏半吾黨。軍儲足供頓，民氣亦舒養。新法劇弛張，古道費俯仰。進趨轉迷津，罷斥甘脱鞅。群策豫安危，决勝頗昔曩。誰言破竹勢，乃有刻舟爽。桑梓積榛蕪，葺理復狙魌。驕兵已不堪，挫衄那可想。憑君語蓮娛，毋事徒悒怏。請聽客所爲，滔滔欲安往。

泊觀音港

維舟何太蚤，前路逼峰煙。黠虜何曾動，孤帆不敢懸。江光上弦月，花事曉春天。舉目愁哀雁，清遊忽去年。

舟經武昌望黄州

江南無數青山賤，欲割三分岸北頭。洗眼一岡如碧玉，遠隨孤塔認黄州。愁雲黯黯悲新亂，春水盈盈隔舊遊。美酒名魚空自好，不堪持向庾公樓。

鄂中詠史二首

蒙衝大柮掃沙羨，霸業居然見此時。魚水君臣愁呴沫，烏飛星月念棲枝。遂令赤壁英名起，終是丹徒世業資。不道緑林狐鼠輩，十年飄忽至今疑。

陶桓未許戍邾城，獵騎悠悠引旆旌。倚水能提南國紀，安夷不召朔方兵。重屯本自雄吴國，急援偏難仗庚生。望古岐疑無定算，西陽豺虎遂縱橫。

贈王益三甲曾同年

春明三十年分手，南北東西斷雁槭。君始一官驚短夢，我猶無地著長鑱。江湖惡浪兼天迴，鼓角悲風落日銜。忽漫相逢青眼在，悠悠且莫計歸颿。

後逃城行，簡劉融齋熙載供奉

鄂城累月刁斗喧，九門纂嚴開兩門。逃人漸歸趁端午，翻然一鬨還驚猿。問來何聞去何見，但有狂走奔其奔。百金一舟擔千錢，争門奪港相蹟掀。門官不呵緑營閉，囂牙鬧市如空村。此中豈自有機要，當塗策秘且勿論。融齋師席尊，虎皮未暖臀。入危居亂悔此至，急若野鳥羈籠樊。郘亭盾墨慵，眈守叢桂園。昔誠批亢此窮蹙，決以静攝扶靈根。便愁傷勇亦早計，明旦笠屐覲東屯。

避風紐絲硤

西上頑雲觸蘊隆，長年收帆劇匆匆。横江颯爾飄涷雨，快意渾如畫朔風。峽静不妨村店遠，詩枯偏直酒杯空。絶憐一片匡山色，盡日依人護短篷。

寄廬山故人

匡山百里停船行，側送横迎各有情。遥憶石梁高不極，卧開窗扇看雲生。屏風九疊護飛湍，朝暮應生六月寒。寄語方平好將息，秋風迴棹定探看。

東流行營，送李芋仙之江西

去年今日渡蘆溝，擲筆龍蛇起陌頭。天地悠悠各垂涕，風塵黯黯獨登輈。弦歌竟就陶彭澤，款段長懷馬少游。西道主人差足恃，官田秋熟待新篘。

忽漫相逢棹欲開，高生鞍馬恰東來。菰蒲叢裏停三日，鼓角聲中醉幾回。禮數且從寬幕府，疏狂莫更話金臺。平生習氣拌除盡，珍重横流濟世才。

收安慶凱歌，獻湘鄉節帥，兼致沅浦觀察國荃、士恒博士貞幹兩介弟

上將宣威拔皖城，江淮草木舊知名。如珠五緯趨辰月，併作重輪兆洗兵。

臨淮號令肅清秋，不動如山有定謀。試看宜城新壁壘，湘鄉群季是營州。

大雷港頭揚大旂，長風沙觜合長圍。憑招黠髮千群入，肯放狂毛一騎歸。

死虜批亢意轉驕，軍鋒雄劍劇飛飆。稱心一掃空秋葉，付與江西上下潮。

惡守深藏九地牢，善攻動自九天高。夜掃十梁成破竹，平明流血滿空壕。

習流健鋭舞長龍，巧射騈憐恣擊衝。北馬南船生兩翼，一時齊上霧靈峰。

手牽面縛日紛紛，兑款心輸各一群。順刃可生蘇刃死，受降曾薄李將軍。

乘勝軍威似疾雷，并江風鶴總驚猜。前軍又報收秋浦，生得方清係頸回。

八月九日黄石磯阻風，記所見呈湘鄉公

楚師朔月收皖國，十年陷失崇朝得。機衡會瑞應匪譌，風水倒山驕不息。東流懷寧百里

近，五日未除黄石杙。磯頭城角呼可膺，西舫南譙坐相憶。計糧三日那有歉，粗就朝餐愁夕食。鳩形滿眼趨賑來，傾覆頻仍只增惻。中夜狂呼萬舟起，岸火飛鴉半江赤。兒啼女哭無處逃，一瞬囂塵更空蹟。皖民凋弊吁已甚，兵革且紓猶沴慝。我行利鈍安足論，對此茫茫淚横肊。京觀表山築應緩，露布連城繼還克池州、桐城、廬江。處功元帥雅不矜，可念災黎浩千億。

東流中秋

大聲倒江秋不歇，連旬惡浪搏驚雪。坐虛清興皖江樓，愁殺東流三五節。蕭蕭冷雨吹日晚，隔舫招尋意俱懶。長年三老殊自豪，打鼓鳴鉦舵樓飯。

辭家今節忽過四，去國再逢三鼎崒。横江累月足波濤，逐客頻年哭天地。頑雲蔽空呼不開，神山若近引且迴。東流東有神山。蒼蒼玉宇隔津漢，高處早寒催未催。

上船破浪如翼虎，下船著力無處所。片帆若指上風開，一日應維銅柱浦。銅柱南迴復向西，雲門九曲泝安溪。草堂壁月上雲雨，坐擁芝槃醉似泥。

子由倍數侈勤究，過也按圖思陣鬬。不堪風雨送清節，默作無言宵且晝。老坡老懶貪北碑，摩挲昔昔鬢成絲。臧獲亡羊共一噱，峨嵋月在歸何時。

舟抵安慶城下，與姚慕庭濬昌同尋余忠宣墓及大觀亭址，荊棘没人，幾不可復識矣

奏凱揚舲士氣豪，落帆如夢憶亭皋。青衫詩酒流光迅，白骨荆榛倚郭高。大皖北驅淮甸塞，九華東指海風饕。忠宣總覺英靈在，開幕先償將帥勞。

九日送善徵弟之祁門，方仲舫瀛孝廉置酒爲别

他鄉把菊懷諸弟，寥落三年負好秋。一舫相將成累月，重陽清興滿汀洲。儲胥遠引祁山月，歸夢難忘潕水舟。尊酒故人轟醉意，持螯相對獨含愁。

胡詠之宫保輓詩[三]

江國郊多壘，湖南起數公。使君開鄂府，尤是出群雄。未吐平吴氣，剛成下皖功。橋山弓劍在，攀去曷恖恖。

封疆争舉措，賢路必康衢。撫治雖南紀，精神貫海隅。臣心惟活國，天聽叶訏謨。俯仰悲陳蹟，真成絶世無。

傾心調猛士，鬬虎亦相歡。冰雪生胸次，風霆走筆端。濟時餘半道，元老舊登壇。辛苦求和斷，思公乃獨難。

平生豪俠氣，除去不教存。猛力可精進，澂心見道根。古來桑卜法，難與豹僑論。相濟成忠計，人亡那可言。

和答方子白翊元縣令

春風楚澤散黄巾，千里驚帆戰血腥。相遇奔波賸詩卷，劇愁風雅墜煙塵。横江欲雪飄蓬合，猛士長驅奏凱頻。對酒當歌堪破涕，昔遊回首重傷神。

弦歌頗怪陶彭澤，官秫收無歸興新。彊項幾人工娬媚，折腰何術耐風塵。短檠簾幕光仍好，青麥陵陂慨已頻。江上二橋餘舊宅，寒花清酤且怡神。

雜　感[四]

韓歐不能文，程朱不知道。李郭無將才，韓范聞已謏。一我天地間，古今足推倒。海夷非族類，猾夏恣狂狡。機變絶恥心，奇淫售窮巧。翠華巡不返，含生共悲愀。胡爲見詞闢，《闢邪實録》，湖南所刻，極言鬼教誣惑之害。驚若詈祖考。哀哉東南傑，此蔽良不少。聖道積榛蕪，人綱棄虚渺。群怪窺我隙，萬里血浩浩。矧以詖邪徒，推波爲之導。幾何潮汐污，不壓嵩岱杪。定亂視人心，惟正除百擾。奇衺歸太樸，昏黑啓清曉。宅揆如聖徒，第一誅正卯。

雪中和答慕庭

雪深一尺勢不止，風氣拂拂方助威。歲行赴壑螣蛇尾，欲挽短景于將離。冬暄閉凍乏縝密，嚴寒及臘良所宜。横江萬幕鼓角暗，養鋭暫捲軍鋒旂。頗聞僵骨苦藉道，亦有澀翼愁棲枝。辰陽西谷三山高，褰裳欲往風蹪之。軍中著隱豈有當，夢魂僕僕仍飢疲。喜君衣笠絮輝輝，晨夕起予勞不辭。我道自塞子何師，薑石數公學仕規。遺書勤子足依歸，冰融雪釋愛春時。

和丁雨生日昌大令《除夕》，用東坡《除夜贈段屯田》韻

悠悠復悠悠，百歲忽過半。將智耄已及，自昔餘累歎。晨露引初曦，一瞬足把玩。何者定主人，相於不分散。昆湖涵衆緑，傾蓋豁彊伴。雷封爾西江，選部趨月旦。我承需令旨，同覲玉皇案。臨分拂牛刀，誓理亂絲亂。春明祇塵顔，積厚不可盥。國病匪節枝，良醫乏岐緩。飛蓬信流蕩，覬寵自魚貫。模棱甘老客，縮手齊勁懦。胡君三年別，素抱亦冰炭。皖口雪塞門，晨炊冷行館。蕭條歲除意，誰復相煦暖。寒花對新詩，薄袖念此粲。

禮教所不周，法律救其半。任法忘本源，跤鼇祇增歎。府史足鈞樞，破析恣欺玩。紙籠生變虎，紙裂即威散。盜賊亦我人，華夷豈同伴。負乘爲招徠，馴至匪一旦。昔君頻海查，殊俗費稽案。君曾遊海國者八，著書曰《海外紀實》。横流知早計，成竹有定亂。天地莽風塵，湖漢不供盥。十年幾豪俊，整頓亦已緩。卑官忌奇倀，軟媚逐舊貫。是非寧自由，得喪何勇懦。悽悽增履霜，焰焰矜熾炭。商歌自金石，磊落鏗野館。期君濟時手，際會作春暖。無爲湖海氣，苦絜勦與粲。

元夕，皖江幕府觀湘中新至雅樂，遂登西樓騁望，賦呈湘鄉節相，兼柬李申夫榕觀察

十載祅荒復漢官，皖江令節酒杯寬。轟傳雅樂衡嶷至，便作春鐙鼓吹看。陰谷早回温律衍，漁洋猶陋霸才瞞。湘鄉取士皆儒術，勝算雍容視羽干。

飛樓十丈湧冰壺，火樹千章結四隅。天際江光乘月轉，城頭人影抱星趨。一作「城頭塔影聚星扶」。漏聲乍緊愁催箭，瑟韻新調喜貫珠。幕府今宵除犯夜，遲歸不怕李金吾。申夫主營務〔五〕。

吴桐雲大廷郎中去年夏鄂城索題《匹馬出關圖》，今夏皖中再晤，始完斯負〔六〕

天入營平大海環，清時無外不須關。自從王氣開玄菟，常有卿雲護白山。北狩忽驚弓劍在，中興仍厲斧斨還。去年讀畫愁何極，今日償逋共解顔。

湘鄉節相寫蘇、辛「大江東去」、「千古江山」長短句爲惠，賦謝昔以紈扇乞書，亦今并至，故有結句。

摧敵渾如翰墨場，伏波横海見湘鄉。笑談早已收廬皖，草竊寧容老建康。古調銅琶飛激越，高秋盾墨恣軒昂。野人心蹟同捐扇，東下猶堪一奉揚。

湘鄉公惠撰先君子表墓文四年矣，伐石驟不得歸，更許爲稿書先傳棗木，敬以册子奉乞，坿呈律句

翼之教法今誰記，一表山河萬古稱。先子延江流樸學，倚公雄筆是廬陵。豐珉刻劃歸須就，西道兵戈阻未能。更許稾書傳棗木，劇看磨盾縱秋鷹。

贈胡湘林萬本文學

義興圖裏如錐筆，坐我河南玉枕間。老雪新題《石鐘記》，故人猶署大溈山。諸侯作客成者

舊，一水思家便往還。洗眼謝君桑汁法，細書應得慰衰顔。

張練渠鳳翥太守招同楊樸蓀摛藻郎中、柯竹泉華輔明經、陳虎臣艾小集〔七〕

舊雨荒江欣雅集，滿堂愛客勝南州。漸知酒味能餘暖，可奈風光欲送秋。畫裏松菊看總好，琴邊沙鳥聽還愁。主賓忽漫當筵舞，三捷轟傳自石頭。壁間懸惲南田松菊真蹟。竹泉鼓《平沙落雁》一曲。江寧捷書適至。

彝兒書來，言七月奉其母嬸攜弟妹逃亂出渝城，下三峽，脱重險，已抵漢鎮

延北孤城戰格嚴，平安無計問書椷。竟穿虎豹千蹄出，更奪蛟龍萬口饞。夢寐相看思秉燭，風沙可接快臨帆。怪來鐙蕊黄花影，連夜争開不受芟。

内顧那曾終歲計，客愁能耏爾曹何。縱無兵革應餬口，跳出艱虞且放歌。旅食江湖窮已慣，儒冠天地老嫌多。鹿門早晚攜難遂，判買扁舟學志和。

孤侄中年劇可哀，殉城孀幼亦奇侅。歸心苦憶龍場遠，戰骨誰持馬革回。屢有音書芒日

月，欲傳忠孝費推裁。壽春弱息憐猶在，安得崎嶇傍汝來。

送李竹浯教諭如崑還湖南

客緒秋難理，君來得素心。斯文方叔老，古味仲車深。喪亂歸難計，飄零別不任。戈船看西泝，夢繞三山岑。

我師石牛洞，乃祖龍眠山。勝蹟似里閈，崇朝能往還。結鄰有成諾，誅茅待春閒。莫漫黟黃興，臨江生後艱。君約秋深同爲黄海之遊，不果，又訂以明歲重來結鄰於桐潛勝處。

臘月望就金眉生雨飲，和其前夕作

沙月引閒步，望衡求素心。不見梅花開，幽香如在襟。湛然虛明契，未覺更漏深。再夕計三五，此適宜重尋。寧知滿願事，乃有非意侵。笠屐傲寒雨，歌呼佐春斟。當筵豈無歡，人籟謝天音。默坐憶曩昔，渺然如古今。

【校勘記】

〔一〕貴博藏手稿此詩題下有兩首詩，此本只録第一首，删去第二首。今將第二首收入《邵亭散見詩文彙編》中。

〔二〕祏：原作「祐」，據《舊唐書·李靖傳》改。

〔三〕貴博藏手稿此詩共有五首，此本未録其第五首，今收入《邵亭散見詩文彙編》中。删詩之因，另詳見《文獻》二〇一一年第二期所載拙文。

〔四〕此詩之後，貴博藏手稿尚有《戲柬眉生》詩，今收入《邵亭散見詩文彙編》中。

〔五〕貴博藏手稿詩末另有注：「正月我軍連克七州四要隘。次湘鄉節相韻。」

〔六〕此詩之後，貴博藏手稿有《贈金眉生安清都轉》一詩，今收入《邵亭散見詩文彙編》之中。

〔七〕此詩之後，貴博藏手稿有《和答眉生》一詩，今收入《邵亭散見詩文彙編》中。

郘亭遺詩卷第八

湘鄉相公命刊《唐寫本〈説文〉殘帙箋異》，且許爲題詩，歌以呈謝

黟侯贈我唐人寫本書，乃是許君《説文》之斷帙。中唐妙墨無雙經，動色傳看叫神物。本朝樸學一叔重，六籍盡起基乾隆。鍇殘鉉疏競拾補，勤矣區區諸老翁。唯唐明字科，課試必先通。一代義疏家，取攜若飧饔。少温謬悠在斥廢，説之碎掇還網籠。爾時此本若到眼，定詡鴻都揖蔡邕。汴京秘藏盡六紙，紙縫增銜紹興璽。自從寶慶落人間，幾閲劫灰換朝市。百八十篆巋尚完，界宅分曹爛仍理。顲頇只作書畫傳，千載何人究端委。郘亭懶頽藥不悛，奇文入手如笞鞭。鐙昏力疾草箋記，整亂鈎沈坐無寐。湘鄉相公治經如治兵，號令罷茶齟齬皆崝嶸。莫府軍閒結習在，刊徐左許時鏗鏗。謂余此卷雖晚出，試數四部官私誰第一。元鈔宋刻總奴隸，爲子性命眈書報良值。子箋好成爲子歌，中有大義數十不可磨。即呼鐫木印萬本，把似海内學者豈在多？感公盛意惜晚莫，悠悠志業餘兩皤，無聞守此當如何。

贈郭筠仙都轉

淮鹺更北票，南引猶可補。嗣者昧其建，齊末踵厥武。當其弛張初，薄少時溢取。紛更開百竇，潰壞茫所主。毛盜攬湖江，國計聽莽鹵。潤鄰資蜀粵，實利棄夷虜。軍興徒括募，經政斷榷估。見錢本流地，縮手對江滸。聞君方糧使，畝税洞厥苦。積重二百年，披肝爲陳剖。遂令蘇松常，履減得温許。邦本唯此民，國足在民膴。祇今筦鹽運，隻手握海府。裕國第一籌，操縱粲可數。鹵田無□棄，開竈即官煮。九洑豁已開，江路浩無阻。法立百梟絶，利在商資聚。眼中平時盛，冀以期月睹。看君重農意，惻隱過錫與。士安持榷經，會見十第五。

馮魯川比部以辛酉春奉命守廬州，余以其冬遥署其山長。魯川尋從軍趨河、陝間，至甲子春，乃得來皖之郡，不能偕往，詩以送之

自君出守吾山長，遥領廬陽各幾年。鞍馬賢勞憶河洛，琴書寥落對江天。相逢快續春明飲，此去真成夏雨懸。了却公家常一笑，爲除茅屋八公前。

周子愉觀察自泰州來安慶，匆匆言別，不能爲懷，送之

忽漫相逢驚意外，匆匆爲别不成歡。他鄉可住寧非福，後會能期且自寬。試茗光陰春欲晚，連江風雨氣猶寒。羡君貽厥皆森起，珍重桑榆好護看。

贈劉伯山毓崧優貢，即題其《通藝堂集》

乾嘉樸學盛揚州，焦阮風徽與二劉。《通藝》一編存世業，在南群彦怯相酬。殷勤絶簡兵戈外，決蕩詞鋒劍戟抽。稽古大難三萬字，眼中驢券總悠悠。

湘鄉爵相惠題唐寫本《説文》卷子，次韻奉答

禮薦菁茆芹箈筍，箈用怠音。貌嬴羽鱗含樂本。野蟲毛菜豈自奇，硯琢乃登朝祭時。世間何物有定珍，升沈顯晦聽中人。李唐破卷汶長字，斷零黯黮失精神。湘鄉相公見咤絶，尤物不許巾箱巾。刊傳學人重題詠，千載一遇驚昌辰。相公昨日平江南，荆揚薄海靖煙塵。定推此意向

幽側，拂拭頓使周行新。中興求闕及此補，相業武功同絶倫。《凡將》説注豈公事，要勵賤子加勤斷。賤子卅年坐坦率，不信今與非古輪。表書常覬著作式，江式。試吏竟忘陽羨循。賀循。把公大句發雄快，如飲天漿豁心疥。坐思巢經鄭小尹，安得西來奪苗蠹。公命致書招鄭子尹。提《倉》酌《雅》佐軍鐃，懷抱鏗訇向公盡。從公且及飲至酒，小技雕蟲愧無有。劖山紀績護儲槍，引筆猶堪韋仲將。

寄湖口令姚慕庭

酷炎避無方，快雨入夢寐。湖湘百里間，望君同此意。君家羅田來，美績垂撫字。石翁張其徽，閩蜀載威惠。君今奉循譜，試手若循例。平生利物心，康濟豈難致。廢教多莠民，任法益重蔽。張弛稱良弓，操蹤得和轡。匡廬積遊興，石鐘取佳憩。定有口上碑，一笑慰顣頞。

甲子九日登舟，將之江寧，阻風，攜彜兒登城上高臺

風色禁江棹不開，驕兒引興復登臺。水鄉新壘還秔稻，山國驚烽自草萊。老客最難今日意，明年何處菊花杯。將雛又作新巢計，極目天涯首重回。

投賀曾沅圃爵帥四首

吉軍風利下三山，吞賊如憑尊俎間。鍾阜本來虛王氣，石城猶自恃重關。遲回未肯降幡出，僭竊終銷烈炬殷。開皖聲威應天象，那知才是管中斑。

江南文物委蒿萊，十二年淹劇可哀。百道梯衝天上落，三軍鼓角地中來。堅瑕不泥孫吴法，精一能令金石開。便好莘莘秋貢士，銘勳長記雨花臺。

乾清一夜捷書通，沖聖歡顔壽兩宫。半壁東南還舊服，頻年將帥盡膚功。頭銜炯説雙青眼，爵等端殊一赤衷。試問幾人無愧色，湘鄉昆弟始難同。

書生若箇把封圭，三尺吴鈎掣紫霓。拂袖徑循天道退，處功真與古人齊。龍荒萬里延回紇，鳥道千峰漫白氐。即恐湖山間不穩，朝廷早晚起征西。

次湘鄉使相贈弟十三首元韻爲凱歌呈相公壽

東南半壁起長城，十載風煙一槊横。盡拔名都還職貢，侯封相印看書生。

勝算都從開幕年，每更盤錯更精堅。古來艱大維人荷，似此成功豈是天？

群雄性氣異辛酸，倔彊離奇駕馭難。一自湘鄉鑪鞴過，膚功争起謝泥蟠。
舢板長龍得勁師，事前經畫幾人知。長江萬里歸吾手，始有名王係頸時。
二百年來此戰塵，殺機天發少遺民。濟時獨猗旋乾手，信是中興廟算神。
吉軍如火友于來，一劍先驅鐵石開。早晚紫光聯棣鄂，絶勝雙耿在雲臺。雲臺畫像無兄弟，特耿弇、耿純同族耳。
人事天時若合機，上元甲子喜周圍。捷書未及先皇見，重使元臣哭賜衣。公曾蒙先皇遺衣之賜。
儒術軍謀湧百泉，何須《孫武》十三篇。材官亦解耽經史，五夜書聲萬竈煙。
但瘳戎疾講譽髦，楚尾吴頭次第叨。哺日洗兵朝貢士，訏謨須記樹人勞。
安危郭令領中書，懷抱關防總破除。掃盡邊塵還禮樂，休休不改受人虚。
白首飄零歎此身，賴公食息四年春。摩崖誓報東征頌，一代勳名有幾人。
隨身萬卷皆公賜，長物都無塞滿家。欲乞草堂鍾阜裏，丹黄供取老生涯。
六代江山無恙在，昇平再見復何疑。凱歌介得懸弧壽，許盡餘觴定此時。安慶幕府三直公初度，不受賀，不飲客，謂友芝以有待，蓋待此時也。

李少荃鴻章宫保開府江蘇，削平諸劇寇，復省會及所部郡縣若干城，猶以餘力收浙之嘉湖，遂補行江南鄉試，來爲監臨，賦呈二首

十年幕府更登壇，江表群兇一劍刊。全拓舊疆歸撫節，直清逋寇到鄰萑。臨淮號令冰霜肅，景武勳名日月看。重疊元功仍懋賞，蟠根長與嗣躬桓。

鐃吹横江暘遠襟，鎖闈秋貢肅監臨。盡銷鋒鏑爲文陣，已别梟鸞總好音。十二年來虚盛典，三條燭下憶澂心。梓鄉知舉稱殊遇，况復豐功照古今。

舟發江寧出下關，遇大風雨，遂泊燕子磯

石城鬱鬱不耐住，發興朱方揚子間。風勢隔江摇早旭，雷聲催雨下三山。盪胸苦憶滄波闊，輟櫂偏依别渚環。燕子留人從小泊，獨尋荒草問孱顔。

金山

金山胡爲黯兀兀，瓦礫漫空壓山骨。景純水壟陸且沈，妙高浮圖鞹猶革。殘僧三兩避亂返，無力誅茅棲石窟。客來攢眉遍指點，破礎何宫殿何碣。自從山下長新洲，走馬登山殺機發。老僧護法本平等，三藏連檣走岩樾。文宗《四庫》隔典守，一炬琳宫共灰烬。此山南巡屢駐蹕，天筆聖文昭日月。莊嚴自敕斷醵募，煙燧未空無寶筏。精藍欲復知幾時，黠鬼乘虚肆侵越。眼看卧榻鼾異類，主賓自官吁可咄。頭陀深慮無乃過，肉食良謀豈荒忽。安心參透空色禪，滿地荆榛總瑶闕。

焦山

往年毛盜横江東，長林天屋摧薪同。焦先一山獨見赦，支離偃蹇障海風。隱君開山本靈怪，野火不死雪没胸。豈知群木復百世，尚與不壞傳芳蹤。我來適逢三月半，僧壇揭起鬧鼓鐘。唄聲時間鶯語滑，梵隊亩出花枝紅。《鶴銘》可語歎殘涸，恨我已後米陸翁。元章、放翁有題名。循崖附葛繞絶頂，懷賢極望徒憂忡。長江萬里此關鑰，百護千迴洲渚重。定知天意厭邊市，百産荆揚何不充。美言柔遠侈無外，漸乃幹腹成隱癰。給園奪民坐食耳，此輩流毒將安窮。西迴一徑得幽憩，緑篠縈紆引别峰。菴名。垂崖雜樹枕流水，萬里牢江如可逢。頻年浪蹟斷歸路，徑想此地巢雲松。眼中傑閣憶文達，税榜嚴關壓短篷。牙籤散落粉黛溷，趁潮趣棹愁悤悤。嗚呼群盜乃不爾，長懷鬱鬱吾安從？

如皋舟中遇雨

鬱蒸催立夏，風雨稱人心。試問前溪水，應添一尺深。青簾從半濕，緑篠送濃陰。舟子忙于客，貪程不可禁。

寄李雨亭宗羲廉訪揚州二首，雨亭奉命署兩淮鹽運使，欲辭去不得，尋奉安徽按察使之命，亦欲求退，故結句云爾

鹽筴糊塗在昔傳，爨餘成法況蕭然。誰能利病條無隱，不許公私美自專。使者來攜春在手，下河看取玉爲田。皖中陳臬尋常事，欲乞淮綱更歲年。

眼中無奈宦場何，光怪離奇費捉摩。坦蕩獨逢開縣老，勤彊未覺古循過。東南亂定非無

事，君相需才苦不多。信有平生輕去就，亟看整頓激頹波。

觀周節婦葉鐵琴遺像及畫卷節婦名淑貞，字儷琴，居莫釐峰下。年二十夫亡，易名利貞，字鐵琴。精寫生，磊落蒼勁，不類婦人筆也。

洞庭美人鐵作琴，孤弦無儷不成音。小來放筆荷花幹，早是蒼蒼松柏心。

通州陸行至任家港

東洲曙色島門煙，十日初辭拙港船。麥隴青黃迎海日，竹輿浩蕩拓江天。獨逃兵革風塵際，未覺誅求裏下偏。雞犬千村民氣樂，桃源何處更神仙？

狼山下有懷故山不狼

我從鼈水頭，來泛揚子尾。首尾有狼山，阻絕一萬里。鼈山俯衆岫，連波蕩俶詭。茲山壓濤瀾，隱若重岡比。信宜對雄長，循名良有以。何曾巴陵山，不攬具區美。軍興逾十年，流血遍南紀。兹山爲北障，毛盜遏狂視。縱横裏下河，生遂到螻蟻。祇今除巨憝，餘枿未全弭。重鎮本不輕，成功慎驕弛。鼇山西南維，挫賊不知幾。頗聞堅城堅，百搗勢益歸。又聞耕鑿輩，科急半死徙。漸虚儲胥助，有險亦何恃。長江亘天塹，人力特其犄。愁思繞萬山，安能挽江水。

一勺狼山水，相隨萬里行。直趨揚子口，復訝此山横。煙雨連鄉夢，風波攪客情。茫茫江路盡，何事更東征？

舟中望崑山

安舟憑午睡，睡起見崑山。婉孌如相識，扳躋苦未閑。故家餘瓦礫，高冢漫榛菅。何以亭林叟，逌然天地間。

吴淞江舟行五首

三江不似長江險，百丈隨心上下行。天際數峰平地起，船頭趺坐看雲生。

茅葳毿毿覆横洲，篠簖層層不礙舟。隨例蒓鱸渾忘却，黄花魚上早菰秋。

江流曲曲深村深，狎漚丈人無世心。東去歸來倘逃暑，借爾疏疏斑竹林。

頑雲鬱蒸塞半空，雨龍隱隱雲縫中。前舟理篷後理杕，豈料快乘西北風。
黃浦分流水驟渾，菰蒲并岸有潮痕。舟人滿貯吴茶在，好恣蒙芽解旺昏。

秣陵中秋，攜繩兒登南城聚寶門樓，李少荃宮保微服，以鮑花潭源深太常、陳作梅鼐觀察、倪豹岑文蔚郎中、李少石文杏偕至

秣陵今夕中秋月，比似平時劇可憐。尚無笙歌膩鐙舫，得以清曠還山川。南樓迥出霄漢上，静境欲登黃昊前。行坐空明擬達旦，十載塵痕應洗煎。
禁寒獨立天欲風，淩虛潄籟成笙鐘。幔亭潛柱定何似，此夜今時毋乃同。丁儀漫有清節約，焦先引逐江船東。謂禹生都轉。小兒那遽解此樂，孤興喜能偕老翁。
何來微服客三四，制軍乃以賓從至。指揮嘯歌倚陴陒，逸氣軒軒出天地。元規仁祖去我遥，武昌牛渚空蕭條。他年建康述勝事，直替庾謝傳今宵。

立冬出清河城度壩登舟，泝運河經桃源，有懷杏農

北出清河城，觸目與南異。人情换輕揚，物態蕴樸摯。揚徐共淮海，今古判氣味。徙河沙

蘆舍漫茫茫，漕瀆光泌泌。立冬快晴朗，黄袴泝輕利。順風無峻溜，曲岸有幽邃。柳塍紆半青，不次。軼塵送鷹隼，接柁狎鳧鶃。支離風塵間，漫誕滄洲意。桃源百里近，雉堞出煙際。故人邈商洛，暮色引遐思。

自阜河至邳州郭外沙口，泝急流百里甚速，期明日停舟訪下邳諸古蹟，阻雨不果

輕篙迴曲港，飽帆争急流。波光瑩疊岸，林影遞危樓。長年酣白日，百里見邳州。冒進幾通達，窮深費稽鉤。縈心即有制，稱意乃無求。圯上逸子房，素書寧豫謀。下相勃項羽，霸氣剽難留。嚴憚法力伸，翼起經術修。鏗鏗彼二子，侹侹亦千秋。遺蹟倘未湮，流風定存不。夜雨攪客思，古懷阻窮蒐。悠悠信行邁，書以待歸舟。

入嶧縣境，自臺莊以西至韓莊八十餘里曰下八閘，皆淺峻難上，而諸峰起伏不斷

臺莊淩曉風，空翠來不斷。連山遞迎送，向客若近遠。最愛雲際峰，逌然意無限。我舟西

北來，塵色復平衍。緣延下八閘，石瀨彌激淺。千艘疲轉漕，孤艇鶩飛挽。嶧屬定幾重，清泗相媚婉。客心正紆鬱，鷁首勞繾綣。秦碑野火後，千載付遐眄。焉知斯臣文，不共碧霞楗。持此謝山光，勤當剔蒼蘚。

泊微山湖口望湖山

擶湖三百里，横絶徐兖交。百滙西北津，萬濟東南艘。恬風啓蓬壺，軒波鄗函肴。群捻恣已屢，一水不得驕。中原無廣藪，此浸亦足豪。湖山拔森爽，照眼如青瑶。百産在取攜，兹山能孕包。頻年避亂人，千室自逍遥。居然桃源去，一往不可招。飄泊懷隱處，南枝鮮安巢。安得二頃資，山幽買林皋。煙波足雄長，理亂從昏朝。

闕　題此詩原稿闕題，似是贈彭雪琴宫保玉麐之作。

子房赤松藥，鴟夷五湖櫂。處功泯愆尤，邈矣歎高蹈。我公平僭僞，赤手拓江表。聲光横古今，取忌良不少。用其機退智，息肩固爲好。顯憂漫西障，隱患伏重島。瞰我元氣虚，充養尚及早。朝廷倚訏謨，百度得精討。肯任江河下，庶挽狂瀾倒。軍書自旁午，餘力天浩浩。聲威鋪四極，去惡如去草。益宏中興業，薄海盡安飽。午橋資優游，良蠡安足道。

雪晴渡微山湖

同雲三宿守湖壖，霽雪晴光醒客船。鵜手打冰争尺寸，鷗群落水故翩躚。亭亭午日千波動，颯颯西風一帆懸。百里微山看已過，赤山餔食見炊煙。

邳州至日

識曲鍾期去不還，授書黄石邈難攀。飄蕭何事下邳國，黯淡愁逢葛嶧山。客舍光陰驚繡綫，鄉園節物憶糕環。安能歲晚無馳逐，茅屋菘溪只閉關。

送馬雨農恩溥學士還朝

翰林據清華，超然紫霄籍。聲光照寰寓，擩染重竹帛。異等無定途，兼材必精核。深源從挹注，肆應靡持擇。覆載所不周，彌縫了無蹟。胡爲玉堂選，别有金壺格。濫如齊門竽，秘倚兔園册。剪羅鬪花鳥，釃桂咀砂礫。實事聽冥茫，虛聞且烜赫。相循徒詬病，漸漬匪旦夕。軍興數公起，此蔽乃稍革。頗牧復禁中，英邁薄古昔。識君提皖學，百廢見手闢(一)。名城棄雖還，禮教莽猶隔。滿持時雨化，滌若凍塗釋。翩鴞好音换，猗蘭總芳溢。惜哉條理始，替以苦塊迫。豈不來者師，那究無窮澤。時事猶艱虞，邊防待訏畫。顧盼惜斧柯，羈危慨疆埸。及今還使傳，清問得前席。安危曷始終，披陳罄肝鬲。鄉關邈坤維，兵氣漫井絡。江安絆姻舊，出處等寄客。看君經世手，亟了濟時責。何當薄四海，一日退安宅。鑾坡恢壯猷，太常耿名勳。老眼老不降，雅頌猶能作。

游冷泉歸，曹葛民籀明經示《石屋著書圖》，漫題二絶句

三年契闊西湖夢，百首詩成竟有靈。君避亂時有《夢西湖詩》一百首。石屋洞天無恙在，幾回開口對巖扃。

君言石屋是君屋，我指冷泉爲我泉。住屋飲泉且適意，著書辛苦向誰傳？

虎丘和高伯足

海湧咄小山，寺境拓市闠。荒荒餘瓦礫，落落乃蒼蔚。野花微徑引，磐石疊茵大。削壁俯深沈，危標上煙靄。連嶂赴遠色，佳禽泊虛籟。誰言城郭近，意與滄洲會。漫遊豈旁諍，禊事聊舉廢。同心不金玉，逌爾喧寂外。

五人墓

殘碑低映雜花開，果傍要離冢畔薶。歲歲山塘寒食路，看花都是吊君來。

讀漁洋評點定宋荔裳入蜀詩卷有懷

此卷面題「蠶尾山房鈔本」。卷中評陟利病分明。于《三閭大夫廟》、《北帝城》兩篇，輒舉已作律詩謂「足爲勍敵否，以俟後之攬者」。卷端識略云：「康熙壬子，余與荔裳先後入蜀，不及相見，明年荔裳入覲，卒于京師。甲寅、乙卯家居，常得其《入蜀詩》一卷，寫留篋中。久之，失其本。庚辰秋，余官刑部尚書，荔裳之子思勃自萊陽至，投一卷，正《入蜀詩》也，亟録存之。先是辛亥歲，荔裳在京師，屬余選定其集，次爲二十卷，攜以入蜀，今此本不可復覩矣，惜哉！庚辰十一月十九日。」按庚辰爲康熙三十九年，漁洋辛卯年卒，年七十八，則是年六十七矣。此卷虞山瞿秉淵藏。

瞿塘雙闕與雲齊，巴字江迴更向西。一卷清詩餘蜀道，五更歸夢引蝯啼。遊蹤前後誰勍敵，古誼譏彈認舊題。使我飄蓬憶彊伴，望山風雨草萋萋。

湘鄉相公自兩江移節督直隸，入覲，奉送二首

龕亂起衡湘，拯溺盡江海。名城遍恢拓，劇愸悉葅醢。荆揚半九州，胎字將十載。鞬櫜徵發稀，屢豐飢敂改。沖聖開太平，元老趣和鼎。遽移鍾阜節，北指金臺嵬。嶽雲膚寸興，爲霖聽真宰。崇朝四天下，布澤靡偏在。胡爲兩江人，公去意難解。公亦念兩江，簡命不可怠。江干塞扶攜，懷悽望旌綵。

公行尚展期，趨送有道周。頗負千里外，至作累月留。秩秩走吏曹，雅雅萃英流。後山忘畏簡，慈明欣御輈。鉅人匪代出，盛事古難疇。賤子避鄉亂，依公成八秋。能容野性懶，不忍吏道緧。老客忘漂泊，厚意更莫酬。願公坐論道，濟時完遠猷。海表覲光烈，黄屋弛勤憂。湖山

待初服，仍得從公游。

界溝阻冰五日，連得東南風搥鑿而行，三日泝六十里達仙女鎮

堅冰一尺深，果作履霜應。飄揺客子心，寂寞滄洲興。
時晴積佳想，寸步若山河。薪米且今日，明朝將奈何。
三日東南風，舟人喜無極。竟夕整篙橛，厲兵催蓐食。
沖沖進船遲，十里愁日暮。何曾駑馬行，不到追風處。
冰棱割船腹，積痕已深寸。喜見大小函，回波開沌敦。大函子、小函子，潭名。
回潭帶密篠，清影漾澄鮮。流冰大于屋，急溜不敢前。
流冰重湖通，試問南北棹。玉女來投壺，天公應一笑。

贈張廉卿裕釗中書四首，時自白門聯舟出高、寶間累旬，偕渡江及吴會，廉卿復爲浙遊

潢池十載幻狂瀾，投筆争持速化丹。但見青雲生驥尾，誰能白髮愛儒冠。石城寂寞憐傳

業，汪士鐸梅岑。肥水哀歌憶釣竿。徐子苓懿甫。何似强年張季子，早輕萬户對蕅槃。

世路蒼茫踐發機，眼前真是忽成非。古來傳道無青史，天上浮雲且白衣。江勢漸侵洲渚隘，林陰不爲雪霜稀。金山走馬渾閑事，愁憶頑鯨掣海飛。

清文一口説桐鄉，科律徒存古意忘。諛墓定能韓吏部，愧辭因免蔡中郎。滔滔避地家山隔，齪齪依人歲月荒。萬卷羡君供下筆，庾樓風物助軒昂。

一月相依送客舟，送君乘興復南游。盛年逸氣徒神往，杪歲光陰重别愁。亂後湖山終嫵媚，故人風雨足句留。馮介安都轉。相期鄧尉梅花發，歸路清樽過石樓。

趙惠甫烈文郡丞以其尊公厚子廉訪仁基《岱頂看雲圖》卷屬題，即送其之官直隸

手掇岱雲膚寸許，到處隨心作膏雨。爾時湖漢得豐和，去後謳思溢江滸。潢池盜弄費殄刈，亂定災黎須善撫。乃翁平生未竟事，看子承家張其武。子今趨官向畿甸，嶽色殷勤送行旅。作箋爲寄肩吾宫，更割片雲相助與。

平山堂

小秦淮水緑漪漪，楊柳春風又此時。山色有無渾夢寐，井花浮動轉然疑。誰言天上瓊絲蕊，竟作梢頭繭栗枝。十里珠簾餘薺麥，何人雙鬢不成絲。

既跋《麃孝禹碑》，復系一律

寰中落落西京石，中殿煇連太子池。那知濟北河平日，更有防門《孝禹碑》。祕書天禄歸讎校，謁者輶軒訪逸遺。不識爾時麃處士，消揺庑里竟何爲。《班書》、《荀紀》于河平三年惟載命劉向校中秘書、使陳農訪求遺書兩事于八月。

題晉孫公和鐵琴拓本

池上篆文：「天籟孫登」。又「公和」方印。池下篆文：「明項元汴珍藏。」又「墨林」印，又「子京父」印。明時項氏得之，天籟閣所由名也。嘉慶七年，鐵冶亭制府以贈吴菘圃相國，相國方爲漕帥，今猶存錢塘吴氏。王逢卿銘吉得其拓本，屬題。

營窟幽人鐵作琴，高山流水寄遐心。摩挲天籟縈迴意，想像蘇門鸞鳳音。

【校勘記】

〔一〕國家圖書館所藏莫友芝《郘亭詩文稿書跋》手稿此句之下尚有「并江漫旃壘，毛盜尚充斥」二句。

附録

徵君子偲墓誌銘

武昌張裕釗撰

子偲姓莫氏，諱友芝，自號郘亭，晚號眲叟。世居江南之上元。明弘治中，其遠祖曰先者，從征貴州都匀苗，遂留居都匀。至高祖雲衢，又遷獨山州，自是爲獨山州人。曾祖嘉能，祖强，州學生，皆以君考貴，贈如其官。考與儔，嘉慶己未進士，翰林院庶吉士，改官爲四川鹽源縣知縣，再改官爲貴州遵義府學教授。曾文正公表其墓曰教授莫君者也。教授君故名進士，日以樸學倡其徒，教其子弟。子偲獨一意自刻厲，追其志而從之。當是時，遵義鄭子尹珍亦從教授君游，與子偲相劘以許、鄭之學，積五六年，所詣益邃。黔中官師徒友交口推轂莫子偲、鄭子尹，而兩人名遂冠西南。子偲之學，於《蒼》、《雅》故訓、六經名物制度，靡所不探討，旁及金石目録家之説，尤究極其奥賾，疏導源流，辨析正僞，無銖寸差失。所爲詩及雜文，皆出於人人，而於詩治之益深且久。又工真、行、篆、隸書，求者肩相摩於門。

子偲體度温醇，居常好游覽，善談論。遇人無貴賤愚智，一接以和。暇日相與商較古今，評騭術業高下，正論詼嘲間作，窮朝昏不倦。自通州大邑，至於山陬嶺海，公卿鉅人、學士大夫，咸推子偲以爲不可及；下逮武夫小吏，閭巷學徒，語君名字無不知。及其他嘗與君晤，無不得其意以去者。然君雖樂易，而中故介然有以自守。自道光辛卯舉於鄉，其後連歲走京師，朝士貴人争欲與之交，然君必慎擇其可。有權貴介君友求書，辭不應。某相國欲招致授子弟讀，婉謝之。既屢試禮部不得志，以咸豐八年截取知縣，且選官，顧君意所不樂，棄去不復顧。以其年七月出都門，從胡文忠公於太湖。明年，復從曾文正公於皖。越四年，又從至金陵。胡文忠、曾文正公皆君嘗所與遊，舊知君者也。今合肥相國李公巡撫江蘇，請州縣吏於朝，而是時中外大臣嘗密薦學問之士十有四人，詔徵十四人往，君其一也。於是文正公暨李相國及諸朋好争要君出仕，敦勸甚至，君一辭謝不就，攜妻子居金陵，時獨出往來於江淮吴越之交。子偲既好遊，而東南故多佳山水，又儒彦勝流往往而聚，乃日從諸人士飲酒談詠，所至忘歸。同治七年冬，余與子偲自金陵偕送文正公於邗上，返過維揚，登焦山，道丹徒，至吴門，并舟行者累月，日日接膝談，語十事而合者七八。余尋别子偲，赴杭州。明年復來吴，與子偲益買舟遍覽靈巖、石樓、石壁之勝，觀梅於鄧尉。越日至天平山，謀且上其巔，子偲苦足力乏，坐寺中待余。余乃獨從一小童攀藤葛，凌怪石，陟絶頂，以望太湖。既下，子偲迎余而笑，相詫以爲極一時之樂。距今忽忽四五年，日月夢想，屢欲尋舊遊，不可復得，而子偲則且卒矣。

子偲之卒以同治十年九月辛丑，春秋六十有一。生平所爲書曰：《黔詩紀略》三十三卷，《遵義府志》四十八卷，《聲韻考略》四卷，《過庭碎録》十二卷，《郘亭詩鈔》六卷，《樗繭譜注》一卷，《唐本説文木部箋異》一卷。其編訂未竟者，尚有《詩》八卷、《郘亭文》、《影山詞》、《郘亭經說》、《古刻鈔》、《書畫經眼録》、《宋元舊本書經眼録》、《舊本未見書經眼録》、《資治通鑑索隱》、《梁石記》各若干卷，藏於家。

配夏孺人。子彝孫，附貢生，先一歲卒；繩孫，兩淮候補鹽大使。女二人。孫小農，尚幼。子偲兄弟九人，多有名於時。

子偲既卒，其季弟祥芝官江寧知縣者，請假於大府，以十一年二月與繩孫走萬里，載其柩歸於貴州。卜六月壬申，葬於遵義縣東八十里青田山先塋之次。且行，徵銘於余。余與子偲故相得也，既踰月，爲之銘而歸之。其辭曰：烏乎子偲！迹半天下。名從之馳，卒歸藏於故邱。無所不慊矣，其又何悲！

莫郘亭遺詩跋

汪士鐸

子偲詩如秋宵警鶴，漢苑鳴蜩，風露凄清，知爲不食人間煙火者。又如五丁開山，斧險鑿厓，絶無一寸平土，真可蘖袁、蔣之性靈，起鍾、譚之廢疾。至其正書草隸，皆本此意，樸茂古質，令人哂羲之俗書趁姿媚也。顧其存稿謙撝矜慎，累委較字，謝不敢當。今讀遺編，泫然涕出，亦謂知我者唯君也。

（據汪士鐸《汪梅村先生文集》卷九録。）

影山詞

梁光華
李朝陽
點校

點校説明

莫友芝既是詩人，又是詞人。其《郘亭詩鈔》、《郘亭遺詩》晚清以來就爲世人所稱道，而其詞作《影山詞》則較少爲人所知。蓋因先生在世之時「不欲存者，故不以示人」，也未整理成書。先生辭世後，其子莫繩孫「曾録清稿」，但未付梓印行。民國二十四年，著名學者貴陽凌惕安先生從莫友芝長孫莫經農處得到《影山詞》原稿本，納入「黔南叢書」第四集，由貴陽文通書局于民國二十五年（一九三六）出版，題云：「今春試向邗江訪求，先生文孫經農始以原稿本寄示，并謂近代詞宗朱彊村祖謀曾擊節歎賞，亟鈔副本去，擬序而刊之，未果，而彊村遽逝，是誠遺憾。囑將此本刊行，以饜海内之望。展閱之下，見其中朱墨斑爛，密批濃抹，多係柏容手筆。有乙而復存，存而復塗者；亦有豫空字句，幾經鑽研，乃復譜入，前後字墨不類者，當日諧律之專精，誠可嘆服。兹據原本所去取，詳加參校，交志局印入《叢書》第四集，并囑貴陽文通書局多印單行本，以廣流傳。」（凌惕安《影山詞·題識》）。該本共三卷，卷一收詞四十五首，卷二收詞三十二首，卷三外集收詞三十七首，删除卷末與卷一相重複的《鳳凰臺上憶吹簫》一首，計三十六首。全書共收一百十三首詞。

《影山詞》尚存兩個鈔本，一爲南京圖書館藏三卷本鈔本，一爲臺北「國家圖書館」所藏莫繩孫鈔本（以下簡稱「莫鈔本」）。該鈔本收詞數量與卷次順序與黔南叢書本（以下簡稱「黔南本」）

差異較大。莫鈔本卷一收詞四十三首，卷二收詞三十九首，卷三收詞四十一首（其中《雙頭蓮》、《水龍吟》二首衹有詞牌而無詞作，不計），共計收詞一百二十三首，數量上比黔南本多出十首。而黔南本上的《念奴嬌》（車上作）、《消息》（寄胡長新）、《四和香》（偷向鴛鴦池上歇）、《天仙子》（移近畫樓西畔住）四首，莫鈔本則没有。黔南本卷一首詞爲《采桑子》（本意九首有序），卷末詞爲《千秋歲》（漸東方白）；莫鈔本卷一首詞爲《滿江紅》（渡烏江），末詞爲《蒼梧謡》（愁）。黔南本卷二首詞爲《百字令》（破裘何愛），卷末詞爲《臨江仙》（使我天涯忘五日）；莫鈔本卷二首詞爲《采桑子》（九首有序），末詞爲《木蘭花》（九月十五夜飲成山草堂，呈唐鄂生）。黔南本卷三外集首詞爲《雙荷葉》（妝臺角），末詞爲重出的《鳳凰臺上憶吹簫》（按，整理時已删。）；莫繩孫鈔本卷三首詞爲《雙荷葉》（妝臺角），卷末詞爲《菩薩蠻》（算來只悔當時誤）。

今以臺北「國家圖書館」所藏莫繩孫鈔本爲底本，參校黔南本。另外，將貴州省博物館藏莫友芝手稿本《影山詞》獨有之詞十七首、中國社會科學院文學研究所善本室所藏散見莫友芝詞一首、民國貴陽文通書局《黔南叢書・影山詞》四首詞補收於書末。

梁光華　李朝陽

二〇一四年春節于黔南民族師範學院

目録

影山詞一

影山詞二

影山詞三

補遺

附録

影山詞一

滿江紅 渡烏江

疊浪驚穿，一千里、插天青壁。隨處有、雲驅雪闃，雹奔雷激。積怒欲吞三峽勢，重門不放千艘入。問忠宣何事惜神斤，平江石。　於越限，西甌窄。更始道，西鄉惑。算頭蘭誅後，幾回開塞。故壘難尋楊燕里，荒墳莫弔王忠國。但時時折戟露沉沙，漁人得。

又 爲方仲堅題《冬菜圖》

今古茫茫，不過是、飢腸一飽。何必問、鼎烹無愧，菜根能齩。消散黄齏三百甕，寒儒食料元非小。問王侯卿相萬錢厨，堪長保？　少年意，雲烟渺。中年事，園林好。看荒畦繞屋，勤鉏還早。雪滿天山生意在，撑腸不受炎涼攪。只羊蹄蹴踏藏神驚，君須禱。

南浦 本意

風信度無痕，是何時，綠遍前溪芳草。唯見碧連天，金堤外、漲足半篙春曉。魚梭燕剪，韡紋皺入汀烟杪。一陣飛花乘水去，開過棠梨多少。　去年愁雨連江，送征帆開也，鷗眠未了。咫尺小漁莊，分攜處、生遍綠苔誰掃？滄波浩淼。斜暉脈脈平蕪悄。但是歸船憑問信，只被去帆顛倒。

沁園春 書事

薄霧籠花，輕雲襯月，似伊又非。恨鸚哥饒舌，浪傳消息，蜂姨作劇，硬拆東西。蔭柳檣低，牽蘿屋小，腸斷車塵飛電馳。真薄倖，眼睜睜望著，没箇尋思。　早知今日如斯，又何苦當初我共伊。記一回見了，相偎不已，偶然別去，各自成癡。豆蔻花稀，海棠陰淺，覆去鈎來才幾時。門如海，算今生已矣，來世寧知？

臺城路悼璋女

籬根一片傷心地，鸜哥尚聞嬌語。滿目蒼然，斜陽衰草，可是阿紈行路。林風乍度，似鷇舌伊鴉，戲來前圃。唤婢搴簾，一庭冷月墮清露。　深宵猶記眠去，携青田私印，聽我吟句。莫是今朝，方才入夢，轉是昨宵翻寤。分明堪據。有西閣回廊，兩嬰争嫵。索抱頻空，四條紅淚注。

暗　香呈夏輔堂外舅，方致洛川知縣歸

老腰就直。對陸橋烟水，放情遊息。舒嘯臨流，奕奕方瞳紫光射。人問弦歌舊事，渾忘却、山南山北。但記著、炊黍蒸藜，須趁野人席。　形役，豈有極？歎世險路巇，觸手愆責。山資易得，東絆西牽有何益？那似農衣拂早，娱暮景、蒼松雲壑。偃蹇聽，天作主，夢魂總適。

念奴嬌和鄭子尹

畏人殘暑，是秋威、廿四虎行時節。試向城南城北望，龍井馬灘都絶。晚飯歸來，布衾如

火，枕簟炎飈結。坐來天曉，一箭飛墮涼骨。　開緘庭户生風，已廉纖雨意，横江而出。直是新詞催雨到，快聽有年争説。繞閣棠榴，向人歡舞，頃刻榮枯别。隔旬相見，不應仍歎飢乏。

雙頭蓮本意

寶帳初垂，恰瑞菡娟娟，向人傳意。輕驚乍喜，早夢遍、湘浦玉人行李。幾度暗數佳期，定紅情雙綺。清照水。弄影亭亭，似伊奩幌初啟。　好是月曉風清，醮香鬟露顆，黛毫輕試。朱闌并倚，花共臉、畢竟誰輸誰媚。只是藕没多時，已絲連難理。休觸他、駢蒂青房，同心結子。

買陂塘寄平越峰舊守松桃

記去年、鶯軒迎客，團團圍住紅袖。赤闌橋上臨風立，幾角遠山争秀。凝望久，便鶯脰、鳧翁也媚文章守。斯時肯負。唤酒伯詩豪，狂歌痛飲，我醉拍銅斗。　從君去，便溷闐喧市叟。那見清娱朋酒。當時花鳥依人處，冷落一庭荒莠。拚閉口，聽蟬噪蟲號、盡是拏鯨手。還憑問取。到桃渡清泠，蓼皋峭蒨，也博醉吟否。

水龍吟 初秋

午窻蟬噪聲中，帶來一片秋光嫩。閒階小立，葱紈初試，藕紗才褪。幾點栖鴉，緑楊枝上，薄雲成陣。乍微風拂過，小開褧褶，涼意暗侵肌粉。　漸是夕陽下了，放蘿月、一鈎清潤。心香炷罷，低鬟拜起，滿身花印。悄語檀郎，此時天上，佳期又近。料雙星應是，巴來不到，鵲橋尖筍。

解連環 寄内，時携庚兒之麻哈歸寧，兒殤于外家

殘年無幾，更何堪别後，傷心兩地。記昔歲、風雪藺江，也不似，今番恁般愁味。萬錯千非，只爲著、當初放你。把童烏斷送，絆著嬌紈，幾多懊悔。　遥知小棠樹底。便舊時碧檻，悵絶孤倚。彊支持、藥店飛龍，到暗裏啼痕，定深沉水。月没星沉，想一樣、空中抱被。問幾時黄蘗林中，果來蓮子。

慶春宫 庚子除夕

才説今番，郎州度歲，佳懷定勝當年。爆竹催來，依然故我，還添一片關山。四香東閣，料獨倚、梅花小闌。碧雲黄土，觸緒凝愁，兩地漫漫。　燒香暗祝神前。那爲浮生、利鎖名牽。但願從今，人間離恨，憑教一筆勾删。中郎伯道，都注與、徵熊兆蘭。便偏於我，恪著些兒，不算天慳。

鳳凰臺上憶吹簫

上九燈街，魚龍百戲，珠簾捲遍銀鈎。記二分明月，吹墮揚州。學得藏人未幾，早兜攬、無限春愁。秋波意，被人驚覺，半晌偷羞。　句留。商量舊事如夢，但提起只索教休。算幾番燈鼓，打白人頭。又是江南江北，同一片、春水悠悠。那堪更、綠楊影邊，紅袖江樓。宋白錦南近邑亦有揚州之號。見《潛溪集》。

一叢花令

東風無力繡簾垂，燕子一雙飛。行雲冉冉巫山影，被花雨、罥住遊絲。鶯語漸闌，鵲言無準，還是没歸期。　小樓長記藹花時，纖手暗中攜。輕啼淺笑閑恩怨，只都變、一派相思。將淚助妝，和愁度日，除是月明知。

訴衷情近 竄柳《隔簾聽》詞

翠衾鴛帳，咫尺無由得到。蝦鬚窣地朦朧，蟬翼影窻窈窕。依約環佩聲雜，笑語風來，道曉妝恁早。　琵琶抱，愛品相思慢調。一聲聲裏，暗把相思告。春歸了。成年一片，簾櫳禁得，斷腸多少。除共伊知道。

鵲橋仙 題畫

青山一簇，竹竿千箇，竹裏一區茅舍。門前春水緑平橋，放幾點、白鷗飛下。　小船三板，茶爐一具，軟槳丫童徐打。故鄉無此好溪山，待買取、薄田歸也。

蝶戀花 點竄杜詩

江上桃花禁細雨。水影潛句，却更風姨妒。懶困徐來依弱櫓，水光風力俱無主。　珍重分明偏引去。惹草縈沙，生怕遮懷住。蜂蝶生情迷著處，伯勞避却蜻蜓誤。

好事近 七夕前一日

任是人家兒女，也團團厮聚。一歲一回相見，只雙星偏苦。　填河雕鵲已成梁，算佳期朝暮。應道秋天更永早，襄機停住。

漁家傲 秋海棠

宛宛雛鬟剛十二，等閑没箇舒眉地。一點愁根生就是。知何事，無言又下汪汪淚。　揀取斷腸教作字，意中人印人中意。子細想來真没謂。秋風厲，是兒空爲多情死。

千秋歲

漸東方白，岸柳愁烟織。殘燈尾盞催行客，語聲和淚斷，奈一帆風疾。空竚立，春江渺渺斜暉急。　芳草年年碧，思與春無極。除要是，人如石。憑你東西轉，没箇心和魄。應見得，一天離恨春冰釋。

木蘭花

蘭江一舸渾

小家碧玉牽蘿處，笑擲櫻桃隔花語。雛鶯風細月初弦，乳燕日長春又去。　無據〔一〕，半檻蛛絲凴乞與。重來偏是落花時，腸斷板橋芳草路。

青玉案 雪美人

巡檐憨弄風中絮，衣上亂、花無數。漫掃輕團千百度。鏤冰肌骨〔二〕，滴酥姿態，比并雙雙趣。　輕凉早怯雙纖露，偏是凝寒要貪劇。笑裏掀簾呵凍語。箇儂今夜，玉兒聘得，來伴檀郎住。

浣溪紗 書別

山月殘輝戀碧紗，林風吹酒醒栖鴉。玉人和淚折梅花。無限雲山無限意，一重烟水一重遮。紅牆東畔即天涯。

又

雪意盤風掣阜雕，寒雲沍日冷蕭蕭。暮烟山店一燈遥。去路直隨黄蘗浦，前山猶見緑楊橋。水衾孤枕自今宵。

又

半頰春痕入鬢雅，弄粧慵倚小窗紗。一層輕霧裹桃花。恰似南溪溪上見，翠鈿朱印較些些。斷腸回首隔天涯。

減　蘭　立春

春錫春酒，引得春光隨北斗。春勝春幡，那有春妍上鬢斑。　春風春雨，年年春色常如許。春草春花，無限春情過別家。

江南好

相見處，堪恨是横波。軟語惺忪無限意，分明一曲杜秋歌。無奈晚烟何。　催歸早，便自斂雙蛾。退盡薄妝都不管，熏籠斜倚看銀河。越地泥情多。

又

春好處，最是月明中。并倚香光臨水檻，慢携纖玉步花叢。容易到晨鐘。　人去後，虚幌與誰同？纏臂不禁環樣重，步簷無奈屧聲鬆。愁過小楹東。

菩薩蠻　黄園

碧雲遮斷安江路，黄園不改傷心處。園外六橋波，似伊清淚多。　蓮生黄蘗浦，忘了心頭苦。苦苦不回頭，教儂獨自愁。

又　渡江

江流自向巴陵去，東風欲挽江陵住。遮著渡江船，之旋千萬山。　遮儂儂不忌，爲有門前水。爲問下來初，見渠相憶無。

又　採蓮

望郎日日横塘裏，心似蓮舟盪秋水。花外見阿郎，低頭花縫藏。　花疎藏不穩，認出還相哂。前浦送歸橈，斷腸蘿月嬌。

又石固驛夢中贈别

長干生小同鄉住，十年夢斷長干路。記否緑楊時，偎春花滿枝。　驀來彈别淚，攪得人心碎。徑去莫回頭，今生早是休。

如夢令郭店驛夢中贈答

昨夜淚痕猶污，今日夢醒何處？虧你忒多情，禁著兩河風霧。前路，前路，似此嬌柔怎去。

又

念你雨酸風苦，還有幾多朝暮。拚了暗相隨，滋味與儂分取。休阻，休阻，只這心兒總去。

生查子 樂平宿感舊

蜀黍玉糖漿，雙逗雛鸎語。一路野榴開，將入花中去。　剛是隔年行，泥印成今古。斷盡老來腸，最是黄昏雨。

西地錦

憎殺繡衾鴛枕，惹人眠教醒。新愁舊恨，翻來覆去，似轆轤金井。　冷落玉魚金勝，伴殘燈孤影。東鄰西舍，濃歡淺笑，更寒蛩悽緊。

四字令

雲裾月襟，蘭言蕙心。夜闌和月花陰，溜雙蓮翠簪。　山遥水深，愁纏病侵。漏長幽夢難尋，自春風到今。

一葉落

翠幙悄，新涼小，羅雲半榻夢初覺。雪兒簾外聲，今年秋風早。秋風早，點檢黃綾襖。

杏花天

櫻花又受風情小，儘守著、閑愁閑惱〔三〕。爐烟斷盡蘭窻悄，夢過午陰多少。　得夢裏、常來也好，夢又是、没頭没腦。薄情未到音書渺，争似淚痕雙照。

浪淘沙近

從來未曉，韶華難靠。等閑抛擲知多少。問而今、幾箇月好花好酒好。　黃金柳色烟絲裊。一條官道，馬嘶人去關山杳。小樓愁倚，鶯老燕老人老。

清平樂

鶯情燕意，切切商春事。製就春衫生怕試。乍暖乍寒天氣。　東南一片塵沙，倚樓不見天涯。俊殺村莊兒女，滿頭楊柳桃花。

謁金門

春悄悄，也作花枝恁好。鶯燕不知人意惱，故故窗前鬧。　索性風欺雨攪，把箇春兒送了。穩著夢魂呼不覺，日日遼西道。

蒼梧謡

愁。水底無端墮玉鈎。擡頭望，仍自挂南樓〔四〕。

【校勘記】

〔一〕「舸」，原作「軻」，據朱祖謀校鈔本改。

〔二〕「肌」，原作「飢」，據朱祖謀校鈔本改。

〔三〕「惱」，原作「腦」，據朱祖謀校鈔本改。

〔四〕此首原用墨筆勾刪，今仍保留。

影山詞二

采桑子九首有序〔一〕

昔彼汾言采，魏猶述其風。執懿爰求，豳且歙諸雅。婦功之根柢斯在，古來之絃歌若新。唯故譥百年以來，習山蠶再熟之利，檿絲可篚，桑土未興。洎乎種自江南，法始傳于近歲；教勞桂守，事欲遍于窮閭。今者百花初浴，已過花朝；布穀争鳴，都催穀雨。當蠶功之伊始，正桑葉之初齊。處處金梯，家家玉剪。後先聯袂，姊妹齊肩。殘燈結束，怪朝日之升遲；淩露攀援，懼他人之先我。越陌度阡，更結中閨之侣；輕靴窄袖，都無時世之妝。林花與臉暈齊開，堤柳共春衫一色。檢翠籠其未滿，低葉旋空；聳皓腕以將疲，午薰愁倚。非倚新聲而自寫，將持勞思以何堪。爰翻舊闋以成詞，聊付彼姝而相和。風前鶯語，助來一串笙簧；花外溪聲，譜入無邊絲竹。筥上之飢蠶久待，道旁之立馬何愚。正是邯鄲飲酒，聽秦家陌上之歌；休疑沫北采唐，當衛國桑中之唱。

去年試手桑烏子，繞著東牆，疏密成行。才到週年共我長。「荷葉」、「金衣」，并桑名。荷葉金衣儘問郎。閨人總道栽花好，唯有絲娘，只要栽桑。

又

清明穀雨蠶功起，大婦籧筐，小婦柔桑。各自工夫各自忙。　今年三月晴三日，喜殺蠶娘，不怕蠶荒。直到收成葉葉穰。

又

初蠶葉子才開卷，軟弱芬芳，弄曉含光。漸有疎陰隱畫牆。　烏兒食葉無多子，只揀嬌黃，不在盈筐。慢展纖纖緩緩裝。

又

頭眠採葉添仍少，只傍迴牆，不在高揚〔二〕。錯落橫枝軟翠長。　二眠過了三眠接，順手條桑，半是空椿。收拾梯鈎過別廂。

又

老蠶食葉如風雨，正醖絲腸，一霎空筐。但取連枝也是忙。　擔籠倩得鄰家媪，南陌西塘，往返倉皇。容易前山見夕陽。

又

露華的皪真珠顆，不怕沾裳，只怕蠶傷。且待朝曦下緑窻。　晚來漸覺西風緊，明日須防，愁雨淋浪。多剪餘枝趁夕陽。

又

大姑採葉雙眉鎖，忽憶漁陽，淚滴成行。目斷天涯去路長。　小姑未曉春心事，貪看鴛鴦，也放筠筐。曲水偷人半面妝。

又

阿儂不解相思味，要撇朝郎，又隔宵郎。也怪春歸爾許忙。昨宵換却盤絲葉，捉過離娘，檢了長娘。似近稱花日更長。

又

笑儂好似林中鳥，一自朝陽，直到斜陽。止在青林密處藏。恨儂不似林中鳥，飛也雙雙，坐也雙雙。春去春來只不忙。

鷓鴣天甲辰中夏，伯莖兄自故鄉來邵亭，住兩月，欲歸去，歌以留之

天地窮愁不可删，長兄長阻碧雲端。一回相見一回老，何處有錢何處寬。休便去，過今年。粗茶淡飯也成歡。梧桐一葉征衫薄，風雨蕭蕭行路難。

百字令癸卯冬，子尹假余羊裘赴禮闈。裘是先君公車遺者。甲辰夏末，歸以見還，愴然歌此

破裘何愛，是先君當日、公車遺物。四十年前曾萬里，便飽燕臺霜雪。天上詞科，邊頭最治，退養横牆拙。幾曾抛棄〔三〕，付余隨計將發。　又是三度京華，風沙磨擦，久肌膚如鐵。還自不從時態改，肯向窮愁温熱。此度春明，把隨君去，念與輕肥別。歸裝初解，撫摩重爲嗚咽。

渡江雲冬杪過青田，因與黎柏容、鄭子尹極十日山川詩酒之興，將入城度歲，歌此留别

今年冬氣暖，東來十日，日日只看山。問夷牢江上，别溆零洲，何處欠雕鐫。三番五轉，新詩句、誰放誰閑？猛憶著、殘年歸也，揮手渡湘川。　悽然。一身債藪，蕩蕩愁城，恨消寒酒盞。醉不到、驅魈爆竹，媚竈餳盤。算開歲五辛嘗了，嫩春光、儘好盤桓。何計過，眼前一座重關。

高陽臺 和柏容《落梅》〔四〕

修竹垂簾，清溪展鏡，雪晴尚作輕寒。昔我來思，縞衣人在籬端。青禽不共東君語，乍窺臣、已是愁邊。更誰堪，月落參橫，有意無言。　林香竟被春風嫁，賸真珠舊井，雙角空山。前度師雄，多情空索苔斑。青青擲遍相思豆，問前身、定是心酸。最傷懷，一片梨雲，錯認姗姗。

又 又同用吴夢窗韻

試問江妃，何時羽化，孤亭自占雲灣。幾度巡檐，愁深碎珥零環。緑衣守定苔枝哭，把啼痕、换遍春山。夢迢迢，碧海青天，冷月闌干。　相逢客裏江南路，記暗香私竊，幾處苔瘢。畫角無情，更堪風雨酸寒。留真儘有華光手，奈香魂、不在毫邊。賺何郎，老却揚州，詞筆空圓。

賣花聲

春草蕙芳家，路入青霞。一羣嬌鳥共啼花。依舊緑窻三面敞，人隔天涯。　往事不勝嗟，拚了由他。寸心無奈只如麻〔五〕。憑著夢思和曉月，飛度城鴉。

又青田山廬答柏容

丙舍樂江頭，散髮林邱。此生何事不堪休。苦恨青田山下水，終日南流。　無計破鄉愁，春目悠悠〔六〕。落花如雪雨如秋。好在椰洲三里外，便是琴洲。

蝶戀花答柏容，即書其《无咎菴詞草》後

裂石穿雲收更縱。寂寞荒江，獨倚銅琶弄。望斷三山誰與共？寥寥只有天風送。　大塊漫皮都没縫，苦矣詞人，夢裏還尋夢。膩柳豪蘇何處用？英雄末路真堪慟。

又留别柏容

拾得閑愁無放處。去了愁來，來又愁歸去。寒食清明渾暗度，黄昏幾陣蕭蕭雨。　預算香風山下路。飛瀑跳珠，亂上鬚眉舞。應自憑闌看日暮，杜鵑啼過檐前樹。

南　浦寄子尹

東君甚事，把韶華、妝點豔陽天〔七〕。又弄愁風愁雨，千里恨迷漫。早識將人作劇，悔當初、孤負幾重歡。賸寂寥南浦，緑波新漲，芳草入遥烟。　多謝舊時明月，到而今、猶自照檐端。怎得盈盈三五，長是不虧殘。夢與落花飄蕩，散相思、一夜滿關山。想箇人應在，鷓鴣啼處，倚闌干。

邁陂塘春晚，飲李儀軒家，大醉作歌

少年場、飛揚跋扈，消磨無賴杯酒。等閑長恨金樽淺，何況送春時候。休放手，快教婦、開瓶直瀉長鯨口。天旋地走〔八〕，笑荷锸劉伶，牽生絆死，齷齪匪吾偶。　人間事，大概南箕北斗。真非真是安有？籌邊上策三千萬，意氣一條黄綬。真自負，君不見、伏波横海俱蒼狗。而今在否？但賸得南村，醉眠遺客，門外五株柳。

又陳相庭學博更歷世故，悟中爲詩，令爲以此曲寫之

問此身、從何來也，又從何處歸去？浮沈偃仰人間世，總是不知其故。無賴處，把三十年中舊事從頭數。和心自語，覺離合悲歡，隨風逐電，於我了無與。　都云假，現在我身如許。是真何者堪據？漢武秦皇貪不死，究竟一堆黄土。嫌世苦，又是箇、百年未滿終無主。還須耐住。把案上陳編，消年過日，餘事聽分付。

江城子 接山堂雨對木香〔九〕

玉人和醉倚蘭苕，彈雙髫，鬥春嬌。只怕清歡，孤負可憐宵。嘶馬忽忽殘月在，何處去，到今朝。　木香花發雨瀟瀟，雨能消，恨難抛。門外關山〔一〇〕，何況楚天遥。爲問東來雙燕子，曾見否，但啁噍。

又柏容、子尹過青田小飲

山家滋味在春朝，鮭烟苗，續春巢。角笋斑斑，柮火帶衣燒。兩盞三杯隨意下，渾勝得，庾郎饕。　故人相訪渡江臯，步林坳，自甄料。豉飣醯絲，添著兩三肴。展取生生咼菜葉，和雜糝，試春包。故鄉三春會飲，雜取席上肴飣，生咼苣葉打小包合嚼之，謂之春包。

瑞鶴仙初夏，楊虛齋大令、丁右衡孝廉偕招蔡莦溪、楊竹坡、袁佩蒼、左吉亭四學博，會飲影山草堂，歌以侑爵

春風才省識，早姹紫嫣紅，暗換深碧。回頭如過翼，倩輕寒細雨，往來牽惜。冥迷去迹，遍天涯芳草無極。尚幾多櫻筍時光，堪繫嫩薰烟色。　愁憶。少年時節，隨意清歡，浪抛輕擲。中年人事，思前度，便難值。問今朝何日，翠樽初漉，更萃吟豪墨客〔一〕。可漫教掌上金杯，等閑放得。

百字令答柏容四首

萬言杯水，怯枚皋才敏，自來無敵。海市蜃樓彈指現，百寶青紅相射。一笑繙然，冥心獨往，刊落都無迹。古人可恨，不能相對鈎索。正是落木千崖，澄江一道，孤月分明白。衆籟不聞真宰露，恍見故人顏色。作者雖殊，寸心自了，得失誰能易。張軍老矣，保疆惟有堅壁。

又

此身飲罷，歎荒江浪迹，年年悽窘。誰乞草堂資半畝，空憶往時嚴尹。字不充飢，經難發迹，萬事輸人敏。室人謫我，豈惟時俗相哂。賴有椰葉青田，檬村咫尺，投老堪中隱。往古來今無限恨，破涕對君差損。白髮浩歌，青春作伴，一念終難泯。鄉關何處，烟波日暮無盡。

又

新編詑我，道秦周姜史，近添生活。嚼徵含宫南北宋，脱口一爐冰雪。酒畔三中，花邊四遠，老矣憑誰説。紅牙閑按，笑來多少嗚咽。　便做別子南荒，樂章琴趣，磊落三千闋。傳與麗謀那解聽，夜夜可憐風月。折柳成冠，歌樵信口，引我閑情熱。將渠底用，三餐差免虛設。

又

玉龍作鬧，把仲冬二七，良期虛過。應在瑣江橋上立，惆悵雪蓮千朵。路短心長，宵深夢淺，冷落殘燈我。紙窻簌簌，驚颷亂葉吹破。　最憶籬角黄昏，藐姑窺客，倚竹嬌難奈。月珮風裳無恙否？別後心情争可。不爲相思，也曾消瘦，何況真添箇。東君仗你，後期還肯憐麼？

賀新郎 送陳光曾就婚貴陽

寶馬辭湘曲。正初開、紅渠向臉，葉裁裙緑。六月三星襄陽道，貴陽城南橋曰襄陽。贈句嘉州得續。趁一路、遠山晴簇。收取奚囊眉樣子，囑全妝、要等吟毫足。方共展，繡芙褥。　高鞍銀雀隨雙燭。定安排、琉璃翡翠，待吟嘉淑。比似長蘆五兒子，綺思從容易屬。朱竹垞先生爲贅壻，避兵五兒子橋。更插架、崔家千軸。桂近嫦娥應藉此，課珠籌、遍記攕攕玉。憑檢點〔一二〕，笑捫腹。

金蕉葉　怡軒對雨有懷

秋隨雨醒。對疎烟〔一三〕、竹山隨影。鳴蟬聲曳不起，颼颼枕席冷。坐想行時短艇，夢迢遥，鷩籠萬頃。等閑那便得度，沅南最上嶺。

更漏子　影山草堂夜話，贈趙芝園

竹風前，燕雨裏〔一四〕，多少隔年心事。一點點，一更更，話長天易明。天池路，桃溪樹，試問酒醒何處？秋浦遠，白雲深，幾時重話今。

渡江雲　外舅夏輔堂先生暨外姑姜孺人八十壽言

朱塵迷紫陌，評泉憶石，初服盡荒唐。況十年林下〔一五〕，鶴骨龍姿，白首對鸞光。丈人何術？修能到、乞我周行。五千言，一言知足，除却更無方。徜徉。沙鷗導引，稚子扶携，共烟霞俯仰。渾不要，青笻拄手，丹石填腸。神仙正苦多長慮，笑葛鮑靈藥空忙。誰得似，乾坤一片羲皇。

又

江梅傳臘信，年年祈耇，争上百花醪。萃六親兒女，繞屋穿林，叫躍沸春潮。年燈看過〔一六〕，數九九直送寒消。清宴餘，含飴舒笑，晴雪點松梢。

迢遥。延江西屈，沅水東流，指蒲關緬渺〔一七〕。應繫念，偏憐織素，飄泊文簫。從今但願雙霞盞，到百歲長逐甥曹。千里外，江雲聽度山坳。

琵琶仙 梅屺懷子尹，聞方自古州歸，未至

送客逢春，記垂垂、一樹江邊初發。疎影淡寫金樽〔一八〕，無言對愁絶。人漸遠，金沙路隔，悔多少那時輕別。紅豆牽思，翠丸壓醉，都是虚設。

又還見，籬落横枝，想慵倚、吟鞭信摇兀〔一九〕。空把夜來幽夢，付踈窻殘月。今古恨，千頭萬緒，待青梢、細撚重説。幾度凝立黄昏，滿身香雪。

八聲甘州 送柏容雲南省覲

操《梁山曲》罷指南雲，寥寥送長風。正千林萬岫，妝瓊綴玉，滿望皆同〔二〇〕。不識早梅開未，時有暗香通。驅馬行天上，人在瑶空。　此去趨庭多暇，奉荷衣杖履，選勝相從。自莊豪開後，俯仰幾英雄。漫思量，興亡陳迹，但汪茫，滇海瀉無窮。會心處，揮毫萬字，一飲千鍾〔二一〕。

鎖窗寒〔二二〕

虛閣吹寒，同雲作晚，幾回凝佇。遷延邂逅，惹了滿身風絮。拂金徽，小簾自春，四香寂謐幽蘭語。甚上宮作客，羈愁難管，歲華遲暮。　前度。傷情處。又緑酒紅泥，謝家庭户。音沈夢冷，舊事不堪重數。料文君、禁病未恢，鸘鸘寂寞今更苦。尚何心、喚飲旗亭，向壁聽歌舞。

蝶戀花 薔薇

阿母鉏雲親手蒔，婉葉嬌枝，裊裊依人翠。一鶴瑤池將不去，東風無主隨飄棄。幾度經過尋舊砌，似笑疑嗔，有意還無意。好去助儂書裏味，朝朝盥誦嫏嬛字。

臨江仙

使我天涯忘五日，高歌細和松風。茶甌親切酒杯鬆。無人知客意，偏在慧心中。才記湔帬橋上見，回身一笑匆匆。我行還送石橋東。可憐無限意，都壓小眉峰。

木蘭花 九月十五夜飲成山草堂，呈唐鄂生〔一二〕

天街十一清涼絶，起舞中庭弄疎樾。劇憐露影護黄花，未覺風痕欺白髮。師山明日歸鞍發，又是經年成判别。三秋好處賸今宵，忍使芳樽空對月。

【校勘記】

〔一〕黔南本「九首有序」之上有「本意」二字。
〔二〕不在：黔南本作「更剪」。
〔三〕「曾」字原脱，據黔南本補。
〔四〕黔南本此題作「和黎柏容《落梅》」，且在莫友芝兩首詞之後附有黎柏容原詞。貴州省博物館藏莫友芝手稿詞題爲「用夢窗《落梅》韻」。
〔五〕「寸心無奈只如麻」，原用墨筆删去，核諸詞譜，此處當有一七字句，故仍保留。
〔六〕春目：黔南本作「春日」。
〔七〕「點」字原脱，據黔南本補。
〔八〕以上三句原删，黔南本未删。今據詞譜仍保留。
〔九〕黔南本無「接」字。
〔一〇〕黔南本以上三句作「曲廊腰，赤闌橋。咫尺闗山」。
〔一一〕以上三句原删，黔南本有。今詞譜仍保留。
〔一二〕「檢」，黔南本作「拾」。
〔一三〕「對」，黔南本作「抱」。
〔一四〕「燕雨」，黔南本作「蕉雨」。
〔一五〕「年」字原脱，據黔南本補。
〔一六〕「過」字原脱，據黔南本補。

〔一七〕「緬渺」，黔南本作「緜渺」。
〔一八〕「淡寫」，黔南本作「横斜」。金樽：貴州省博物館藏莫友芝手稿作「清樽」。
〔一九〕貴州省博物館藏莫友芝手稿此句作「薰櫳憶天末」。
〔二〇〕「滿」，黔南本作「彌」。
〔二一〕以上兩句原删，黔南本有。今據詞譜仍保留。
〔二二〕貴州省博物館藏莫友芝手稿，此題下有注：「都鎮驛寄芙衣。」
〔二三〕「飲成山草堂呈唐鄂生」，底本原作「送聶秀才歸師山」，墨筆塗改作此。貴州博物館藏莫友芝手稿詞末注：「鄂生仁兄索余小詞，憶寫數闋奉教，年小弟友芝。」可見此詞初贈聶秀才，後又抄贈唐鄂生。

影山詞三〔一〕

雙荷葉

妝臺角，愛把犀梳傍孃學。傍孃學，髻螺堪挽，鬟蟬猶薄。閑愁未許眉峰覺，深情已被橫波託。橫波託，珠簾下了，玉鈎徐擢。

荷葉杯

蘭棹弄蓮何處，嬌語，度南塘。緑荷風偃翠鬟見，半面，又迷藏。

又

雙葉玉香連理，梔子，繫情深。謝孃含意未應許，拗與，結同心。

又第二體

回首紫藤花底，凝睇，晚色使人愁。柔枝臢繫月如鈎，休麽休，休麽休。

雙頭蓮〔二〕

玉樓春

綠窗慵繡春初永，鸝語聲聲花外請。草邊纖步試偏輕，風裏薄衫穿尚冷。　一雙蝴蝶花爲命，醉入蘭叢呼不醒。笑挼蘭葉使驚飛，却上釵頭撩鬢影。

鵲橋仙

琉璃硯匣，珊瑚鏡檻，一樹紫藤花下。王昌只在紫藤西，誰報與□橋偷駕〔三〕。　珠詞二八，良期三五，小印茄村親打。月華休觸小簾鉤，怕惹起，雪衣人罵。

又

小樓新拓，書牀新頓，斜綰一條溪水。遠春剛上玉闌干，恰添箇似花人倚。品茶也好，藏鉤也好，倦了并行花底。無端催到紫筠篼，算何計，明朝留你。

點絳唇

三面窻開，殢人春色無關鎖。緑楊婀娜，學得腰肢嚲。姊妹撩人，若要尋花課。行無那。故遺鍼裹，回傍檀郎坐。

賣花聲

閑坐緑窻南，新月窺簾。小梯輕點屐聲尖。携得黄橙偷遞與，香印纖纖。燈剪漏籌添，重理吟籤。曼歌時度半微含。好唱待儂明白聽，翻繡春衫。

又

卸了硯村鞍，妝鏡初安。紅牆新拓小園寬。栽就碧桃三十樹，開與伊看。午倦怯憑闌，并坐花間。風樓親試小龍團。品罷一甌金薤水，教寫烏欄。

糖多令〔四〕

深柳板橋斜，晴溪一段紗。苧蘿村合住西家。三板小船乘水到，迎笑著，倚梅花。香徑短籬遮，深旋閣似蝸。妙清於展遍丫叉。殺粉調鉛倉猝就，持比較，没争差。

水龍吟〔五〕

浣溪沙

倩人將米卜歸期，道是當歸只不歸。鏡臺蛛網罥羅衣。淚眼桃花飛似雨，愁心楊柳亂如絲。一春禁得幾斜暉。

又

易井朝華一勺甘，甌香濃淡只渠諳。怕教癡婢誤薑鹽。　雀舌久疎纖手點，鷄蘇愁伴渴羌饞。最難春困午晴添。

生查子

一自別歡來，掃斷門前迹〔六〕。一架木香花，開落無人惜〔七〕。　聽道是歡來，踏破苔錢碧。也解避人嫌，心裏那禁得。

又

杏乳柹霜和，攕捧殷勤遞。鶯語小紅闌〔八〕，留得愁滋味。　青雀渺難尋，消息無憑寄。難道意中人，未解人中意。

臨江仙

花裏弄雛花外駐，客途誰料相逢？待携纖腕話離衷。争奈人前、回避太匆匆。　新起高樓連院迴，知他何處簾櫳。短燈挑盡杳無蹤。又是三更寒雨五更風。

思越人

曉烟收，花露泫，倚闌慵去梳妝。知道阿誰相觸惱，暗垂珠淚雙雙。　千思没箇安排處，鴛長還怕鸂鶒。我也柔腸禁不住，替渠千斷知否？

長相思

景悽悽，意迷迷，箇人長是在天涯。紫蘭開爲誰？　信又遲，夢也稀。難道當初得罪伊，教人没處知〔九〕。

蝶戀花

舊夏新春孤旅味，一日中閑，千箇相思子。算到見時應閣起，誰知對面還千里。　莫是心腸今改易，又要相呼，何苦喬相避〔一〇〕。守著翠樽教渴死，不如翻在天涯裏。

人月圓

牆東一角牽愁處，還作海棠妍。當時記得、四條紅淚、腸斷花前。　更闌人悄，迴身驀見，顛倒依然。西風可恨，匆匆吹破，一霎天邊。

賀新郎荷花生日

繫馬櫻桃樹，記句留那年今日，六街簫鼓。麝月蟬雲香成市，鎖遍畫樓朱户。有映日荷花無數〔一一〕，菡萏一枝嬌欲破，乍回眸已在烟深處。秋水外，碧莎渡。　驀來趁得淩波步。却憑闌含嫣迎睇，轢塵猶度〔一二〕。咫尺壺山風吹到，悄被暗潮攔住。笑此度劉郎仍誤。翠袖紅衣堪暗省，繞烟紗索遍迷藏路。殘月挂，曉星曙。

戀繡衾

相思一日一萬番。到相逢、人意淡然。算没處、將伊惱，别來心、何事恁般。　無端却在新樂道〔一三〕，擁寒衾、孤驛漏殘。且莫恨、伊情薄，恨春山輕響杜鵑。

又

爐香裊篆裊未消。倚春衾、愁换翠綃。泥得箇、金臺夢，被黄鶯呼過段橋。　輕寒不讓花隝路，下湘簾，閑度翠朝〔一四〕。料只爲、東風嫩，道東風紅上杏梢。

蒼梧謡

遥。隔水何人倚玉簫。尋不見，惆悵赤闌橋〔一五〕。

聽。窗外依稀笑語聲。微風度，將過碧莎汀〔一六〕。

又

瑶　花

安江眉印，消息先傳，道箇人偏近。櫻珠斗帳，依舊是三面窻波紅潤。離愁暗減，又苦恨朝驄難迅。問燈前蟢子鉛華，可有昨宵芳信？　别來已是經年，便客裏相逢，駢坐休吝。呼來轉背，料只爲，玉筋横波難忍。春纖偷遞，到此際柔腸斷盡。總教人無計商量，一霎海山風引〔一七〕。

如夢令

藕葉玉鍾飛翠，滿貯九香靈劑。擎過小回廊，犯著人前瓜李。羞你，羞你，話把幾時丟起。

醉花陰

鴨頭新染溪波色，襯入羅衫碧。拗取玉蘭枝，小立東風，香墮雲鬟濕。　無端觸起相思迹，脈脈愁無極。箇裏便春知，那更黄昏，一串斜陽笛。

洞仙歌

收燈才過，算春來未久。偏是春情釅於酒。向烟棠徑裏，月蔻棚邊，雙倚遍，那許玉眉輕皺。　花間成小别，又是花朝，三五歸來定然否？行坐采蕭詩，才信相思，果一日三秋真有。早薰就香衾侍兒催，更何處心情，半牀鴛繡。

又

秋棠放了，正東園潛步。贊取花枝惹伊妒〔一八〕。費千般解釋，回笑相期，纖月底，端聽金鈴分付。　情多容易惱，莫是今番，各自孤衾又閑度。香燼更添爐。繞遍回廊，恨只被竹風輕誤。拚罷了，從今莫憐伊，剛一片行雲，墮來何處？

又

踏青歸晚，恰迎門微笑。也要勝常向儂道。漸佩環連瑣〔一九〕，吹過西廂，花樹底，驚起一羣嬌鳥。　緑窻燈畔影，姊妹差肩，衆裏分明讓伊小。盡道可憐宵，如此嬌柔，也直得玉郎顛倒。莫躭著查談惹人嗔，待剔起銀膏，翠眉重掃。

又

幾番愁雨，故留將秋末。瑟瑟蕭蕭送人別。自出門時候，直到今朝，柔腸裏，一日畫輪千帀〔二〇〕。　勞人真草草，何處歸期，驀上征鞍未曾説。判是啞相思，似水孤衾，也不省甚時捱脱。乍簷角夠尼噪黄昏，莫早晚傳來，峽江書札。

又

春來一病，但懨懨愁盼。一尺腰圍瘦餘半。待水東春好，郎馬嘶時，恐不是，舊日桃花人面。

屋山烏鵲喜，扶笑迎來，墮入懷中淚如綫。慢與拭啼痕，熨眼回波，只不料，今生還見。則怕是春婆慣欺人，更注起蘭膏，夜深徐看。

又

一層杉槅，把繩牀相背。一寸中間便千里。算人前相見，忍著生疎，無人處，偏也露頭藏尾。

三秋孤枕味，捱到冬來，風雪匆匆又行李。多謝火爐邊，淡淡三杯，算盡了玉人情意。又還是無言便抽身，全不管離懷，怎生安置？

又

桃溪十里，便紅塵不見。何況燕臺八千遠。又清明過也，消息都沈，風更雨，深閉落花庭院。逢歡偏是夢，當夢成真，半榻鴛衾獨尋遍。若是再逢伊，緊緊相持，端莫放悄魂輕散。却夜夜銅龍送殘更，怕一縷歸雲，枕邊悽斷。

又

駐鞍幾日，認眉峰依約。只在牆陰畫蘭角〔二二〕。對東生明月，捱到西弦，秋波裏，不算玉人情薄。重門遲未鎖，螺徑潛通，金屋初看四花拓。四花，閣名。芳思軟于雲，彈玉慵香，回腕處守紅輕落。尚悄語低籌慰相思，便解意阿嬷，者番瞞著。

又

秋光九十，漸香衾如鐵。偏向蘭溪放蘭枻。望清波斷處，帆影銜山，南浦上，無限荻花楓葉。紅橋歸路晚，弓月初三，一寸眉彎半宵揭。苦憶水邊樓，笑撚銀毫，和螺子泥人輕抹。聽夜鼠牀頭齧殘膏，渾不爲搜腸，玉川茶渴。

又

紫溪前約，算蠟梅須破。誰料黄花未曾過。正薄簾霜重，怯殺單栖，辭却了，持底今番酹我。

然脂勞暝寫〔二二〕，錯落蠻牋，别後新詞恁般夥。鳳帖幾時看，花骨生生，怪腕底、竊來嬉左。待檢取歸裝潤豪資，算千里鵝毛，橘錢雙裹。

菩薩蠻

輕容半幅秋湘色，斑斑添上花枝密。作帶繫郎腰，是儂親手挑。　香囊方勝疊，肘後三年接。錦字付郎開，當儂千里來。

又

算來只悔當時誤，黄花正好教伊去。留得别時言，年燈須共看。　北書知好坐〔二三〕，舊約堪尋麽。又怕果然來，昨宵風雪才。

【校勘記】

〔一〕黔南本作「影山詞外集」。
〔二〕此詞牌下無詞。
〔三〕黔南本作「盼不到玉清偷嫁」。
〔四〕此題下，貴州博物館藏莫友芝手稿有「贈芙衣」三字。
〔五〕此詞牌下無詞。
〔六〕以上兩句黔南本作「一自別歡時，便掃門前迹」。
〔七〕「惜」，黔南本作「識」。
〔八〕「紅」，原作「江」，據黔南本改。
〔九〕「知」，原作「開」，據黔南本改。
〔一〇〕「何苦」，黔南本作「何若」。
〔一一〕「有」，原作「儼」，後改此。黔南本仍作「儼」。
〔一二〕「轔塵猶度」，黔南本作「玉犀遥度」。
〔一三〕「新樂」兩字原墨筆删，黔南本保留。今據詞譜仍保留。
〔一四〕「翠朝」，黔南本作「翌朝」。
〔一五〕此係墨筆改作。原作爲：「佯。隔水拋蓮引玉郎。尋著去，知在那邊藏。」
〔一六〕此亦係墨筆改作。原作爲：「聽。笑語依稀隔水亭。微風過，將到小窗櫺。」
〔一七〕此句原删，黔南本保留。今據詞譜仍保留。

〔一八〕「贊」，黔南本作「攢」。
〔一九〕「連瑣」原作「清響」，後改此。黔南本仍作「清響」。
〔二〇〕「晝」，原作「畫」，據黔南本改。
〔二一〕「蘭」，貴州省博物館藏莫友芝手稿作「闌」。
〔二二〕此句黔南本作「琉璃方匣畔」。
〔二三〕「知」，原作「如」，據貴州省博物館藏莫友芝手稿及黔南本改。

補遺

念奴嬌 車上作

仰車長卧，笑弄人天地，無休無歇。北走南馳，誰信道、此外定非生活。兩戒河山，十州人海，自古誰飛出。塵沙莽莽，消沉多少豪傑。　可笑杜宇催人，定干卿何事，只聲聲啼血。勸飲提壺，差解事、醉倒萬情俱徹。蓋世成功，求仙學道，一例飛煙滅。浮生寄耳，那須惆悵華髮。

（《黔南叢書》本卷一）

消息 寄胡長新

寄語阿荷，三年不見，新知奚似？昨日書來，開筒草草，總然堪喜。滔滔天下，蟻樓蜂閣，遠視而今有幾？漫因他、習俗移人，但時世花妝倚。　老天今又，舊業蓬蒿雜廁，算只爲消閑，來青一絆，欲脱愁無計。可堪回首，小棠陰下，斗室商歌并起。更何時、載酒敲門，商量奇字。

（《黔南叢書》本卷一）

四和香

倉卒避人行更偷向鴛鴦池上歇，悄把春情洩。暗裏相思無處説。都閣在，眉梢月。怯，暈滿雙紅頰。簾子一重山萬疊。又打箇，相思結。

（《黔南叢書》本《影山詞外集》）

天仙子

移近畫樓西畔住，遠春都上新眉嫵。紫蘭偏是并頭開，朝又暮，愁閑度，休放杜鵑催却去。

（同上）

菩薩蠻

玉梅花下成歡聚，春光正好抛人去。夢逐海東頭，雪殘明月樓。　歸期知不遠，争奈勞心眼。棄了上元燈，和者卧月明。

（中國社會科學院文學研究所藏莫友芝手稿《影山草堂雜稿》）

水調歌頭 鎮遠旅夜

九驛陸程盡，明日上瀧船。悠悠無水東去，爲問幾時還？你是楊都弄斧，我是惠施種瓠，一樣不成妍。何事逐同歲，朝海濫殊川。　撥殘灰，挑短燼，共無眠。料應有夢，怎得能到醒人邊？一壁冰衾水枕，一壁温雲暖雨，隔屋幾悲歡。還道文章助，萬里要江山。

（貴州省博物館藏莫友芝手稿）

沁園春 同歲有留京忘歸者，爲致家信，更歌此闋

拚了香肌，爲伊銷盡。自量自嗤，待心腸硬著。從今休了，未曾一刻，越地相思。燕趙繁華，蛾眉如海，別後知他還記誰。雖則是，箇檀奴薄幸，我自情癡。　那番已自難支，怎此際、難支勝昔時。悔夢中昨夜，輕教撒手。今宵何計，更得逢伊。可恨燈前，撩人姊妹，苦說花封端待回。還則怕，杏花兒插了，轉得歸遲。

（同上）

浣溪沙

碧玉千金感意時，爲情顛倒破瓜期，背人歡笑見人癡。　簾押捲花嗔起早，簷牙鉤月惱眠遲，此中心事只郎知。

（同上）

采桑子 三首

個人尚説今朝早，才趨殘釭，抹了鉛黄。女伴提籠過短墻。玉釵不插輕靴快，笑隔紅窗，更别檀郎。嫩日娟娟襯薄妝。

出門步步春芳軟，林抹煙蒼，田散金黄。忘却湘隄五里長。攀條聳腕明雙玉，佩動風颸，乍怯肌凉。不應朝來换薄裳。

朝朝結伴城南陌，花隱垂楊，風度鸞簧。破悶閑歌陌上桑。無煩見問誰家子，色自花光，性是幽篁。高駕躑躅枉斷腸。

（同上。原被勾删）

鵲橋仙 本意

不知天上，是誰親見，今夜定雙星聚。銀河清淺可填無？恰昏定、一天秋雨。　者邊瓜果，那邊蛛喜，總望天孫憐取。天孫有巧乞人間，料此際、別情難訴。

（同上。原批：可去）

水調歌頭 次日未行，同飲梅圮，乘月上琴洲，再歌此闋

梅圮一樽酒，携手上琴洲。不知洲上煙月，當過幾人頭？太白長吟天姥，想像謝公宿處，還是夢中遊。試問此江水，何似鏡湖秋？　昨宵說，今日去，又句留。新篇再送，將過殘歲不須愁。打點裴王詩骨，分付輞川花木，燈火上元舟。說與紅塵侶，還道幾生修。

（同上。原旁批：氣散）

孤鸞 書鄭珽悼亡詩後

欺花風烈，正葬紫埋紅，春歸時節。悵悦潘郎，暗淚向人愁説。剛剛昨宵夢見，道尋常夢中驚别。一陣啼鵑唤醒，賸半牀殘月。　倚鏡臺、殘繡亂香屑。更玉杼流黄，朝暮聲歇。欲把詩排悶，轉寸腸千結。自來彩雲易散，費多少、有情嗚咽。憑是地老天荒，恨緜緜難絶。

（同上。原尾批：可删）

卜算子

芳草映沙汀，軟襯遲遲步。杏子單衫斂更開，一陣桃花雨。　寫影入清溪，笑共波光語。貪捉飛花唤不應，翻過平橋去。

（同上。原批：「後半當改。」又尾批：語意滯而不醒）

浪淘沙

算計是平安，無奈心牽。等閒難熨翠眉攢。盼到南來書一紙，開了愁關。　書裏沒多般，疊去重看。個中滋味美難言。春半刀頭頻屈指，屈到更殘。（同上）

天仙子

稱意風光相并倚，朱樓恰映邪溪水。無情最是可憐宵，歡不已，窗霞綺。阿母喚來慵不起。（同上。原用墨筆勾删）

賣花聲

金屋小垣遮，柳色窗紗。櫻桃才放兩三花。叩叩香囊親繫了，暗□□□。　只是怕離他，催到蘭舣。背人私語泥秦嘉。伴我明朝歸槳去，伴你回家。

（同上。原用墨筆勾删塗抹）

浣溪沙

一簇桃花寫艶姿，一渠春水照修眉。小闌低語怕人知。　春水碧於前渡日，桃花紅似去年時。那人何處隔天涯。

（同上。原尾批：「可去。」又用墨筆勾删）

意難忘

竹犨初停。記燈前飯罷，檻外風清。穿花深避影，點屐巧藏聲。攜手處、似前生，把幽恨全傾。怕人知，嬌纏被角，低呼卿卿。　　重來舊事如冰。更關山難越，音信無憑。繩牀寬屋，斗帳靜于僧。瞠著眼、幾天明，枉賢主多情。那要他，殷勤假意，不放人行。

（同上。原用墨筆勾删）

虞美人影

雨聲熬遍遲遲晝，又是掌燈時候。明日不知晴否，望斷延江口。　　割衾判枕禁長漏，況不是當年舊。當年尚難將就，今日如何受。

（同上。原用墨筆勾删）

探芳信

紅牆角。正晴雪梅花，曉煙簾幕。漾一泓妝鏡，蟬雲翠初約。閑怨閑思難計算，悄被東風覺。惹花邊，幾陣嬌羞，臉霞偷灼。

平白要分索。恨溪水無情，片帆輕落。但石尤風回把南舟閣。却來見了頻相觸，也勝相思各。最生憎，繡被并鴛如昨。

（同上。原批：「尚待改易。」又用墨筆勾删）

附録

影山詞跋

凌惕安

吾黔故多詩人，而詞家則甚少。道、咸以來，經師若鄭子尹先生珍、莫郘[illegible]芝，皆嘗寄興於此。郘亭自言：「春官數擯，牽迮人事，幽憂無聊，始與黎伯容兆勳上下[illegible]時諸鉅公之製，準玉田緒論，以相切劘。故于伯容之作，持論甚苛，即一字清濁小[illegible]之，筆乙之，鍛煉切磋，不盡善不止。」然則自作之必「雕琢肝腎」（伯容《懷郘亭・百字令》[illegible]當之，可斷言也。余生也晚，未獲接近丰采，伯容先生《葑煙亭詞》幸有刻本，而影山之作徒[illegible]想。往歲楊覃生先生在志局有一鈔本，亦未寓目。今春試向邗江訪求，先生文孫經農始以原稿[illegible]本寄示，并謂近代詞宗朱彊村祖謀曾擊節歎賞，亟鈔副本去，擬序而刊之，未果，而彊村遽逝，是誠遺憾。囑將此本刊行，以饜海内之望。展閲之下，見其中朱墨斑爛，密批濃抹，多係伯容手筆。有乙而復存，存而復塗者；亦有豫空字句，幾經鑽研，乃復譜入，前後字墨不類者。當日諧律之專精，誠可歎服。兹據原本所去取，詳加參校，交志局印入《叢書》第四集，并囑貴陽文通書局多印單行本，以廣流傳。

惕安於詞學望道未見，顧嗜之篤，每牢落抑塞，輒藉倚聲以抒積懫。讀此篇不啻道出心之所欲言也。獨惜柴翁《經巢瘝語》一卷，郘亭嘗序而存之者，竟不知飄零何許。即與郘亭所唱酬，此本亦未附見。惟冀神明呵護，庶幾多方訪求，得諸意外，一若《影山》之不致終閟耳。丙子浴佛日，貴陽後學凌惕安筍香室雨窗謹識。

（録自黔南叢書本）